Várzea do Carmo
a parque Dom Pedro II

SERVIÇO SOCIAL DO COMÉRCIO
Administração Regional no Estado de São Paulo

Presidente do Conselho Regional
Abram Szajman
Diretor Regional
Danilo Santos de Miranda

Conselho Editorial
Ivan Giannini
Joel Naimayer Padula
Luiz Deoclécio Massaro Galina
Sérgio José Battistelli

Edições Sesc São Paulo
Gerente Iã Paulo Ribeiro
Gerente adjunta Isabel M. M. Alexandre
Coordenação editorial Francis Manzoni, Clívia Ramiro, Cristianne Lameirinha, Jefferson Alves de Lima
Produção editorial Bruno Salerno Rodrigues, Simone Oliveira
Coordenação gráfica Katia Verissimo
Produção gráfica Fabio Pinotti
Coordenação de comunicação Bruna Zarnoviec Daniel

Várzea do Carmo a parque Dom Pedro II
DE ATRIBUTO NATURAL A ARTEFATO

Vanessa Costa Ribeiro

© Vanessa Costa Ribeiro, 2021
© Edições Sesc São Paulo, 2021
Todos os direitos reservados

Preparação Leandro Rodrigues
Revisão Elba Elisa, Augusto Iriarte
Projeto gráfico Thiago Lacaz
Imagens da capa (*frente da capa, acima*) *High Water on Tamanduatehy from Paula Souza Bridge*, 1900 (fotógrafo: Guilherme Gaensly, Acervo Fundação Energia e Saneamento); (*frente da capa, abaixo*) *Showing track on Avenida Rangel Pestana*, 1903 (fotógrafo: Guilherme Gaensly, Acervo Fundação Energia e Saneamento); (*verso da capa*) Parque Dom Pedro II, déc. 1920 (cartão-postal fotográfico, Acervo de Apparecido Salatini)

Dados Internacionais de Catalogação na Publicação (CIP)

R354v
Ribeiro, Vanessa Costa
Várzea do Carmo a Parque Dom Pedro II: de atributo natural a artefato / Vanessa Costa Ribeiro. São Paulo: Edições Sesc São Paulo, 2021. 368 p. il.: fotografias. Bibliografia.
ISBN 978-85-9493-155-9
1. História. 2. São Paulo. 3. Centro de São Paulo.
4. Várzea do Carmo. 5. Parque Dom Pedro II. I. Título.
CDD 981

Ficha elaborada por Maria Delcina Feitosa CRB/8-6187

As Edições Sesc São Paulo salientam que todos os esforços foram feitos para localizar os detentores de direitos das imagens aqui reproduzidas, mas nem sempre isso foi possível. Creditaremos prontamente as fontes caso estas se manifestem.

Edições Sesc São Paulo
Rua Serra da Bocaina, 570 – 11º andar
03174-000 – São Paulo SP Brasil
Tel. 55 11 2607-9400
edicoes@sescsp.org.br
sescsp.org.br/edicoes
🅕 🅧 🅞 🅓 /edicoessescsp

Os lugares são histórias fragmentárias e isoladas em si, dos passados roubados à legibilidade por outro, tempos empilhados que podem se desdobrar, mas que estão ali antes como histórias à espera e permanecem no estado de quebra-cabeças, enigmas, enfim simbolizações enquistadas na dor ou no prazer do corpo.
Michel de Certeau

Apresentação

Fotografia e memória da várzea do Carmo **8**

Danilo Santos de Miranda

Introdução

O desvelar das imagens da várzea do Carmo **10**

1. As imagens da várzea do Carmo 20

O instrumental de análise das imagens **26**

Os padrões visuais de representação da várzea do Carmo **31**

Várzea do Carmo: uma paisagem a se transformar (1890-1910) **31**

O atributo natural transformado em artefato:

a consolidação dos espaços públicos do parque Dom Pedro II (1920-1930) **39**

Parque Dom Pedro II: um ornamento da metrópole (1940-1950) **49**

Parque Dom Pedro II: sinédoque dos conflitos metropolitanos (década de 1960) **58**

**2. De paisagem pitoresca a parque de onde se descortina
uma bela vista: o atributo natural se transforma em artefato 74**

As visões da várzea do Carmo entre os cronistas e os memorialistas da cidade **76**

A várzea do Carmo na imprensa paulistana **87**

A iconografia da várzea do Carmo no acervo do Museu Paulista **112**

A (in)visibilidade da várzea do Carmo nos cartões-postais **125**

3. De paisagem a pedaço: a várzea modificada pelo poder público e o parque na lembrança de seus usuários 156

As representações da várzea do Carmo pelo poder público **157**

O parque Dom Pedro II pelas lentes de seus usuários **170**

As memórias dos antigos usuários do parque Dom Pedro II **183**

Reflexões sobre o processo de desestruturação do parque Dom Pedro II **188**

Várzea, parque, viaduto, pedaço: a disputa pelo território em imagens 196

Anexos

Cronologia da várzea do Carmo/parque Dom Pedro II **204**

Relação de descritores icônicos e formais aplicados **244**

Agradecimentos 250

Referências 252

Sobre a autora 258

Caderno de imagens 260

APRESENTAÇÃO
Fotografia e memória da várzea do Carmo

Danilo Santos de Miranda
Diretor do Sesc São Paulo

Muitos são os meios para obter informações acerca de um espaço e de um tempo passados. Entre eles, figura a fotografia de forte apelo aos registros históricos. Desde seu advento, essa técnica colabora para uma maior compreensão de um contexto social, que permanece impresso nas imagens que compõem tanto arquivos formalizados e institucionais quanto os álbuns pessoais daqueles que tinham como objetivo apenas registrar lembranças.

Há tempos, a fotografia passou a ser um potente objeto de estudo nos meios acadêmicos, servindo de suporte para o desenvolvimento de teses a respeito dos mais variáveis temas e que não têm necessariamente na própria técnica sua matéria. É o que acontece com a presente obra, ao ressaltar as possibilidades de entendimento frente a um tempo passado.

Entre outras temáticas, a autora Vanessa Ribeiro coloca em evidência o problema das enchentes da várzea do Carmo e acompanha a proposição de "soluções" urbanísticas que interferiram nas formas de ocupação da cidade e, até mesmo, na transferência do "portão de entrada da cidade" da região do Tamanduateí para a avenida Paulista, além de demonstrar com precisão os conflitos entre diferentes projetos de cidade que disputavam a reforma e a ressignificação do terreno da várzea.

Por meio de análise de imagens, de bibliografia especializada e da realização de entrevistas com antigos moradores da várzea do Carmo, a autora desenvolve, nos capítulos que abordam distintas camadas de memória consolidadas sobre o logradouro, um estudo fundamental para trabalhos futuros sobre aspectos arquitetônicos, ideológicos e culturais da história da capital paulista. Para Vanessa, "uma proposta visual torna-se o elemento criador de uma identidade", e com esse intuito ela consegue expor camadas de história da cidade, nem sempre estanques nem encerradas no passado.

Conhecer as formas de ocupação e a formação de uma cidade como São Paulo é basilar para o desenvolvimento de um futuro mais seguro e próspero. O passado é uma fonte de riqueza para nos conhecermos a fundo e caminharmos juntos na construção de imaginários que colaborem para a formação de cidadãos plenos de direitos e deveres e que fazem do convívio harmonioso uma forma saudável de vida.

INTRODUÇÃO

O desvelar das imagens da várzea do Carmo

Este livro investiga as representações visuais da região da várzea do Carmo no período entre as décadas de 1890 e 1960. Parte-se do princípio de que as diversas representações feitas pelos grupos sociais que habitavam esse lugar são indissociáveis do processo de construção do fato urbano[1]. Isto é, o imaginário que se forma sobre a várzea do Carmo e as inúmeras intervenções públicas realizadas nessa região, posteriormente transformada no parque Dom Pedro II, integram um mesmo processo em que diferentes grupos moldam sentidos e dão forma a um espaço físico.

Partindo-se do pressuposto de que a História deve ser entendida como o estudo dos processos com os quais se constrói um sentido[2], rompe-se aqui com a ideia de que o fato urbano seja sempre anterior às representações que a ele se relacionam. Ao contrário, acredita-se que as representações e o fato urbano constituam uma via de mão dupla, sem a qual não seria possível investigar os grupos que ocuparam determinado espaço.

A opção pelo estudo das representações visuais da várzea do Carmo deve-se à especificidade da condição geográfica do lugar, que o torna um espaço privilegiado para a análise das disputas entre os diferentes grupos que por lá transitaram. Lavadeiras, tropeiros, policiais, vendedores ambulantes, estudantes, religiosos, trabalhadores, fotógrafos, crianças, mulheres, foliões, esses e tantos outros personagens detectados nas imagens analisadas ajudam a compreender as relações dialéticas entre o rural e o urbano, o passado e o presente, a continuidade e a ruptura no processo de transformação do fato urbano e de criação de diferentes imagens sobre a região, que ora se fundem, ora se sobrepõem, conferindo (in)visibilidade aos diferentes grupos sociais.

Essa porção charcosa de terras, localizada entre o núcleo antigo de São Paulo e o bairro do Brás, primeiramente foi considerada um obstáculo para o crescimento e a modernização da cidade. Já no final do século XVIII, aconteceram as primeiras intervenções que visavam ao saneamento e ao embelezamento da várzea do Carmo, a saber: a abertura de uma vala em uma das curvas do rio Tamanduateí, a fim de reduzir as inundações na região, e a construção de passeios com ganapés[3] fabricados de leivas de grama para embelezar o local[4]. São intervenções anteriores às primeiras preocupações urbanísticas sistemáticas no Brasil, que a arquiteta-urbanista Maria Cristina Leme situa no período de 1895 a 1930 – momento em que engenheiros encarregados pelo poder público realizaram obras de saneamento e de construção do sistema viário, sobretudo nas áreas centrais da cidade[5].

A transformação do *incômodo* atributo geográfico em um *grande* e *encantador* parque prescrito pelo consagrado Joseph-Antoine Bouvard (responsável pelas reformas urbanas de Paris e que já havia realizado trabalho semelhante em Buenos Aires) pode ser apontada como a maior iniciativa do poder público para eliminar os *males causados à saúde física e moral dos habitantes* do núcleo central da cidade.

Vale lembrar que no final do século XIX, além de representar um obstáculo natural, a várzea passa a ser um fator de segregação espacial e social, como defende a geógrafa Margarida Maria de Andrade:

> a ocupação das terras baixas relacionava-se a processos de segregação espacial e social – certas atividades (industriais) e certos grupos da população (imigrantes) tinham que ficar longe da "cidade". A expansão dessas atividades e o crescimento dessa população acabaram por incluir essas terras no âmbito da cidade. Quando isso aconteceu, instalou-se um problema – as condições sanitárias aí vigentes passaram a representar uma ameaça à continuidade do fluxo imigratório e uma ameaça a toda a população da cidade. Urgia, então, sanear[6].

O convite feito a Joseph-Antoine Bouvard para avaliar os planos de melhoramentos para a cidade de São Paulo ocorreu durante a gestão do prefeito Raimundo Duprat (1911-1914). Com a contratação de Bouvard, pretendia-se pôr fim ao debate resultante da publicação de três projetos formulados, quase que simultaneamente, por um grupo de capitalistas, pelo poder público municipal e pelo poder público estadual: projetos Alexandre Albuquerque (1910)[7], Freire-Guilhem (1911)[8] e Samuel das Neves (1911)[9]. Dos três projetos, apenas o Freire-Guilhem propunha com destaque uma iniciativa pontual na várzea do Carmo – o seu ajardinamento. Os demais sinalizavam uma inversão na valorização das antigas áreas da cidade, propondo um número significativo de intervenções no vale do Anhangabaú, a oeste da colina central.

A instalação de ferrovias na região da várzea do Carmo modificou a *porta de entrada* da cidade, que se deslocou da várzea do Tamanduateí, transformada em local de instalação industrial e operária, para os bairros de alta renda, construídos no sentido oposto, em terrenos mais saudáveis, rumo à colina da avenida Paulista, antigo *fundo* da cidade. Como afirma o arquiteto Nestor Goulart Reis Filho, gerou-se assim o estigma – ainda vigente – dos bairros que se formaram a leste e a oeste da cidade.

A aprovação das propostas apresentadas por Bouvard, entre as quais a construção de um parque na várzea do Carmo, ocorreu apenas na gestão seguinte, quando Washington Luís estava à frente da prefeitura (1914-1918). Porém, em função de uma grave epidemia de gripe que assolou a cidade no ano de 1918, as obras de construção do parque foram interrompidas por um longo período. Dessa forma, só no governo posterior, de Firmiano de Morais Pinto (1920-1926), o parque foi entregue à municipalidade, ainda sem a conclusão do trabalho de ajardinamento. Em 1921, ratificou-se a denominação "parque Dom Pedro II", de acordo com a lei municipal n. 2.360, provavelmente como parte das celebrações que marcaram o Centenário da Independência, no ano seguinte.

A compreensão de um imaginário que se formou em torno de um espaço complexo como a várzea do Carmo exigiu o estudo de um largo recorte cronológico – entre as décadas de 1890 e 1960 –, para que fosse possível tanto mapear as diferentes imagens[10] construídas pelos agentes como recriar posteriormente algumas delas. Foram utilizadas na análise 1.100 representações visuais produzidas pelo poder público, por empresas particulares a serviço do poder público, por usuários e por transeuntes. Isso permitiu constatar a dinâmica dessas imagens, mesmo quando produzidas por um mesmo grupo social.

A dinâmica das imagens atesta sua historicidade. O estudo das representações visuais sempre deve levar em conta seu observador e/ou produtor. Dessa maneira, nos conscientizamos de que, nos termos utilizados por Ulpiano Bezerra de Meneses, os sentidos e valores são construídos pela sociedade e, portanto, são mutáveis, contingentes – em uma palavra, "históricos". Não são imanentes aos vetores que dão suporte às imagens[11]. O ato concreto do ver envolve dois elementos: de um lado, os observadores, dotados de competências específicas, identificados por suas posições e disposições, caracterizados pela sua prática de ver; de outro, as representações visuais, entendidas como vetores que mobilizam atributos icônicos e formais específicos. O cruzamento dessas duas variáveis permite notar a mobilidade dos sentidos atribuídos ao espaço da várzea do Carmo entre as décadas de 1890 e 1960.

A diferente força/intensidade que cada imagem possuiu ao longo do tempo pode ser delineada a partir do imaginário conflitante que esteve ligado à várzea. Dito em outras palavras, as diversas imagens produzidas possibilitam pensar a cidade de São Paulo, mais especificamente a região da várzea do Carmo, como um campo de forças[12] entre os agentes envolvidos na produção das imagens e o próprio fato urbano.

Nessa perspectiva, é muito útil a análise dos cartões-postais[13]. O consumo dos postais auxilia a dissimular não só os conflitos entre os grupos que circularam por esse espaço e produziram imagens diversas, mas também a própria dinâmica conflitante da construção e transformação do fato urbano. Os estereótipos positivos criados pelas imagens dos postais demonstram o seu papel apaziguador na construção do imaginário urbano.

A intensa exposição e circulação dos postais também possibilita discutir o alcance das representações: verificou-se a convivência da imagem criada pelo cartão-postal com a imagem guardada na memória dos antigos usuários do parque Dom Pedro II, que será objeto do terceiro capítulo.

A primeira imagem mental registrada na fala dos entrevistados coincide com a imagem dos postais. Isto é, os termos utilizados para sua descrição, sempre acompanhados de adjetivos positivos, equivalem aos elementos mobilizados esteticamente pela fotografia nos cartões-postais – abundância de árvores, áreas gramadas, pontes para caminhantes e o rio Tamanduateí canalizado. Recriada essa memória positiva, os informantes passam a relatar o uso do espaço, aquilo que Michel de Certeau entende por *táticas* dos praticantes, que se contrapõem às *estratégias*, estas últimas organizadas pelo poder público[14].

Na extensa bibliografia dedicada à compreensão da história da cidade de São Paulo, é frequente a menção à várzea do Carmo, seja nas obras escritas por arquitetos, sob a perspectiva da história do urbanismo, seja em trabalhos escritos por historiadores preocupados com o que se convencionou chamar de "História Cultural". Porém, há poucos títulos que se dedicam exaustivamente ao estudo dos agentes sociais transformadores desse território e um número ainda menor de trabalhos que se dedicam ao estudo das representações construídas sobre aquele espaço específico[15]. É importante contribuir, gradativamente, tanto para a ampliação desse debate historiográfico como para a desmistificação de duas noções correntes: a de que a fotografia é testemunho do real, ou seja, produtora de imagens verossímeis que bastam por si só, e a de que o fato urbano antecede e se sobrepõe à sua representação.

Este livro é composto por três capítulos. No primeiro deles, explicita-se a peculiaridade dos documentos utilizados e a metodologia desenvolvida para dar conta de sua análise. Foram organizadas séries de representações visuais, criadas em função da produção e circulação dos suportes, uma vez que a maior parte das fotografias analisadas não pertence a uma série dada *a priori*, como é o caso, por exemplo, das representações visuais organizadas em álbuns comemorativos de cidade. Ainda nesse capítulo, apresentam-se os padrões visuais de representação da várzea do Carmo constatados entre 1890 e 1960.

No segundo capítulo, discute-se parte do imaginário criado sobre a várzea do Carmo a partir das *representações visuais de intensa circulação e exposição* – cartões-postais, pinturas a óleo e fotografias de álbuns comemorativos da cidade de São Paulo. Também foram analisadas imagens da região presentes em documentos escritos que descrevem e/ou criam uma imagem visual, tais como crônicas, obras de memorialistas da cidade e artigos publicados em periódicos[16].

No terceiro capítulo, abordam-se as *estratégias* criadas pelo poder público e pelas empresas particulares a serviço dele para gerenciar a transformação do espaço urbano. As representações visuais produzidas por esse grupo como registro de intervenções técnicas documentam a construção de diferentes imagens sobre a várzea do Carmo, que extrapolam a esfera da documentação técnica. Seja por causa do trânsito dos fotógrafos que as produziram, seja por causa do alto grau de força política desse grupo no processo de construção de representações e do próprio fato urbano, essas imagens ecoam em muitos outros âmbitos.

Na segunda parte desse capítulo, apresentam-se as *táticas* criadas pelos usuários da várzea do Carmo, ou seja, analisa-se o ponto de vista daqueles que experienciaram o espaço, em contraste com as *estratégias* (o imaginário engendrado pelo poder público). A partir da análise das imagens construídas por aqueles que possuem uma experiência concreta com esse espaço, transformando-o em um *lugar da experiência*[17], constata-se a desproporcionalidade de força das imagens manejadas por esses agentes frente àquelas criadas pelo poder público e difundidas por suportes de intensa circulação e exposição. Por outro lado, verifica-se a criatividade dos grupos sociais que transformaram a várzea em *pedaço* e construíram *circuitos*[18], organizados em redes – de trabalho, de estudo, familiares ou de vizinhança.

Para concluir, as considerações finais procuram alinhavar o imaginário esboçado de forma fragmentária nos capítulos anteriores. O presente livro espera contribuir para a discussão de projetos para o parque Dom Pedro II, vista a candência do tema nos atuais planos urbanísticos de requalificação das áreas centrais da cidade e nas políticas de preservação do patrimônio cultural urbano, que ora privilegiam a demolição de lotes habitacionais inteiros, ora optam pela instalação de equipamentos turístico-culturais em antigos equipamentos urbanos.

Notes

1 No livro *Arquitetura da cidade*, de 1966, o arquiteto italiano Aldo Rossi desenvolve o conceito de fato urbano: a cidade seria um artefato, e os fatos urbanos (uma construção ou uma configuração urbana de qualquer natureza) seriam resultado das ações originárias de seu entorno.

2 Ver Roger Chartier, *A História Cultural entre práticas e representações*, Lisboa: Difel, 2002.

3 Banco de madeira (em versão muito regional portuguesa).

4 Ver Rosa Grena Alembick Kliass, *Parques urbanos de São Paulo e sua evolução na cidade*, São Paulo: Pini, 1993, p. 110.

5 Ver Maria Cristina Leme, A formação do pensamento urbanístico no Brasil 1895-1965, in: Maria Cristina da Silva Leme (coord.), *Urbanismo no Brasil 1895-1965*, São Paulo: Studio Nobel/Fapesp/FAU-USP/ Fupam, 1999, pp. 20-38.

6 Cf. Maria Margarida de Andrade, *Bairros além Tamanduateí: o imigrante e a fábrica no Brás, Mooca e Belenzinho*, tese (doutorado em Geografia), São Paulo: FFLCH-USP, 1991, p. 43.

7 Alexandre Albuquerque era engenheiro civil-arquiteto formado pela Escola Politécnica em 1905, onde se tornaria professor em 1917. O projeto Alexandre Albuquerque, apresentado à Câmara Municipal e ao Congresso Legislativo do Estado em 14 de novembro de 1910, era fortemente influenciado pelas reformas urbanas realizadas em Paris durante a administração do barão de Haussmann (1853-1870). Esse projeto foi patrocinado por um grupo de capitalistas, entre os quais estavam, além do próprio Albuquerque, Conde de Prates, Francisco de Paula Ramos de Azevedo, Plínio da Silva Prado, José Nogueira Paulino, José Martiniano Rodrigues Alves, Nicolau de Souza Queiroz, barão de Bocaina, Horácio Belfort Sabino e Sylvio de Campos. Nele previa-se a construção de três grandes avenidas que valorizariam as áreas para além do vale do Anhangabaú. Para sua execução seria necessária a desapropriação de terrenos e prédios ao longo das novas avenidas, e ao poder público caberia a construção e o prolongamento da rede de infraestrutura urbana (água, esgoto e iluminação).

8 Esse projeto leva o nome de seus criadores, Victor da Silva Freire e Eugenio Guilhem. Victor da Silva Freire era engenheiro civil formado na École des Ponts e Chaussées de Paris. Atuou em obras de construção civil na cidade de Liège, na Bélgica, e também na Espanha. Em São Paulo, trabalhou na Superintendência de Obras Públicas, foi professor do curso de tecnologias das construções civis na Escola Politécnica e se tornou chefe da Diretoria de Obras Públicas Municipais desde sua criação até 1926. Eugenio Guilhem era engenheiro, foi vice-diretor da Diretoria de Obras Públicas Municipais. O Projeto Freire-Guilhem, publicado em 2 de janeiro de 1911 no jornal *Correio Paulistano*, era fruto de uma série de discussões realizadas no interior da Diretoria de Obras e Viação e de projetos apresentados à Câmara Municipal que procuravam adequar a estrutura urbana paulistana, de feições ainda coloniais, à nova dinâmica imposta pelo crescimento urbano. No projeto, era apresentada uma série de intervenções que culminariam na criação de um anel de circulação em torno do núcleo da cidade. Tal proposição era fortemente inspirada no pensamento do arquiteto austríaco Camillo Sitte (1843-1903), por quem Victor da Silva Freire confessava franca admiração. Entre os melhoramentos que se acresceram a essa proposta inicial, estavam a construção de um viaduto ligando a praça Antônio Prado ao largo do Paissandu, o alargamento da travessa do Grande Hotel (atual Miguel Couto) e o ajardinamento da várzea do Carmo.

9 Samuel das Neves diplomou-se em 1882 pela Escola Imperial de Agronomia da Vila de São Francisco, na Bahia. Em São Paulo, foi pioneiro no uso de estruturas metálicas na construção de edifícios comerciais e do concreto armado na construção de prédios no centro da cidade. O projeto Samuel das Neves foi patrocinado pelo Governo do Estado e publicado na edição de 23 de janeiro de 1911 do jornal *Correio Paulistano*, juntamente com uma planta que esquematizava as intervenções sugeridas. Entre suas principais propostas, estavam a construção e o alargamento de ruas próximas ao vale do Anhangabaú, além da construção do viaduto Boa Vista.

10 Utiliza-se aqui o termo "imagem" como discurso que articula representações visuais de suportes distintos (cartões-postais, fotografias, óleos sobre tela etc.).

11 Cf. Ulpiano Toledo Bezerra de Meneses, A problemática do imaginário urbano: reflexões para um tempo de globalização, in: Revista da Biblioteca Mário de Andrade, São Paulo, v. 55, jan./dez. 1997, p. 12.

12 O termo "força" é aqui utilizado em alusão à física: forças com intensidades distintas, quando entram em colisão, reagem de forma desigual, podendo continuar a trajetória juntas, sofrer ou não deformações etc.

13 Esse suporte é entendido aqui como divulgador positivo do espaço, inserido no fenômeno do turismo, que tem início no final do século XIX.

14 Nas representações visuais aqui investigadas, verificam-se as oposições e as sobreposições das imagens produzidas pelo poder público e pelos usuários do espaço, parte da dinâmica de estratégias e táticas do território. Cf. Michel de Certeau, A invenção do cotidiano – Artes do fazer, Petrópolis: Vozes, 1996.

15 Entre os trabalhos dos arquitetos-urbanistas, destacam-se as obras de Hugo Segawa, Nestor Goulart Reis Filho, Rosa Kliass e Carlos Niemeyer, que problematizam a transformação sofrida pela várzea do Carmo pela ótica dos profissionais encarregados de planejar o espaço público. Já entre os trabalhos de pesquisadores que se dedicam ao campo da cultura visual, é importante citar as contribuições de Fraya Frehse, Maria Luiza Ferreira de Oliveira, Paulo César Garcez Marins, Solange Ferraz de Lima, Ulpiano Toledo Bezerra de Meneses e Vânia Carneiro de Carvalho. A compreensão do atual quadro teórico-metodológico do binômio História e Cultura Visual foi fundamental não só para a organização dos resultados da investigação, mas também para a compreensão das políticas de organização dos suportes iconográficos nas instituições públicas e particulares consultadas.

16 O segundo e o terceiro capítulos abordam a dinâmica do imaginário construído sobre a várzea do Carmo pelos diferentes produtores de representações visuais a partir de cortes transversais cronológicos.

Tal escolha deve-se à mutabilidade das imagens em função dos agentes produtores e do tempo, fato evidenciado pelas próprias representações visuais.

17 Ver Yi-Fu Tuan, Espaço e lugar: a perspectiva da experiência, São Paulo: Difel, 1983.

18 O termo "pedaço" designa o espaço ou um segmento dele que se torna ponto de referência para um grupo de frequentadores que partilham dos mesmos códigos sociais, organizados em função do próprio espaço. Já o conceito de "circuito" indica o uso do espaço e de equipamentos urbanos que permitem a sociabilidade por meio de encontros, comunicação e manejo de códigos compartilhados. Ver José Guilherme Magnani, Na metrópole: textos de antropologia urbana, São Paulo: Edusp, 2000, e De perto e de dentro: notas para uma antropologia urbana, in: RCBS, v.17, n. 49, jun. 2002.

CAPÍTULO 1
As imagens da várzea do Carmo

**gráfico 1
Distribuição das
imagens por série**

40% Imagens de intensa circulação e exposição

40% Imagens de função técnico-documental

17% Imagens produzidas a pedido de particulares

3% Imagens híbridas

A fim de constatar o papel ativo das representações visuais na construção de sentidos sobre o espaço da várzea do Carmo, foram analisadas 1.110 imagens produzidas no período de 1890 a 1960, entre as quais óleos sobre tela, cartões-postais impressos e fotográficos, além de fotografias.

Esse conjunto de registros permite perceber as inúmeras funções que as imagens exerceram e sua relação com o processo de construção e transformação em artefato daquela região natural de várzea do rio Tamanduateí – o parque público Dom Pedro II. A dinâmica das imagens atesta não só a historicidade das representações, mas, a partir dos diferentes suportes visuais mobilizados por seus produtores, também o conflituoso imaginário constituído sobre o espaço. Nas palavras do historiador Ulpiano Bezerra de Meneses:

> Não se trata de imagens como reflexos *a posteriori* de uma realidade objetiva. Trata-se de imagens imbricadas na prática social (cotidiana) do espaço urbano, parte das relações sociais, aliás uma das condições de sua formação. Por isso elas podem considerar-se [...] entre as forças produtivas. Não se esqueça, finalmente, que as representações sociais não escamoteiam a realidade do conflito – sempre presente na problemática do sentido[1].

A natureza do aparato documental levantou a questão de como trabalhar com um número tão vasto de representações visuais urbanas. São fotografias avulsas das quais se desconhece o fotógrafo; além disso, elas não são seriais, como é o caso, por exemplo, das fotografias de álbuns comemorativos de cidades e países.

A resposta a esse primeiro questionamento leva à tentativa de organizar as representações visuais por meio da criação de séries em função do grau de circulação das imagens, o que, em última instância, permite mapear o conflito entre os imaginários construídos sobre a várzea do Carmo[2]. As representações visuais estão organizadas nas seguintes séries: *imagens de intensa circulação e exposição, imagens de função técnico-documental, imagens produzidas a pedido de particulares* e *imagens híbridas*, distribuídas conforme gráfico ao lado.

São denominadas *imagens de intensa circulação e exposição* as representações visuais cuja função primordial é a exaustiva difusão de seus conteúdos, o que, por vezes, culmina na criação e/ou reafirmação de um estereótipo positivo ou negativo do local fotografado. Nessa série, foram organizados os cartões-postais fotográficos, as fotografias encontradas nos álbuns comemorativos do IV Centenário de São Paulo, as pinturas[3] e as fotografias publicadas em reportagens de jornais e revistas[4].

Essa primeira série é uma das duas maiores, com 450 representações visuais produzidas entre as décadas de 1890 e 1960. Por volta de 1890, Guilherme Gaensly[5] produz uma série de fotografias sobre a várzea do Carmo e os tipos que lá circularam. Posteriormente, transforma-as em cartões-postais, comercializados em uma série assinada pelo próprio fotógrafo e em bilhetes-postais impressos pela editora Malusardi. Na década de 1950, são produzidos inúmeros cartões-postais fotográficos sobre a região, os quais registram o processo de metropolização da cidade. Já na década de 1960, a produção desse tipo de suporte é drasticamente reduzida em função das mudanças no mercado gráfico, que populariza a impressão em *offset* de postais coloridos. Nessa década, o canal de difusão das imagens do parque Dom Pedro II é a imprensa, que passa a veicular, em reportagens que alardeiam o progresso da região, registros fotográficos que denotam os conflitos resultantes do intenso processo de metropolização do local, ainda que neutralizados pela articulação dos descritores icônicos e formais das imagens[6] e pelo próprio tom otimista das reportagens.

A série *imagens de função técnico-documental* é composta por 440 fotografias produzidas por órgãos públicos e também por empresas particulares e escritórios de arquitetura a serviço do poder público. Essas imagens exerciam funções variadas, desde simplesmente registrar o andamento e a conclusão de obras até mapear locais em que intervenções deveriam ser realizadas.[7] Tais registros eram feitos por fotógrafos profissionais contratados pelo poder público, pelas empresas particulares que atuavam nesse território e até mesmo pelos próprios encarregados de órgãos públicos, como Geraldo Horácio de Paula Souza, que tinha por hábito fotografar as expedições sanitárias realizadas na capital e no interior do estado, prática que também incentivava entre seus alunos no Instituto de Higiene[8].

Na série *imagens produzidas a pedido de particulares*, obtida a partir de pesquisa de campo, encontram-se as fotografias tiradas por fotógrafos de rua a pedido de usuários do parque Dom Pedro II e também

figura 1, pp. 260-1

aquelas capturadas com máquinas portáteis pelos caminhantes anônimos e comerciantes. Ainda nesse conjunto, que engloba 191 fotografias, há alguns retratos tirados em estúdios fotográficos, indicadores das atividades dos frequentadores do local, uma série de fotografias do parque de diversões Shangai (no final da rua Tabatinguera, em direção à várzea do Glicério), produzida pelos proprietários, e imagens do interior dos principais edifícios públicos ali instalados – Mercado Municipal, Palácio das Indústrias e Colégio São Paulo – registradas por seus usuários.

A área coberta pelas séries fotográficas foi delimitada a partir da Planta Sara Brasil de 1930, englobando a sudeste as ruas Tabatinguera e da Mooca, rumo à direção oeste a rua 25 de Março, passando pelas ladeiras General Carneiro e Porto Geral. Fecham o polígono os trilhos da São Paulo Railway em direção à estação do Norte (figura 1).

Em sete pontos desse polígono – o Mercado Municipal, a igreja de São Vito Mártir, a Paróquia do Brás, a igreja de Nossa Senhora Casaluce, a igreja de San Gennaro, o edifício São Vito e o Colégio São Paulo[9] (figura 1) –, foram coletadas fotografias de antigos usuários e, posteriormente, gravadas treze entrevistas. As fotografias, datadas de 1920 a 1960, retratam os usos do espaço da antiga várzea do Carmo pelas camadas populares[10]. Esse recorte cronológico tardio em relação às séries *imagens de intensa circulação e exposição* e *imagens de função técnico-documental* deve-se ao fato de a popularização da prática fotográfica entre as camadas menos privilegiadas paulistanas ter se realizado somente após a Revolução de 1924. O conflito de 1924 foi intensamente registrado por fotógrafos profissionais, que passaram a vender o material no formato de fotografias de diferentes dimensões e de cartões-postais fotográficos. Os populares os compravam tanto por curiosidade quanto para ter uma lembrança de suas casas e locais de trabalho. Vale lembrar que as principais regiões afetadas pelo conflito foram os bairros operário-industriais do Brás e da Mooca.

A série *imagens híbridas* é composta por trinta registros produzidos por fotógrafos profissionais. Essas imagens flutuam entre a função comercial, expositiva – nos salões de arte –, a função técnico-documental e até mesmo o que poderíamos associar a uma função jornalística. A série possui dois blocos distintos, um deles constituído por 21 fotografias tiradas por Vincenzo Pastore[11] durante a década de 1910 e outro composto por nove fotografias, parte de um álbum, pertencente a companhia São Paulo Light and Power Ltd., o qual registra o conflito de 1924.

Algumas fotografias de Pastore retratam os tipos humanos que circularam pela região da várzea do Carmo. Nelas, é possível observar uma série de personagens anônimos que transitavam nas ruas do entorno do Mercado. Há ainda fotografias que retratam o trânsito de canoas no rio Tamanduateí, o fundo das casas da ladeira da Tabatinguera, com seus deques repletos de canoas, e um rebanho de ovelhas nas imediações da atual baixada do Glicério, área que delimita a várzea do Carmo em direção à região sudeste da cidade.

Na publicação intitulada *São Paulo de Vincenzo Pastore*, editada pelo Instituto Moreira Salles, reitera-se a ausência de informações sobre a circulação da maior parte das fotografias de Pastore[12]. Ricardo Mendes propõe a filiação de parte das imagens produzidas por esse fotógrafo ao movimento pictorialista, formado por fotógrafos que pretendiam aproximar suas fotografias de pinturas acadêmicas – exibidas nos salões e então entendidas como a "verdadeira" arte. Por conta disso, valiam-se frequentemente de intervenções nos negativos de vidro, o que pode explicar a circulação das fotografias do rebanho de ovelhas, das casas da ladeira da Tabatinguera e do trânsito de canoas no rio Tamanduateí. Entre o conjunto de fotografias analisadas, Pastore foi o único a produzir registros da navegação no rio Tamanduateí enfatizando o bucolismo da paisagem por meio da circulação de pequenas embarcações, aparentemente sem nenhuma finalidade comercial (figura 2)[13].

figura 2, p. 262

figura 3, p. 263

Porém, a circulação das fotografias que retratam os transeuntes da região do mercado permanece sem explicação, já que certamente não seriam exibidas nos tradicionais salões de arte. É improvável que esses registros sejam espontâneos, uma vez que as dimensões da máquina utilizada pelo fotógrafo e a proximidade com que os tipos humanos eram retratados não sugerem que essas pessoas ignorassem a presença do fotógrafo, mas sim que posavam para a câmera (figura 3). Contudo, também é improvável que os retratados adquirissem as fotografias, seja por causa de sua condição financeira, seja porque são retratos tirados ao ar livre, sem os aparatos e figurinos próprios das fotografias de estúdio, que à época eram populares inclusive entre as camadas mais simples, nos retratos em formato *carte-de-visite*.

As fotografias pertencentes à Light são parte de um álbum de capa preta no formato de 23 cm de comprimento por 30,5 cm de altura, cuja única identificação é uma pequena etiqueta com o endereço do local em que foi adquirido: *Irmãos Spina*, rua da Graça, 159. Esse álbum foi cuidadosamente montado com 152 positivos, colados em páginas pretas de papel-cartão e com legendas datilografadas em papel branco, também afixadas às páginas do álbum. Apenas três fotografias, no formato aproximado de 24 cm por 18 cm, têm a identificação da *Typographia Dvprat*. Outras três fotografias têm legendas que permitem uma associação direta à *Light*: "Poste a rua Florêncio de Abreu, vítima do tiroteio", "Cooperativa da Light & Power attingida por granadas" e "Os fios da Light & Power também soffreram". O restante do álbum registra os diversos locais atingidos pelas balas do conflito e os incêndios, as populações dos bairros fabris em êxodo, tenentes legalistas e suas tropas, sepulturas dos revoltosos à margem do rio Tietê e até mesmo o pátio interno de um quartel dos revoltosos, com a datação precisa do momento em que se fez a fotografia – 7 de julho de 1924.

A precisão das legendas datilografadas indica o profundo conhecimento do conflito pelo profissional que organizou o álbum a pedido da Light. A riqueza dos registros, do lado tanto das tropas legalistas quanto das revoltosas, pode indicar o trânsito do fotógrafo entre os dois lados do conflito, ou, mais provavelmente, que esses registros foram feitos por diferentes fotógrafos, já que os positivos têm vários formatos[14].

Interessam aqui nove fotografias que registram os bombardeios causados por granadas e obuses[15] nas ruas Tabatinguera, Caetano Pinto e Assumpção. Também há uma fotografia das tropas legalistas durante um exercício militar no parque Dom Pedro II.

Sabe-se que a empresa anglo-canadense tinha o hábito de documentar suas intervenções na cidade por meio de registros fotográficos. Além disso, mantinha um grupo de funcionários encarregado de selecionar nos principais jornais da cidade as notícias que fossem ao encontro do interesse e da atuação da empresa. Assim sendo, é possível entender esses registros tanto no âmbito técnico-documental como no campo jornalístico, e até supor que exista certa atitude colecionista por parte de seu organizador, que se valeu da compra de fotografias em lojas especializadas e da numeração sequencial dos registros, aos quais acrescenta legendas.

figura 4, p. 264

figura 5, p. 265

figura 6, p. 265

O instrumental de análise das imagens

Para controlar os elementos constitutivos dos registros visuais, utiliza-se aqui a metodologia organizada pelas historiadoras Solange Ferraz de Lima e Vânia Carneiro de Carvalho, que consiste na criação de um vocabulário controlado de descritores icônicos e formais aplicados às fotografias[16]. Enquanto os descritores icônicos mapeiam os elementos constitutivos da imagem, os descritores formais indicam a maneira pela qual seus produtores mobilizam recursos próprios da linguagem fotográfica para construir sentidos a partir dos objetos fotografados. Esse mecanismo permite a constatação de padrões visuais de representação da várzea do Carmo que possibilitam averiguar as problemáticas levantadas; além, é claro, de indicar a especificidade dos registros visuais na construção do imaginário sobre esse local entre as décadas de 1890 e 1960.

Entre os descritores icônicos, ou seja, relativos às escolhas dos conteúdos representados, verificam-se a tipologia urbana, a abrangência espacial da tomada fotográfica e os acidentes naturais detectados. Também é interessante notar a recorrência de áreas de várzea e a infraestrutura ali instalada, esta última subdividida no controle dos processos e serviços, da presença de comunicações, de mobiliário urbano, de paisagismo e das estruturas e funções arquiteturais. No caso das cenas internas, controla-se o mobiliário dos espaços representados. Entre os elementos móveis, verificam-se a questão de gênero e idade, os personagens e os animais retratados e os meios de transporte. Nos registros em que o principal motivo fotografado é a figura humana, são examinadas a indumentária e a presença de objetos que compunham a caracterização do retratado e, no caso dos retratos carnavalescos, as fantasias mais recorrentes. Por fim, detectam-se as atividades, os eventos e a temporalidade fotografados[17].

O controle dos descritores formais, isto é, das escolhas técnicas relacionadas à produção das imagens, é essencial para a análise. A partir da mobilização desses recursos, por vezes característicos da prática fotográfica, agregam-se diferentes valores ao espaço da várzea do Carmo, tais como ordenação, embelezamento, (in)salubridade, caos, progresso, modernização urbana etc.

No enquadramento dos registros fotográficos, verifica-se a recorrência do *ponto de vista central*, do *ponto de vista diagonal*, do ponto de

figura 7, p. 266

figura 8, p. 266

figura 9, p. 267

figura 10, p. 267

vista ascensional, do *ponto de vista descensional*, do *close*, da *câmera alta* e da *rotação de eixo*. O ponto de vista é a forma geral de abordagem da cena; enquanto o ponto de vista central confere estabilidade à imagem, os demais geralmente criam uma sensação dinâmica (figura 4). A câmera alta preserva a imagem de distorções, sobretudo no caso de registros de edificações de grande porte, devido ao posicionamento da câmera em ângulo reto com o chão. Às vezes, essas tomadas são feitas do alto de janelas de edificações (figura 5). A rotação de eixo desloca toda a imagem do eixo perpendicular, o que produz uma distorção de efeito dinâmico (figura 6).

Entre os tipos de arranjo, forma pela qual os elementos são alocados na imagem, verificam-se o *discreto*, a *profusão*, a *atividade*, o *repouso*, o *caótico*, a *cadência*, o *rítmico* e a *sobreposição*. Por meio do arranjo é que se valorizam as qualidades formais do motivo enfocado. Enquanto os arranjos *discreto* e *repouso* conferem estabilidade ao motivo fotografado, os recursos *atividade*, *profusão*, *caótico* e *rítmico* conferem dinamismo à imagem. O recurso da *sobreposição* é caracterizado pelo encobrimento parcial dos elementos localizados nos demais planos pelos do primeiro plano, que, por sua vez, demonstram uma hierarquia entre os motivos fotografados e a dramatização da cena (figura 7). A *cadência* ocorre quando um elemento icônico é regularmente repetido na imagem, o que ressalta qualidades como ordenação, estabilidade e previsibilidade (figura 8). O arranjo *rítmico* vale-se da cadência e também do recurso da similitude de formas (figura 9). Por fim, o arranjo *caótico* mobiliza a profusão e se define pela presença intensa e desordenada de um mesmo elemento figurativo, gerando a sensação de abundância.

Entende-se por "articulação dos planos" a relação entre os elementos visuais, isto é, a maneira pela qual eles são ordenados na imagem. Verifica-se a articulação por meio das direções *horizontal*, *vertical*, *diagonal*, *centrípeta* e *curva*. Há ainda casos em que se recorre a recursos como *contiguidade espacial*, *similitude de formas* e ao *espelhamento*. O *espelhamento* implica a duplicação de determinado elemento figurativo por conta de superfícies reflexivas – no caso dos registros visuais analisados, a superfície do rio Tamanduateí e o espelho d'água do edifício do Palácio das Indústrias (figura 10). O recurso da *similitude de formas* é obtido por meio da associação entre elementos figurativos

figura 11, p. 268

figura 12, p. 269

figura 13, p. 270

figura 14, p. 270

dos diferentes planos que possuem formas semelhantes (figura 11). A *contiguidade espacial* implica a unificação do espaço, produzida por elementos figurativos que atravessam todos os planos da imagem e por direções pouco delineadas (figura 12).

Os efeitos fotográficos detectados são *atividade, repouso (pose), fragmentação, contraste de tom, contraste de escala, inversão de escala, exagero, difusão, ordenação, singularidade, frontalidade, contextualização urbana* e *descontextualização urbana*. É por meio do uso de efeitos que se altera ou ressalta a configuração de determinado elemento figurativo valorizado na imagem.

O *contraste de escala* intensifica as diferenças reais do tamanho dos elementos figurativos, gerando sua valorização ou uma tensão na cena fotografada. Por sua vez, a *inversão de escala* e o *exagero* – ampliação da escala de um elemento posicionado no primeiro plano levada ao extremo – conferem um contraste com maior apelo dramático por causa da deformação das dimensões reais do objeto (figura 13). A aplicação desses efeitos pode ter inúmeros objetivos – entre eles, a supervalorização do elemento focado, a dramatização, a inversão de valores ou a complementação dos mesmos. O *contraste de tom* garante a hierarquização dos espaços, já que se diminuem os tons de cinza da fotografia, intensificando o que deve ser mais ou menos iluminado na cena (figura 11).

A *frontalidade* é resultado da compressão do volume entre dois planos paralelos, ocasionando a valorização da fachada do edifício em detrimento de sua volumetria (figura 14). A *singularidade* permite identificar locais ou edifícios que merecem ser privilegiados na imagem, gerando a valorização deles ou efeito metonímico. A *fragmentação* implica perda da integridade visual do objeto fotografado. A *descontextualização* do objeto fragmentado pode ser sutil ou até torná-lo irreconhecível, como é o caso, por exemplo, de determinadas fotografias que registram o espelho d'água integrante da fachada do Palácio das Indústrias. Na figura 11, por exemplo, é impossível associar esse elemento à edificação. Aqueles que não conhecem o Palácio das Indústrias poderiam pensar se tratar da fotografia de uma fonte isolada presente em um jardim público.

O efeito da *atividade* é usado para fotografar tanto pessoas como meios de transporte, consistindo na obtenção de menor definição de um elemento em movimento controlando-se o tempo de abertura do

figura 15, p. 271

figura 16, p. 272

obturador da câmera ou focalizando-se uma atividade programada cujos personagens estejam em movimento (figura 15). Já o *repouso* é dado pela ausência de elementos móveis ou quando eles apresentam-se de maneira estática ou posando para a câmera.

A *contextualização urbana* ocorre geralmente em vistas panorâmicas e aéreas que, a partir do enfoque em certos elementos, procuram identificar um local como urbano (figura 16). A *descontextualização urbana* procura o sentido contrário, geralmente pela aplicação de um ou mais efeitos fotográficos.

Por fim, na categoria estrutura, controlam-se os atributos responsáveis pelo modo de articulação dos elementos icônicos da imagem em relação aos seus eixos perpendiculares e diagonais. São eles a *centralidade*, a *bicentralidade*, a *linha do horizonte*, o *nivelamento*, o *aguçamento* e o *formato*.

A *centralidade* ocorre quando o principal elemento da imagem está disposto no centro, sendo que o olhar humano busca naturalmente esse espaço. Dessa maneira, o objeto aí localizado é automaticamente destacado. A *bicentralidade* ocorre quando são alocados elementos em torno de um centro não marcado, o que destaca mais de um elemento em uma única imagem (figura 11).

O *nivelamento* implica a unificação dos planos visuais, tendendo à simetria, à repetição e à eliminação das diagonais (figura 12). Já o *aguçamento*, ao contrário do que ocorre no *nivelamento*, dispõe os elementos fora dos eixos habituais, desarticula os planos e reforça a obliquidade (figura 4). Enquanto o *nivelamento* tende à estabilização da imagem, o *aguçamento* lhe confere dinamismo.

Os *formatos* detectados são o retângulo horizontal, o oval, o quadrado e o retângulo vertical. Enquanto os três primeiros conferem equilíbrio, o último gera tensão e ambiguidade.

Após constatar os descritores formais e icônicos presentes nas imagens, foi possível identificar, por meio do cruzamento e da recorrência de certos descritores, os padrões visuais de representação da várzea do Carmo naquele período.

O reconhecimento de padrões visuais foi fundamental, pois permitiu identificar a eficácia de uma determinada maneira de veiculação de informações pelos diferentes grupos sociais no processo de criação de um

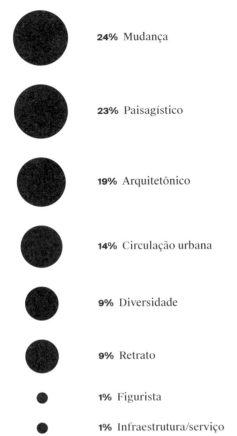

gráfico 2
Padrões de representação – *técnico-documental* (1890-1910)

- **24%** Mudança
- **23%** Paisagístico
- **19%** Arquitetônico
- **14%** Circulação urbana
- **9%** Diversidade
- **9%** Retrato
- **1%** Figurista
- **1%** Infraestrutura/serviço

imaginário coletivo sobre a região. A quantidade de imagens às quais se teve acesso também foi importante: normalmente negligencia-se o estudo da recepção das imagens visuais alegando-se a ausência de documentação disponível nos arquivos.

A fotografia é, de várias maneiras, uma aquisição. Em sua forma mais simples, temos numa foto uma posse vicária de uma pessoa ou de uma coisa querida, uma posse que dá às fotos um pouco do caráter próprio dos objetos únicos. Por meio das fotos, temos também uma relação de consumidores com os eventos, tanto com os eventos que fazem parte de nossa experiência como com aqueles que dela não fazem parte – uma distinção de tipos de experiência que tal consumo tende a turvar. Uma terceira forma de aquisição é que, mediante máquinas que criam imagens e duplicam imagens, podemos adquirir algo como informação (e não como experiência). De fato, a importância das imagens fotográficas como meio pelo qual cada vez mais eventos entram em nossa experiência é, por fim, apenas um resultado de sua eficiência para fornecer conhecimento dissociado da experiência e dela independente. [...] As fotos fazem mais do que redefinir a natureza da experiência comum (gente, coisas, fatos, tudo o que vemos – embora de forma diferente e, não raro, desatenta – com a visão natural) e acrescentar uma vasta quantidade de materiais que nunca chegamos a ver. A realidade como tal é redefinida – como uma peça para exposição, como um registro para ser examinado, como um alvo para ser vigiado. A exploração e a duplicação fotográfica do mundo fragmentam continuidades e distribuem os pedaços num dossiê interminável, propiciando dessa forma possibilidades de controle que não poderiam sequer ser sonhadas sob o anterior sistema de registro de informações: a escrita[18].

É justamente por causa desse potencial da fotografia de transformar algo em informação – e, como aponta Susan Sontag, não raro dissociada da experiência – que contemporaneamente se associam ao espaço do parque Dom Pedro II as noções de transitoriedade e mutabilidade. Noções que, como veremos na sequência, advêm de padrões visuais recorrentes detectados nas imagens.

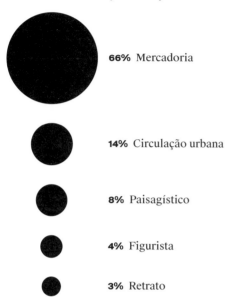

gráfico 3
Padrões de representação –
intensa circulação e exposição
(1890-1910)

66% Mercadoria

14% Circulação urbana

8% Paisagístico

4% Figurista

3% Retrato

3% Aglomeração

1% Diversidade

1% Arquitetônico

Os padrões visuais de representação da várzea do Carmo

Com base nas características icônicas e formais das imagens, foi possível estabelecer quinze padrões visuais de representação da Várzea do Carmo. Percebe-se que os padrões identificados se modificam em função de duas variáveis: os agentes produtores e a temporalidade das imagens. Há padrões que surgem na esfera das *imagens de função técnico-documental* e que após várias décadas apenas se transferem para o âmbito das *imagens de intensa circulação e exposição*. As *imagens produzidas por particulares* denotam atividades que eram organizadas na várzea do Carmo, invisíveis nas demais séries. Há ainda padrões que são próprios de determinado período e se extinguiram completamente em décadas posteriores, tendo sido substituídos por novos padrões que denotam mudanças nas funções atribuídas à região da várzea do Carmo.

Os padrões visuais serão apresentados em quatro momentos em que se verifica a consolidação de estereótipos sobre a região: 1890-1910, 1920-1930, 1940-1950 e 1960. A fim de explicitar as diferentes funções que as imagens assumem de acordo com seus agentes produtores, serão utilizadas as séries delimitadas anteriormente.

Várzea do Carmo: uma paisagem a se transformar (1890-1910)

No período de 1890 a 1910, foram identificados os seguintes padrões: *mudança, paisagístico, arquitetônico, circulação urbana, diversidade, infraestrutura/serviço, retrato, mercadoria, figurista* e *aglomeração*. Nos gráficos ao lado, verifica-se que há padrões recorrentes entre os agentes produtores da esfera pública, sinalizados nas *imagens técnico-documentais*, e aqueles responsáveis pela produção de imagens intensamente divulgadas em periódicos, cartões-postais e pinturas a óleo – *imagens de intensa circulação e exposição*.

O primeiro padrão comum a ambas as séries é o *paisagístico*, representado em 23% das imagens da série *técnico-documental* e em 8% da série de *imagens de intensa circulação e exposição*. Esse padrão é constituído por vistas parciais em que predomina a representação de elementos da natureza – no caso, a várzea do Carmo, o rio Tamanduateí e a vegetação nativa de seu entorno. Em alguns desses registros, aparecem

figura 17, p. 273

figura 18, p. 273

elementos móveis, ainda que, na maioria das vezes, estes não sejam os principais motivos da imagem. Despontam entre tais elementos os tipos humanos que circulavam pela várzea: lavadeiras, caipiras e tropeiros. Nesse padrão, há um contraste de tom acentuado, e os arranjos predominantes são a *cadência* e o *discreto*. A estrutura alterna-se entre a *centralidade* e o *nivelamento* (este, às vezes, com ligeiro aguçamento). Essas características fazem desse padrão um dos mais estáveis entre aqueles detectados nesse momento. Vale dizer que é justamente nesse período que os atributos naturais predominam nas imagens analisadas.

A figura 17 mostra um cartão-postal produzido por Guilherme Gaensly que ilustra o padrão *paisagístico*. Nesse exemplo, vê-se que a eleição da vegetação nativa como principal motivo da imagem é duplamente reforçada – pelos aspectos formais do registro, enquadramento e contraste de tom, e pelo título do postal, "Figueira brava". À sombra da enorme figueira, encontra-se um tipo humano característico da São Paulo colonial/imperial: o tropeiro, secundário nessa representação. Também secundário é o casario, que, com os demais elementos, reforça aspectos de uma cidade ainda pouco urbanizada, na qual predominam as áreas de chácaras e o varzeado.

A fotografia de autoria de Gaensly, feita a pedido da Light em maio de 1900 para registrar uma tubulação de água que corta o rio Tamanduateí, é exemplar para verificar como a linguagem plástica utilizada no repertório das pinturas de paisagem foi transposta para o campo da fotografia, mesmo sendo essa uma fotografia com uma função declaradamente técnico-documental (figura 18). As proporções que céu e terra assumem na imagem, o posicionamento da linha do horizonte em um campo privilegiado da visão do observador, para além do destaque dos atributos naturais, seja em função da área que ocupam, seja pela luminosidade aplicada, permitem associar esse registro às pinturas de paisagem que ganham expressão no cenário nacional em fins do século XIX – momento em que surge um grupo de pintores engajados na observação direta da natureza, entre os quais figuram Antônio Parreiras, García y Vasquez e Hipólito Caron.

As fotografias técnico-documentais e os cartões-postais do padrão *paisagístico* desse período pertencem ao primeiro momento de representação da natureza pela fotografia, que Vânia de Carvalho identifica como um momento em que a representação de aspectos naturais assume uma função plástica[19].

Ainda entre as fotografias de *função técnico-documental* do *padrão paisagístico*, encontram-se os registros dos alagamentos da várzea do Carmo. Nessas fotografias, privilegiam-se as linhas diagonais e o efeito da cadência pela repetição de árvores, de torres de transmissão e de postes de energia elétrica enfileirados, parcialmente encobertos pelas águas do rio Tamanduateí. Nesse primeiro momento, as enchentes são sempre representadas plasticamente, quase como resultado de um "embelezamento natural" do lugar, como, por exemplo, nesse registro feito por Aurélio Becherini[20] (figura 19). Nas décadas de 1920 e 1930, as representações plásticas das enchentes permanecem. Apenas a partir das décadas de 1940 e 1950 as fotografias passam as retratar as enchentes como um problema de saúde pública que ocasionava transtornos aos moradores e transeuntes da várzea do Carmo, já transformada no parque Dom Pedro II.

figura 19, p. 274

figura 20, p. 275

figura 21, p. 275

figura 22, p. 276

Outra representação do padrão *paisagístico* em que se verifica o repertório da pintura de paisagem é a fotografia de Vincenzo Pastore pertencente à série *imagens híbridas*, intitulada "Casario e lavadeiras às margens do rio Tamanduateí" (figura 20). Datada de cerca de 1910, ela é semelhante aos registros analisados na sequência, que se inscrevem no mesmo padrão: o cartão-postal de Guilherme Gaensly produzido por volta de 1900, intitulado "Fundos da ladeira da Tabatinguera" (figura 21), e a pintura a óleo de Almeida Junior, *Ponte da Tabatinguera*, possivelmente de 1895 (figura 22).

Além de registrarem o mesmo local, a ladeira da Tabatinguera beirando o rio Tamanduateí, os três registros mobilizam uma série comum de descritores formais: o ponto de vista diagonal – mais acentuado no cartão-postal de Gaensly; o arranjo que indica a cadência por causa da repetição regular dos telhados do casario e das escadarias; o formato horizontal retangular e o efeito da singularidade, resultante da organização dos elementos icônicos e formais na composição.

Por outro lado, ainda que contemporâneos, o postal de Gaensly enquadra com algum destaque as roupas estendidas à beira do Tamanduateí, pelo próprio contraste de tom da fotografia, e a pintura de Almeida Junior substitui esse elemento característico de uma cidade ainda de

figura 23, p. 277

figura 24, p. 278

figura 25, p. 278

figura 26, p. 279

hábitos coloniais por outro, que demonstra a domesticação da natureza pelo homem: a ponte sobre o rio Tamanduateí. Ao contrário do que se pode supor de imediato, é na pintura que se resolve o conflito da herança colonial, ainda que se trate nitidamente da representação de uma paisagem bucólica, e não na fotografia de Guilherme Gaensly – muito menos na fotografia de Pastore, em que as roupas estendidas à beira do rio ocupam praticamente todo quadrante inferior esquerdo da imagem.

Outro padrão comum às séries *imagens de intensa circulação e exposição* e *técnico-documental* é o *arquitetônico*, representado respectivamente em 1% e 19% nessas séries. Nesse período, tal padrão se caracteriza exclusivamente por cenas internas da edificação do Palácio das Indústrias, em tomadas pontuais, geralmente sob o ponto de vista diagonal. Nessas fotografias, explora-se o recurso da cadência, por meio da repetição de algum elemento arquitetônico da edificação. No caso da figura 23 (parte de um álbum de fotografias do escritório de arquitetura de Ramos de Azevedo), o elemento repetido é o arco, pelo efeito fotográfico do contraste de luz e sombra. Já na figura 24 (integrante de uma fotorreportagem dedicada à Exposição Industrial de 1917, publicada pela revista *A Cigarra*), o elemento de cadência escolhido é a arcada do pátio interno do edifício.

O Palácio das Indústrias foi a primeira edificação pública de grande porte instalada na várzea do Carmo, construído entre 1911 e 1924 pelo arquiteto italiano Domiziano Rossi[21] (que fora contratado pelo escritório de Ramos de Azevedo). Provavelmente, esse edifício de estilo eclético, projetado para abrigar as exposições industriais da cidade de São Paulo, teve como referência o Castello Mackenzie, residência de luxo construída entre 1893 e 1905 pelo arquiteto Luigi Gino Coppedè (1866-1927) em uma área montanhosa da cidade de Gênova, na Itália, que possibilitava excelentes panoramas. As figuras 25 e 26 permitem comparar os dois edifícios.

Assim como sua possível referência italiana, o Palácio das Indústrias é inspirado em construções da Toscana, especificamente das províncias de Florença e Siena dos séculos XIII e XIV. A estrutura de ferro de parte do edifício não é evidente, sendo revestida por massa e cerâmica coloridas. Os grupos escultóricos e as ameias revestidas por brasões distribuídos ao longo do edifício foram construídos pelo escultor italiano Nicola Rollo[22]. O principal grupo escultórico do Palácio das Indústrias é um carro de boi, alegoria do progresso, que encima uma das torres do edifício.

É significativo que as fotografias do padrão *arquitetônico* desse período privilegiem o efeito fotográfico da cadência, que ressalta a ordenação, a estabilidade e a previsibilidade. Essas características deveriam ser asseguradas ao espaço da várzea do Carmo com a construção do Palácio das Indústrias durante o processo de saneamento e embelezamento empreendido pelo poder público. O próprio edifício é emblemático desse processo, seja em razão de sua técnica construtiva monumental, de seus elementos arquitetônicos (sobretudo as alegorias do progresso, do comércio, da indústria, da agricultura e da pecuária), seja por sua funcionalidade.

Vale dizer que São Paulo foi a primeira cidade do país a adotar uma estrutura fixa para receber exposições. A construção do Palácio das Indústrias insere-se na onda de criação de museus comerciais e industriais que ocorria na Europa, tidos então como modelos para as exposições universais. Esse fato não deixa dúvidas sobre o novo papel que o estado de São Paulo desejava assumir no cenário nacional, com sua imagem de pujante centro comercial, agrícola e industrial sendo difundida pelas vitrines das exposições organizadas em seu interior e divulgada nas revistas ilustradas[24].

Mais um ponto comum às séries *imagens de intensa circulação e exposição* e *imagens técnico-documentais* é o padrão *circulação urbana*, com 14% de representação em ambas as séries. Esse padrão é constituído por vistas parciais diurnas em que o principal motivo fotografado é o traçado urbano, normalmente disposto no primeiro plano. Geralmente destaca-se no traçado urbano a presença dos trilhos dos bondes elétricos. O enquadramento alterna-se entre o ponto de vista diagonal e a câmera alta. Sempre há elementos móveis – transeuntes e/ou veículos. Os arranjos dividem-se entre a profusão e a atividade. A estrutura se fundamenta sobretudo no recurso do aguçamento. Essas características conferem às imagens desse padrão um aspecto dinâmico e uma noção de progresso, qualidades desejadas em uma cidade republicana que buscava se modernizar a fim de apagar as características coloniais associadas ao período monárquico-imperial (figuras 27 e 28).

O padrão *figurista*, que privilegia a figura humana como motivo principal do registro captado, também é comum às duas séries aqui analisadas. Na série de *imagens de intensa circulação e exposição*, são fotografadas autoridades públicas, tais como o governador Altino Arantes e o

figura 27, p. 280

figura 28, p. 281

figura 29, p. 282

figura 30, p. 283

figura 31, p. 284

prefeito Washington Luís, geralmente acompanhados por suas cônjuges, durante visitas à Exposição Industrial realizada em 1917, na inauguração do Palácio das Indústrias. No ano seguinte, as fotografias foram amplamente divulgadas em reportagens ilustradas da revista *A Cigarra*. Por outro lado, o único registro desse padrão encontrado entre as *imagens de função técnico-documental* é uma fotografia em que há uma grande quantidade de trabalhadores responsáveis pela construção do Gasômetro nº 1 da rua da Figueira (figura 29). A imagem foi encontrada em uma "cápsula do tempo", enterrada no terreno ocupado pela fábrica de gás, o que indica a intenção desses trabalhadores de produzir um registro de si próprios para a posteridade, já que, como verificamos, nas imagens produzidas pela companhia para os relatórios técnicos, os trabalhadores não eram o motivo principal das imagens, que privilegiavam equipamentos e maquinários, depositários da noção de progresso tecnológico almejada pela empresa anglo-canadense. Também são parte do padrão *figurista* as fotografias feitas por Vincenzo Pastore, por volta de 1910, dos tipos humanos que circulavam no entorno do Mercado (figura 3)[25].

Os dois últimos padrões comuns a essas duas séries são *diversidade* e *retrato*. O padrão *diversidade* é formado por vistas panorâmicas, em que se observam áreas de vazio urbano, isto é, regiões ocupadas pela várzea do Carmo, contrapostas às áreas construídas, geralmente por sobrados e edificações térreas. Essas tomadas panorâmicas, enquadradas em câmera alta, indicam o crescimento horizontal da cidade. Geralmente os elementos fotografados contribuem para a sensação de diversificação e expansão das atividades desenvolvidas no espaço urbano (figura 30). O padrão *retrato* é composto por vistas pontuais e parciais em que se centraliza uma edificação, geralmente pública. O Palácio das Indústrias protagoniza a maior parte dos registros analisados. Em menor número, aparecem a Escola Normal do Braz[26] e o Grupo Escolar do Braz[27].

Há ainda a representação de uma edificação particular destinada ao lazer, o Teatro Colombo[28] (figura 31). Por vezes, esses registros se valem do efeito de frontalidade para ressaltar as qualidades da fachada do edifício (figura 14).

O padrão *mercadoria* ocorre apenas entre as *imagens de intensa circulação e exposição* – é o padrão com maior representatividade nessa série, 66%. É composto por vistas pontuais do interior do Palácio das

figura 32, p. 284

figura 33, p. 285

Indústrias, nas quais se retratam os mostruários organizados pelos setores comercial e industrial por ocasião das exposições industriais de 1917 e 1918. Os enquadramentos utilizados são o ponto de vista central e o ponto de vista diagonal. Esse último é utilizado para mostruários maiores e/ou que possuem ampla área envidraçada, ou seja, a escolha desse ponto de vista ocorre por causa de uma limitação técnica da câmera, e não com o objetivo de conferir dinamismo ao motivo fotografado. Frequentemente os proprietários das indústrias se fazem fotografar junto aos mostruários, ainda que estes últimos sobressaiam à figura humana. Utilizam-se as estruturas da centralidade e do nivelamento. Geralmente não são usados efeitos fotográficos nesses registros (figura 32).

Deve-se suspeitar da predominância desse padrão entre as *imagens de intensa circulação e exposição*, pois as imagens analisadas são todas provenientes da revista *A Cigarra*, periódico quinzenal que priorizava as fotorreportagens de eventos sociais, tais como inaugurações de obras públicas, partidas de futebol, eventos beneficentes etc.

Outro padrão característico das *imagens de intensa circulação e exposição* é o padrão *aglomeração*. Ele é caracterizado pela presença maciça de tipos humanos no interior de edificações públicas, por ocasião de eventos em que estiveram presentes os mais altos representantes do poder público. Por causa de tais características, a circulação de imagens desse tipo restringe-se aos periódicos (figura 33).

O padrão *mudança* é o que tem maior expressividade entre as *imagens de função técnico-documental* desse período, presente em 24% da amostra. Caracteriza-se por trazer elementos que indicam processos e serviços de remodelação do espaço da várzea do Carmo. Ainda que esse padrão denote que ali existe uma atividade em andamento, tal efeito raramente é obtido por meio da presença de trabalhadores em serviço. Utilizam-se, com esse objetivo, linhas diagonais ou do próprio ponto de vista diagonal, que conferem dinamismo aos registros (figura 4). As características desse padrão agregam ao espaço fotografado as noções de instabilidade e de provisoriedade.

Por fim, apenas na série *imagens de função técnico-documental*, verifica-se o padrão *infraestrutura/serviço*, em somente 1% das imagens. Esse padrão é observado em uma tomada pontual do interior de uma subestação elétrica da Light. As linhas diagonais das prateleiras e da

figura 34, p. 285

estrutura do telhado do galpão dão dinamismo à imagem, sugerindo também uma sensação de abundância, graças à repetição de formas geométricas (figura 34).

A maior expressividade do padrão *mudança* na *série de imagens de função técnico-documental*, presente em 24% do total de registros, bem como a alta representatividade do padrão *paisagístico*, em 23% das imagens, indicam a iminência do conflito entre natureza e sociedade que se desenvolverá nas décadas seguintes na várzea do Carmo.

As significativas porcentagens dos padrões *arquitetônico* e *circulação urbana* entre as *imagens de função técnico-documental*, respectivamente 19% e 14%, sinalizam a transformação gradual da paisagem natural da várzea do rio Tamanduateí em um artefato promovido pelo poder público, ora pela construção de equipamentos públicos monumentais, ora pela implantação de uma rede de infraestrutura urbana, que nesse primeiro momento privilegiou os serviços de transporte e iluminação.

Essas transformações iniciais – constatadas no padrão *mudança* – inserem-se no pensamento sanitarista-higienista, formulado na Europa em reação aos surtos epidêmicos que devastaram as cidades nos séculos XVIII e XIX. No Brasil, essa tradição chega acompanhando as relações culturais que se estabeleceram com os profissionais franceses e a partir do estreitamento das relações com a colônia inglesa, que se estabelece no país no século XIX e traz consigo seus hábitos e costumes[29]. As reformas urbanas que visavam mudar a estrutura física da cidade, melhorar a circulação de ar, a iluminação e a distribuição de água a fim de evitar a proliferação de doenças também se tornam práticas comuns entre nós nesse período. Vale dizer que o termo "diagnóstico", muito utilizado pelo discurso urbanístico, surgiu a partir do entrelaçamento de teorias médicas com técnicas de engenharia em meio a esse ideário sanitarista-higienista[30].

Entre os padrões das *imagens de intensa circulação e exposição*, também se encontram ecos do conflito entre homem e natureza. As altas incidências dos padrões *mercadoria*, 66%, e *circulação urbana*, 14%, são emblemáticas do processo de transformação da sociedade paulistana da virada do século XIX para o XX em uma sociedade capitalista de massas. Nas imagens dessa série, o padrão *paisagístico* aparece na sequência, com presença de apenas 8%, porcentagem bem inferior às obtidas pelos padrões anteriores.

Certamente a alta incidência nas imagens do período de 1890 dos padrões *mercadoria* e *circulação urbana* na série *imagens de intensa circulação e exposição*, assim como a predominância do padrão *mudança*, seguido pelo *paisagístico*, nas *imagens de função técnico-documental*, demonstra a preocupação do poder público em inserir a várzea do Carmo, recém-integrada à cidade de São Paulo, na lógica da modernidade. Em outras palavras, as imagens criadas nesse período assumem uma função propulsora na estratégia do poder público de conversão da várzea do Carmo em um espaço urbano consonante com a nova perspectiva de mundo capitalista.

O atributo natural transformado em artefato: a consolidação dos espaços públicos do parque Dom Pedro II (1920-1930)

Entre as imagens das décadas de 1920 e 1930, foram identificados quinze padrões de representação da várzea do Carmo: *mudança, circulação urbana, diversidade, figurista, paisagístico, infraestrutura/serviço, retrato, arquitetônico, mercadoria, aglomeração, saúde pública, coexistência, intensidade, ordenação* e *bélico*. Esses cinco últimos são padrões novos, que não foram detectados nas imagens do período anterior.

As fotografias da série *imagens híbridas* desse período trazem o padrão *bélico*, em que se verificam vistas pontuais e parciais diurnas registrando os efeitos do conflito da Revolução de 1924. Predomina a estrutura do nivelamento, por vezes com certo aguçamento. O enquadramento se alterna entre o ponto de vista central, o ponto de vista diagonal e o *close*. Utilizam-se efeitos de contraste de tom e contraste de escala, a fim de enfatizar os prejuízos materiais do confronto – ruas descalçadas transformadas em trincheiras (figura 35) e casas destruídas (figura 36). Em parte dos registros, há elementos móveis: transeuntes, um morador e tropas revoltosas entrincheiradas. Emblematicamente, o único morador retratado é um homem idoso, sentado à porta de sua casa na rua Assumpção (figura 37).

Há uma exceção ao padrão bélico nas fotografias da série *imagens híbridas*. Trata-se de um registro emblemático para a discussão da reapropriação do estereótipo da pintura de paisagem pela fotografia. Na figura 38, veem-se as tropas legalistas de 1924 ocupando as áreas do

figura 35, p. 286

figura 36, p. 287

figura 37, p. 287

figura 38, p. 288

parque Dom Pedro II durante a prática de um exercício militar, o bivaque, modalidade de parada em que a tropa só dispõe de abrigos naturais, especialmente árvores.

No plano inferior da fotografia, observam-se os homens da corporação em uma atitude que mistura a pose para o fotógrafo com a atividade de alimentação das tropas. Alguns posam empunhando suas armas, enquanto outros seguram colheres, tigelas, panelas e latas em que provavelmente se aquecia o alimento. Há até mesmo um soldado flagrado no momento em que colocava uma colher na boca. Certamente esse comportamento descontraído da tropa indica uma boa relação do fotógrafo com os dirigentes do grupo. Em registros oficiais do exército, dificilmente se vê essa atitude, que em nada demonstra disciplina, valor corrente nos álbuns militares. À esquerda, no plano superior da fotografia, identifica-se um automóvel. Na parte central, um dos coretos do parque Dom Pedro II repleto de soldados, e as edificações da parte alta da cidade, na qual se destacam as torres do convento do Carmo e das igrejas do Colégio e da Sé. Na margem direita, um caminhão.

O enquadramento da fotografia, em que se privilegia a linha do horizonte disposta praticamente no centro da imagem, e o contraste de tom acentuado entre o quadrante superior, mais claro, quase todo preenchido pelo céu, e o quadrante inferior, mais escuro, preenchido em sua totalidade pelo gramado e pela vegetação do parque, permitem associar essa fotografia à iconografia de paisagem, consolidada pelos primeiros artistas viajantes que se encarregaram de registrar a cidade de São Paulo em suportes como aquarelas, litografias etc. Certamente esse padrão visual de representação de paisagens, inaugurado em São Paulo com as aquarelas de Thomas Ender (figura 39), integrava a *iconosfera*[31] do fotógrafo, que o recria na representação das tropas legalistas no parque Dom Pedro II durante a Revolução de 1924.

figura 39, p. 289

A totalidade das fotografias da série *imagens produzidas a pedido de particulares* desse período pertence ao padrão *figurista*. É emblemática essa constatação, pois indica que durante as décadas de 1920 e 1930 o espaço da várzea do Carmo, então transformado no parque Dom Pedro II, teve um momento de efervescência entre seus usuários. Nesse padrão, em que se privilegia a representação da figura humana geralmente pelo ponto de vista central ou pelo *close*, verifica-se que o

figura 40, p. 290

figura 41, p. 290

uso do espaço estava associado às práticas relacionadas ao carnaval (figura 40), ao futebol e a festas, estas últimas organizadas entre as comunidades religiosas e os funcionários das empresas ali instaladas – respectivamente 71%, 16% e 11% dos eventos registrados. Ou seja, o uso do espaço não ocorria majoritariamente em função do próprio espaço do parque e do Palácio das Indústrias ali instalado, tal como pretendiam os representantes do poder público municipal. Vale dizer que o passeio pelo parque foi registrado em apenas uma imagem da série. Trata-se de uma fotografia tirada por um fotógrafo ambulante, popularmente denominada "fotografia lambe-lambe", impressa em papel fotográfico produzido pela fábrica Wessel em formato de cartão-postal, em que se registra um grupo de funcionários da oficina de medidores da companhia de gás posando em meio às árvores do parque Dom Pedro II (figura 41).

Novamente observa-se a existência de padrões recorrentes nas imagens da série *técnico-documental* e *intensa circulação e exposição*, conforme os gráficos 4 e 5.

Entre as representações visuais da série *imagens de intensa circulação e exposição* predomina o padrão *mercadoria*, em 29% das imagens. Trata-se de uma porcentagem bem menor que aquela encontrada nas décadas de 1890 a 1910, em que esse padrão estava presente em mais de 60% dos registros. Suas características icônicas e formais são idênticas às detectadas anteriormente. Esses registros referem-se a uma reportagem fotográfica da revista *A Cigarra* sobre a Exposição Industrial de 1920. As fotografias do padrão *figurista* dessa série, que correspondem a 5%, também se referem à Exposição Industrial. Como nas décadas anteriores, fotografam-se autoridades públicas com os cônjuges. Nesse ano, registrou-se também o rei Alberto da Bélgica, que visitou a exposição durante sua passagem pelo Brasil, aumentando a solenidade do evento.

O padrão *saúde pública* encontra-se apenas nas fotografias da série de *imagens de função técnico-documental*, sendo o padrão com maior representatividade nessa série (28%). A maioria dessas fotografias foi feita a partir de um ponto de vista pontual; em pouquíssimos casos, optou-se pelo ponto de vista parcial. Os enquadramentos predominantes são o ponto de vista central e o ponto de vista diagonal – este utilizado para conferir sensação de dinamismo aos registros de grupos de crianças exercitando-se no Parque Infantil Dom Pedro II[32]. Em alguns registros, em que se busca enfatizar o motivo retratado, opta-se pelo *close* e pela câmera alta. Os registros são sempre feitos durante o dia.

As fotografias desse padrão visual demonstram as duas frentes em que eram organizadas as políticas públicas para a saúde. Por um lado, registram-se os locais tidos como potenciais focos de moléstias: cortiços, pequenas fábricas, locais de intensa circulação de pessoas – como, por exemplo, as estações de trem Sorocabana e da Cantareira –; por outro lado, registra-se a intervenção feita pelo poder público para sanar parte dos problemas detectados pelos registros anteriores, isto é, o Parque Infantil Dom Pedro II, espaço privilegiado para a educação sanitária dos filhos dos operários das fábricas das regiões da Mooca e do Brás (figura 42).[33]

figura 42, p. 291

Na série de *imagens de função técnico-documental*, verifica-se o padrão *arquitetônico* em 2% dos registros. É uma porcentagem inferior àquela verificada no período anterior, em que o padrão estava presente em 19% das imagens. As características formais desse padrão permanecem; porém, o motivo fotografado é outro, centrando-se na edificação do Mercado Municipal, também empreendida pelo escritório de arquitetura de Ramos de Azevedo[34]. A redução das fotografias desse padrão é compreensível, uma vez que o Palácio das Indústrias, detectado anteriormente como centro das atenções, era uma edificação mais emblemática tanto do ponto de vista arquitetônico quanto como símbolo da ocupação da região da Várzea do Carmo. Já entre as *imagens de intensa circulação e exposição*, apenas 1% dos registros pertence a esse padrão. No cartão-postal da figura 43 exploram-se as formas geométricas da estrutura em ferro, estuque e vidro do telhado da plataforma da estação Sorocabana[35].

figura 43, p. 292

O padrão *retrato* permanece representado na série de *imagens de função técnico documental* e na série de *imagens de intensa circulação e exposição*, respectivamente em 3% e 10% do total. Como no período anterior, esse padrão é composto por vistas pontuais e parciais em que se centraliza uma edificação pública, mais especificamente o Mercado Municipal e o Palácio das Indústrias. O primeiro encontra-se representado nas fotografias técnico-documentais, e o segundo figura quase que na totalidade dos cartões-postais da série *imagens de intensa circulação e exposição*, exceção feita ao postal reproduzido ao lado, que retrata a edificação do Mercado ainda sem a conclusão de suas cúpulas (figura 44). Ao

figura 44, p. 292

gráfico 4
Padrões de representação –
técnico-documental
(1920-1930)

28% Saúde pública

24% Mudança

12% Paisagístico

10% Diversidade

9% Circulação urbana

7% Figurista

3% Retrato

2% Arquitetônico

2% Infraestrutura/serviço

1% Coexistência

1% Aglomeração

gráfico 5
Padrões de representação –
intensa circulação e exposição
(1920-1930)

29% Mercadoria

23% Paisagístico

17% Coexistência

10% Retrato

8% Intensidade

5% Figurista

3% Ordenação

3% Diversidade

1% Arquitetônico

1% Mudança

contrário do que ocorreu nas décadas anteriores, abandona-se o efeito da frontalidade nesse padrão.

As características do padrão *aglomeração* detectadas nesse período diferem dos atributos desse padrão definidos neste estudo para as décadas anteriores. Trata-se de uma única fotografia feita pelo Escritório de Arquitetura Severo e Villares, que assumira os negócios do Escritório Ramos de Azevedo, na qual se registra sob o ponto de vista diagonal o edifício do Mercado Municipal concluído. Esse registro é emblemático porque, mais que valorizar a fachada do edifício, enfatiza a mão de obra empregada em sua construção. Os trabalhadores que atuaram na construção do Mercado estão dispostos ao longo de toda fachada do edifício. Na porta, vê-se uma pirâmide humana deles, cuja forma é semelhante à da estrutura do brasão floreado no topo da fachada. A pose dos homens, o efeito da frontalidade e o ponto de vista diagonal conferem monumentalidade à obra recém-concluída (figura 45).

figura 45, p. 293

O padrão *mudança* está presente em 24% das *imagens de função técnico-documental* e em apenas 1% das *imagens de intensa circulação e exposição*. As características formais desse padrão mantêm-se semelhantes àquelas detectadas nas imagens de décadas anteriores. Nelas estão os elementos figurativos que indicam processos e serviços de remodelação do espaço da várzea do Carmo. Novamente abusa-se do ponto de vista diagonal e, em alguns casos, utiliza-se o formato do retângulo vertical a fim de conferir dinamismo aos registros (figura 46). A fotografia referente à série *imagens de intensa circulação e exposição* foi publicada na *Revista Light*, n. 21, de outubro de 1929. Trata-se de um registro sob o ponto de vista central, em que se veem trabalhadores colocando os alicerces da guarita e dos vestiários do novo campo do time de futebol San Paulo Gas Company, equipe formada por funcionários da empresa inglesa, que nesse ano fora incorporada pela anglo-canadense Light[36].

figura 46, p. 294

O padrão *diversidade* é formado por vistas panorâmicas e aéreas, em que se observam segmentos heterogêneos do tecido urbano, ricos em tipos de edificações, estruturas de comunicação, transportes e áreas arborizadas. Nesse momento, ao contrário das décadas anteriores, não se contrapõem áreas de vazio urbano, isto é, da várzea do Carmo, às pequenas edificações. Agora o elemento da natureza é incorporado ao urbano por meio da construção do parque Dom Pedro II e de seus

figura 47, p. 295

figura 48, p. 296

figura 49, p. 297

figura 50, p. 297

equipamentos (figura 47). Nota-se esse padrão em 10% das *imagens técnico-documentais* e em 3% das *imagens de intensa circulação e exposição*. Entre as fotografias técnicas, ele predomina nos registros das dependências da São Paulo Gas Company.

Os padrões *infraestrutura/serviços* e *circulação urbana* estão presentes apenas entre as representações visuais da série *imagens de função técnico-documental* (respectivamente 3% e 9%). No padrão *circulação urbana*, mantêm-se as características formais e icônicas detectadas anteriormente. Já no padrão *infraestrutura/serviços*, predomina o ponto de vista pontual. Trata-se de cenas externas nas quais se enfatizam as instalações e os equipamentos das companhias Light e São Paulo Gas Company. Nos registros da Light, privilegiam-se as formas dos equipamentos, por meio ora da repetição que transmite a sensação de riqueza e de abundância, ora do *close* de um cabo de eletricidade subterrâneo que cruza o rio Tamanduateí, símbolo da alta tecnologia empregada pela empresa (figura 48). No caso dos registros da São Paulo Gas Company, as tomadas fotográficas se valem da repetição de elementos e do contraste de escala para enfatizar a grandeza da companhia.

O padrão *intensidade* é caracterizado por vistas panorâmicas e aéreas, nas quais o traçado urbano é praticamente suprimido a fim de evidenciar o preenchimento do lote por edificações, entre as quais se destacam as de grande porte. Explora-se com isso a ideia de abundância e evidencia-se a recente transição da sociedade da época para um modelo social baseado na produção e no consumo em larga escala (figura 49). Esse padrão aparece apenas na série de *imagens de intensa circulação e exposição*, em 8% dos registros.

Outro padrão que surge apenas entre as representações visuais da série *imagens de intensa circulação e exposição*, em apenas 3% delas, é o padrão *ordenação*, em que se opta pelo ponto de vista diagonal e pelo arranjo rítmico para representar as fábricas do bairro do Brás, com suas chaminés, ao lado de edificações residenciais térreas. Prioriza-se a representação de uma determinada rua em que os telhados das casas e as árvores asseguram o efeito da cadência; o mesmo efeito é obtido pela repetição das chaminés e dos telhados serrilhados das fábricas. A utilização desse efeito transmite a sensação de convivência harmoniosa entre as indústrias e as residências em uma mesma área (figura 50).

figura 51, p. 298

figura 52, p. 299

figura 53, p. 300

No padrão *coexistência*, os elementos paisagísticos do parque Dom Pedro II aparecem em primeiro plano, emoldurando os arranha-céus da região próxima ao antigo triângulo central, dispostos no plano de fundo. Predomina o enquadramento em câmera alta, recurso que permite o retrato sem distorções de edificações mais altas. É frequente nesse padrão o uso de efeitos fotográficos característicos da fotografia moderna, tais como a inversão de escala, o contraste de tom e a fragmentação. Porém, o impacto visual gerado por esses efeitos é atenuado pela presença de elementos niveladores, como, por exemplo, a estrutura de centralidade e bicentralidade, a ausência de atividade e o uso do espelhamento e da similitude formal para a articulação dos planos (figura 51). Em algumas imagens, opta-se pela sobreposição das árvores do parque, registradas no primeiro plano, aos grandes edifícios do último plano, o que confere dramaticidade e tensão aos registros.

Esse padrão aparece em apenas duas fotografias da série de *imagens de função técnico-documental*, ambas de autoria de B. J. Duarte, realizadas em 1938, o que representa somente 0,75% dos registros da série (figura 13, página 270). Já na série *imagens de intensa circulação e exposição*, esse padrão tem o terceiro maior número de ocorrências, representado em 17% do total, atrás apenas dos padrões *mercadoria* e *paisagístico* – respectivamente com 29% e 23%. Nessa série, o padrão *coexistência* surge apenas no final da década de 1920, em cartões-postais fotográficos em que aparece o edifício Martinelli[37], primeiro arranha-céu da cidade.

A considerável incidência desse padrão é indicativa da mudança da função da várzea do Carmo, recém-transformada em parque Dom Pedro II, a partir da construção dos primeiros arranha-céus. Essa nova função das áreas destinadas à natureza controlada pelo homem consolida-se nas décadas de 1940 e 1950, momento em que se intensifica o processo de metropolização[38] da cidade.

O padrão *paisagístico* é o segundo mais representado entre as *imagens de intensa circulação e exposição*, presente em 23% delas, e o terceiro entre as *imagens de função técnico-documental*, em 12%. É constituído por vistas parciais e panorâmicas em que predomina a representação de elementos da natureza, mais especificamente a vegetação do parque Dom Pedro II e o rio Tamanduateí canalizado (figuras 52 e 53). Raramente aparecem elementos móveis nesses registros. Os arranjos predominantes são o discreto, a cadência, o rítmico, a sobreposição e a profusão – esta última ocorre no caso de tomadas panorâmicas em que se valoriza a extensa área do parque coberta por árvores enfileiradas. Os arranjos discreto, cadência e rítmico demonstram a estabilidade e a ordenação da várzea do Carmo, domesticada pelo homem em função da construção do parque Dom Pedro II. Em algumas imagens, faz-se uso do espelhamento; já na maior parte dos registros, a articulação dos planos obedece à direção diagonal.

O uso da sobreposição no enquadramento e a aplicação recorrente de efeitos fotográficos – contraste de tom e de escala e inversão de escala – conferem dramaticidade aos registros. A estrutura das imagens alterna a bicentralidade e o nivelamento – este às vezes com ligeiro aguçamento. É mais recorrente o formato retângulo horizontal, que dá maior estabilidade às cenas.

Novamente, o padrão *paisagístico* predomina nos registros de enchentes do rio Tamanduateí feitos pelos fotógrafos a serviço do poder público (figura 54). Entre as *imagens de intensa circulação e exposição*, aparece um único registro de enchente, num cartão-postal fotográfico editado por Theodor Preising na década de 1930, já com a presença do padrão *coexistência* (figura 55).

A alta incidência do padrão *paisagístico* nesse período, tanto entre as *imagens de função técnico-documental* quanto entre as *imagens de intensa circulação e exposição*, indica a transformação da várzea do Carmo de atributo natural em artefato – o parque Dom Pedro II. É justamente no período entre as décadas de 1920 e 1930 que o mobiliário urbano instalado no parque aparece em maior quantidade entre as imagens analisadas. Já estão presentes bancos, dois coretos e os equipamentos para prática do Parque Infantil, tais como piscina, gangorra, balanço etc. Pode-se dizer que essas imagens assumem uma função legitimadora do poder público, responsável pela conclusão dos processos de saneamento e de embelezamento da região.

Um dos coretos ficava no espaço popularmente denominado "Ilha dos Amores", pequena ilha localizada nas proximidades da rua 25 de Março, no rio Tamanduateí canalizado (figura 56). O outro se localizava entre a escultura do leão em mármore, de Prosper Lecourtier, e o monumento de Ettore Ximenes em homenagem à amizade sírio-libanesa, nas proximidades das ladeiras do Carmo e General Carneiro (figura 57)[39].

figura 54, p. 301

figura 55, p. 302

figura 56, p. 303

figura 57, p. 303

A presença intensa de registros do Parque Infantil Dom Pedro II entre as fotografias do padrão *saúde pública* (aquele que aparece em maior número entre as *imagens de função técnico-documental*) também indica a consolidação da região como espaço público de lazer. Sabe-se que no ano de 1938 o Parque Infantil Dom Pedro II registrou, no período noturno, uma afluência diária de trezentos jovens trabalhadores que para lá se dirigiam em busca de lazer – no período diurno, o local era frequentado por crianças de 3 a 12 anos; no noturno, recebia as demais faixas etárias, até os 21 anos; por causa disso, esse espaço também ficou conhecido como Clube de Menores Operários e Centro de Moças[40].

Por fim, a maciça representação do padrão *figurista* na série de *imagens produzidas a pedido de particulares* permite conhecer os usuários do espaço, invisíveis nas fotografias do padrão *paisagístico*. São moradores e trabalhadores dos bairros do Brás e da Mooca, que ocupavam a região da várzea do Carmo em atividades sazonais, para brincar o carnaval, festejar divindades católicas ou jogar futebol em campos improvisados ou oficiais.

A recorrência dos padrões elencados atesta a consolidação da região como espaço público privilegiado para prática do lazer. Mais do que registrar a transformação dessa área, a recorrência temática sinaliza como os múltiplos agentes sociais consolidaram e disseminaram determinadas imagens da Várzea. O poder público associou à várzea do Carmo a imagem de um lugar melhorado, embelezado e higienizado por sua transformação em parque. Essa imagem foi disseminada intensamente pelos postais fotográficos. Nas fotografias dos antigos usuários do parque, representam-se as práticas dos grupos sociais que desenvolveram uma experiência concreta com esse espaço. As relações que esses diversos produtores mantêm com as imagens são distintas: os representantes do poder público tentavam consolidar uma imagem positiva de sua administração – a difusão dessa imagem pelos produtores de cartões-postais e pela imprensa atesta a força política do poder público no processo de construção do fato urbano e do imaginário –; já para os antigos usuários do parque, as fotografias da Várzea cumpriam o papel de recordação de uma pessoa e de um lugar queridos. A circulação dessas imagens restringe-se à esfera doméstica, estando presentes em álbuns de família e na própria memória dos antigos *habitués*.

Parque Dom Pedro II: um ornamento da metrópole (1940-1950)

No período das décadas de 1940 e 1950, foram detectados catorze padrões de representação da várzea do Carmo, já transformada no parque Dom Pedro II: *diversidade, mudança, paisagístico, coexistência, circulação urbana, infraestrutura/serviços, intensidade, retrato, saúde pública, arquitetônico, aglomeração, ordenação, figurista* e *mercadoria*.

Há padrões recorrentes entre as representações visuais das séries *imagens de intensa circulação e exposição, imagens de função técnico-documental* e *imagens produzidas a pedido de particulares*, conforme se vê nos gráficos 6, 7 e 8.

Nota-se, nas décadas de 1940 e 1950, a migração de padrões de representações que antes se restringiam a determinadas séries. Em alguns casos, há padrões até mesmo ausentes de séries das quais antes eram exclusivos.

O padrão *saúde pública*, que nas décadas de 1920 e 1930 era o mais disseminado entre as fotografias da série *imagens de função técnico-documental*, agora aparece em apenas 1,25% das representações, somente em registros da prática de exercícios físicos no Parque Infantil Dom Pedro II. Por outro lado, passa a figurar na série *imagens de intensa circulação e exposição*, em fotografias publicadas em periódicos que retratam as enchentes da região da antiga várzea do Carmo. É o momento em que a imprensa paulistana passa a denunciar os transtornos e prejuízos que as enchentes geravam à população. Os títulos das reportagens reforçam os aspectos icônicos e formais das fotografias, demonstrando que as enchentes estavam longe de ser vistas como elemento de embelezamento esporádico da cidade. A figura 58 exemplifica esse novo tratamento. Retirada de uma fotorreportagem publicada pelo jornal *A Gazeta* em 16 de fevereiro de 1940, intitulada "A violência do temporal causou muitos estragos na Capital", traz na imagem automóveis, caminhões, moradores e crianças em meio à rua Caetano Pinto alagada.

Outro exemplo de migração de padrões entre as séries ocorre com o padrão *mercadoria*, anteriormente detectado exaustivamente apenas entre as fotografias da série *imagens de intensa circulação e exposição*. Nas décadas de 1940 e 1950, esse padrão se restringe às fotografias da série de *imagens produzidas a pedido de particulares*, em 15% delas. Trata-se

figura 58, p. 304

figura 59, p. 305

gráfico 6
Padrões de representação –
técnico-documental
(1940-1950)

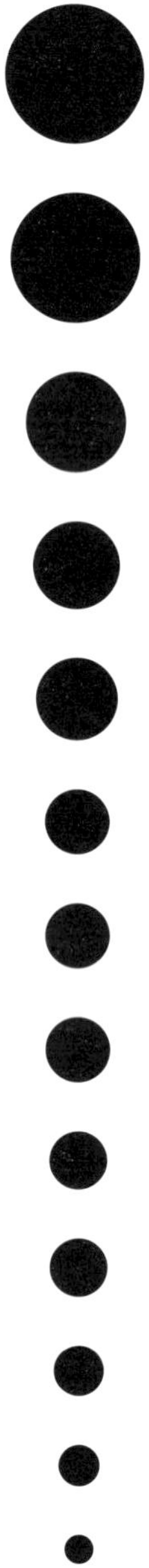

22% Diversidade

20% Figurista

12% Retrato

9% Mudança

8% Paisagístico

5% Coexistência

5% Intensidade

5% Ordenação

4% Aglomeração

4% Circulação urbana

3% Saúde pública

2% Arquitetônico

1% Infraestrutura/serviços

gráfico 7
Padrões de representação –
intensa circulação e exposição
(1940-1950)

46% Coexistência

14% Paisagístico

10% Intensidade

10% Circulação urbana

7% Retrato

4% Mudança

4% Saúde pública

2% Diversidade

1% Arquitetônico

1% Figurista

1% Aglomeração

gráfico 8
Padrões de representação –
particulares
(1940-1950)

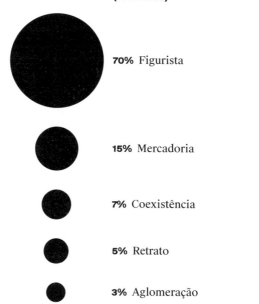

70% Figurista

15% Mercadoria

7% Coexistência

5% Retrato

3% Aglomeração

figura 60, p. 306

de vistas parciais e pontuais feitas pela família Valler, descendente de imigrantes alemães e proprietária do Parque Shangai[41], para registrar instalações e brinquedos desse parque de diversões localizado no parque Dom Pedro II (figura 59). Nas fotos, são utilizados o ponto de vista central, o ponto de vista diagonal e a câmera alta para enfocar os brinquedos. Geralmente, nessas fotografias não são representados os usuários das atrações. Como nos períodos anteriores, verifica-se nesse padrão a alternância entre as estruturas da centralidade e as do nivelamento.

O padrão *ordenação*, surgido entre os cartões-postais pertencentes à série de *imagens de intensa circulação e exposição* nas décadas de 1920 e 1930, passa a figurar agora apenas na série *imagens de função técnico-documental* (5%). Como no período anterior, caracteriza-se por vistas aéreas do bairro do Brás, com edificações industriais ao lado de residências. As fotografias desse padrão foram produzidas a pedido do Instituto Geográfico e Geológico Federal para a elaboração de mapas municipais. O efeito utilizado nos registros é a cadência, a repetição de um elemento para transmitir a ideia de organização. Na figura 60, vista aérea feita pela Empresa Nacional de Fotografias Aéreas (Enfa), sobrados residenciais idênticos são repetidos ao longo da rua, fotografada a partir do ponto de vista diagonal. A altura das residências contrasta com a do edifício do Serviço Nacional de Aprendizagem Industrial (Senai), cujas inúmeras janelas quadrangulares conferem ainda maior imponência ao prédio. A presença em um mesmo lote urbano de residências, da entidade promotora de cursos profissionalizantes para a indústria e da própria indústria faz que a imagem transmita a sensação de harmonia e complementariedade entre as atividades.

Entre 1940 e 1950, também se nota um ligeiro declínio, de 10% para 7%, na ocorrência do padrão *retrato* na série *imagens de intensa circulação e exposição* em relação às décadas de 1920 e 1930. As características formais e icônicas desses registros se mantêm e, curiosamente, em todos eles se verifica a presença de elementos móveis: transeuntes ou automóveis estacionados em frente aos prédios do Palácio das Indústrias, do Mercado Municipal e da estação do Norte.

Na série de *imagens técnico-documentais*, esse padrão aparece em 12% da amostra, o que comparativamente ao período anterior representa um aumento de cerca de 10%. Em todas as imagens dessa série,

figura 61, p. 307

figura 62, p. 308

figura 63, p. 309

figura 64, p. 309

está presente o edifício do Colégio São Paulo[42], instalado na porção sudeste do parque Dom Pedro II. As fotografias são parte de um álbum dedicado às escolas construídas na capital durante a gestão do prefeito Adhemar de Barros (1957-1961). Na maior parte das fotografias desse padrão, o edifício aparece fragmentado e há um contraste de tom acentuado entre o prédio e as árvores do parque, geralmente dispostas no primeiro plano, encobrindo parte de sua fachada, como na figura 61. Tais efeitos fotográficos conferem singularidade ao motivo fotografado.

As fotografias do colégio feitas pelo poder público reforçam a hipótese sobre sua finalidade que aparece em um artigo da revista *Habitat*, em dezembro de 1956:

> A sequência de salas de aula ao longo do corredor é, de fato, a moderna linha de produção, neste caso de cidadãos, perfeitamente organizada com o objetivo de colher crianças e, ao final do processo, tê-las formado plenamente. Essa lógica se traduz também na composição aditiva dos volumes da edificação, e era exaltada pela capacidade de demonstrar externamente o sistema de ensino em série[43].

Entre as fotografias *produzidas a pedido de particulares*, o padrão *retrato* surge em 5% dos registros e, como nas imagens da série *imagens de função técnico-documental* - em alguns casos opta-se pela fragmentação do edifício retratado (figura 62). Nas fotografias dessa série, o edifício retratado é sempre o Palácio das Indústrias.

O padrão *arquitetônico* é pouco frequente tanto na série *imagens de intensa circulação e exposição* como na série *imagens de função técnico-documental* - aparece respectivamente em 1% e 0,75% das imagens. Nas décadas de 1940 e 1950, foram consideradas parte desse padrão as fotografias de maquetes de edificações públicas projetadas para ocupar a várzea do Carmo. Na figura 63, vê-se a maquete do arranha-céu da Secretaria da Fazenda. Na figura 64, a do Colégio São Paulo.

O padrão *aglomeração* é representado nas séries *imagens de intensa circulação e exposição*, *imagens produzidas a pedido de particulares* e *imagens de função técnico-documental*, estando presente em respectivamente 1%, 3% e 4% das imagens. Mantêm-se suas características

figura 65, p. 310

figura 66, p. 311

figura 67, p. 312

detectadas para as décadas anteriores. No caso das duas primeiras séries, são representadas multidões em espaços internos por ocasião de solenidades públicas. Na série *imagens de função técnico-documental*, identificam-se as festividades realizadas ao ar livre no Parque Infantil Dom Pedro II em datas comemorativas, como se vê na figura 65.

As fotografias das séries *imagens produzidas a pedido de particulares* e *imagens de intensa circulação e exposição* registram a inauguração dos novos balcões frigoríficos das bancas de carne do Mercado Central pelo prefeito Adhemar de Barros, em 1948. A fotografia ao lado foi cedida por Yvone Martinez, a moça que corta a fita no centro do registro (figura 66). Martinez, atualmente uma das *mammas* da festa de San Gennaro, é filha de um comerciante espanhol, antigo proprietário de uma banca de ovos e frango no Mercado Municipal. A fotografia, de grande valor afetivo para Yvone Martinez, foi publicada pelo jornal *A Voz de Portugal* com o objetivo de exaltar a Fernandes, Machado e Companhia, empresa de descendentes portugueses autorizada pela Organização Municipal de Carnes S.A. a produzir os novos balcões "modernos" e "higiênicos" do Mercado.

O padrão *infraestrutura/serviços* está presente em uma única imagem da série *imagens de função técnico-documental*, em formato retângulo vertical, na qual se registra o trabalho de manutenção de um cabo de alta tensão elétrica subterrâneo da Light. Esse formato e a repetição de linhas diagonais e verticais conferem dinamismo ao registro (figura 67).

O padrão *circulação urbana* mantém as características detectadas nas décadas anteriores. Nas décadas de 1940 e 1950, torna a aparecer entre as fotografias da série *imagens de intensa circulação e exposição*, representado em 10% do total, sobretudo entre as imagens produzidas para os álbuns comemorativos do IV Centenário de São Paulo em que se privilegiam vistas parciais das ruas que circundam o parque Dom Pedro II, cujo motivo principal da fotografia são os automóveis que por lá trafegavam. Tais imagens buscam evocar a ideia de progresso da capital paulista em razão da efeméride. Vale lembrar que esse padrão é o segundo mais representado nos registros dessa série nas décadas de 1890 a 1910, mas, nas décadas de 1920 e 1930, está ausente. Já entre as representações da série *imagens de função técnico-documental*, tem uma redução em relação às décadas de 1920 e 1930, passando de 9% para 4%.

figura 68, p. 313

figura 69, p. 314

figura 70, p. 315

figura 71, p. 316

O padrão *diversidade* está presente nesse período nas *imagens de função técnico-documental* e nas *imagens de intensa circulação e exposição*, respectivamente em 23% e 2% das fotos. Entre as fotografias técnico-documentais, é o padrão mais representado durante as décadas de 1940 e 1950. São vistas panorâmicas que contrapõem o parque Dom Pedro II às áreas construídas, nas quais predominam os arranha-céus. A utilização do enquadramento da câmera alta e o contraste acentuado entre as áreas do parque, mais escuras, e as áreas edificadas, mais claras, intensificam as ideias de especialização e diversificação do espaço urbano (figura 68).

O padrão *intensidade* vigora tanto entre as *imagens de intensa circulação e exposição* como entre as *imagens de função técnico-documental*, respectivamente em 10% e 5%. As características icônicas e formais desse padrão permanecem as mesmas detectadas para as décadas de 1920 e 1930, momento em que o padrão surge pela primeira vez, em cartões-postais fotográficos que privilegiam vistas aéreas e panorâmicas. Nessas imagens, o traçado urbano quase desaparece, sendo destacados os arranha-céus, como se vê na figura 69.

O padrão *mudança* aparece em 9% das fotografias da série *imagens de função técnico-documental* e em apenas 4% das fotografias da série *imagens de intensa circulação e exposição*. As características desse padrão permanecem as mesmas presentes nas fotografias das décadas anteriores. As imagens produzidas pelo poder público retratam a demolição de edificações antigas e a construção de novos equipamentos, ícones da modernidade, entre os quais o novo complexo do Colégio São Paulo (figura 70). Entre as representações das *imagens de intensa circulação e exposição*, o padrão *mudança* ocorre apenas nos periódicos, em notícias de demolições das antigas edificações da várzea do Carmo (figura 71).

O padrão *figurista* está presente tanto nas fotografias da série *imagens de função técnico-documental* quanto nas fotografias da série *imagens produzidas a pedido de particulares*. É um dos padrões mais recorrentes entre as *imagens técnico-documentais*, com 20% do total. As imagens retratam crianças que frequentavam o Parque Infantil Dom Pedro II – e, em apenas uma fotografia, os cadetes alinhados durante a solenidade de posse de Ruy Mello Junqueira, presidente da Assembleia instalada no Palácio 9 de Julho (Palácio das Indústrias).

figura 72, p. 317

figura 73, p. 318

figura 74, p. 319

figura 75, p. 320

É emblemático o predomínio, nas décadas de 1940 e 1950, da representação das festividades no Parque Infantil Dom Pedro II: festa junina, auto de Natal e festa organizada para recepção de técnicos de saúde pública uruguaios. Diferentemente das décadas anteriores, quando se privilegiava a prática esportiva – indício das políticas públicas criadas para a doutrinação dos corpos dos filhos dos imigrantes do bairro do Brás –, agora as imagens passam a valorizar as festividades, com o emprego de efeitos fotográficos que destacam as crianças posando ou brincando (figura 72).

Na série de *imagens produzidas a pedido de particulares*, 70% das fotografias priorizam a figura humana. Nas décadas de 1940 e 1950, a temática do trabalho aparece em 39% das imagens – como bancas do Mercado Municipal, parque de diversões e uma farmácia pertencente a um imigrante japonês (figura 73). Nas décadas de 1920 e 1930, a totalidade desse tipo de registro estava associada ao lazer.

Entre as atividades de lazer detectadas nas décadas de 1940 e 1950, aparecem o passeio e brincadeiras no parque Dom Pedro II, as atrações do parque de diversões, o futebol e as festas de funcionários da Companhia de Gás e o carnaval, sendo que as duas primeiras aparecem registradas em maior porcentagem, 35% e 20%. Já o registro do carnaval e do futebol, principais práticas de lazer nas décadas anteriores, aparece agora pouco representado. Por fim, há registros de solenidades públicas, em 3% das imagens. Na categoria "solenidades públicas", são consideradas a inauguração das bancas de carne do Mercado Municipal e uma campanha organizada pelos proprietários das bancas do Mercado para arrecadação de pacotes de banha, com o objetivo de doá-los aos primeiros pracinhas brasileiros enviados à Itália durante a Segunda Guerra Mundial (figura 74).

Nas décadas de 1940 e 1950, surgem pela primeira vez fotografias entre os particulares que retratam brincadeiras no parque Dom Pedro II. Há registros feitos pelos proprietários do parque de diversões privado e por um imigrante japonês, recém-chegado ao país, que morava com a família no edifício Guarany. Esse imigrante, o alfaiate Ainosuke Uchikawa, registrou seus três filhos brincando no parque Dom Pedro II, correndo pelo gramado, andando de bicicleta, brincando com bambolê e bola. Também há registros próximos ao prédio do Quartel da Polícia, como na figura 75, em que crianças correm e jogam bola.

O padrão *paisagístico* é representado na série *imagens de função técnico-documental* e na série *imagens de intensa circulação e exposição*, em respectivamente 8% e 14% das imagens. Tal como ocorrera nas décadas de 1920 e 1930, esse padrão é caracterizado pelo destaque dado a elementos da natureza – no caso, a arborização do parque Dom Pedro II e o canal do Tamanduateí. Apenas nas fotografias da série *imagens de função técnico-documental* há vistas panorâmicas, e o uso de vista pontual ocorre uma única vez, em que se retrata a escultura *O semeador*[44]. Nas representações da série *intensa circulação e exposição*, encontram-se apenas vistas parciais.

Os arranjos predominantes nesse padrão são o discreto, a cadência, o rítmico e a sobreposição. Apenas em uma fotografia, de um álbum comemorativo do IV Centenário da Fundação da Cidade de São Paulo, vê-se um usuário do parque, um rapaz lendo um jornal, sentado sob uma árvore. No primeiro plano dessa fotografia, à esquerda, há inúmeras raízes, provavelmente de uma figueira, e, à direita, um caminho sinuoso de terra batida, separado das raízes da árvore por tijolinhos ladeados, o que demonstra o controle do homem sobre a natureza, ainda que retratada de forma bucólica. Já no plano central da imagem, próximo a uma ponte para pedestres sobre o rio Tamanduateí, o rapaz, trajando roupas sociais, senta-se sobre as raízes de uma árvore frondosa, aproveitando sua sombra para ler as notícias. O tom escuro da árvore contrasta com a claridade do último plano da imagem, em que há árvores enfileiradas cujas copas cortam o céu encoberto por névoa. Lê-se na legenda da foto: "e o homem de Londres pensa, vivamente, no Hydepark, encontrando mesmo a neblina". O traçado do parque ao estilo dos jardins ingleses e a neblina acentuada pelo contraste de tom da fotografia permitem ao autor do álbum a comparação do parque Dom Pedro II com o parque britânico.

O uso recorrente de efeitos fotográficos – contraste de tom, contraste de escala, inversão de escala e exagero – confere dramaticidade aos registros do padrão *paisagístico*. A estrutura varia entre a centralidade, a bicentralidade, o aguçamento e o nivelamento, este às vezes com ligeiro aguçamento. Diferentemente das décadas de 1920 e 1930, em que se dava preferência ao formato retângulo horizontal, agora o formato predominante é o retângulo vertical, que aparece em mais de 60% dos registros.

Por fim, o padrão *coexistência* aparece representado em todas as séries: *intensa circulação e exposição*, com 46%; *técnico-documental*,

figura 76, p. 320

figura 77, p. 321

com 5%; e *particulares*, com 7%. Como nas décadas de 1920 e 1930, momento em que surge esse padrão, os elementos paisagísticos do parque Dom Pedro II, dispostos no primeiro plano, emolduram os arranha-céus do planalto, no último plano. O enquadramento predominante é a câmera alta, utilizada para evitar distorções na representação de edificações mais altas. São frequentes os efeitos fotográficos como contraste de tom, contraste de escala, inversão de escala e exagero (figura 76). Nesse padrão, o único monumento do parque Dom Pedro II representado é a escultura *O semeador*, sendo seu formato vertical sempre contrastado com os arranha-céus da parte central da cidade (figura 77).

A alta incidência do padrão *coexistência* entre as *imagens de intensa circulação e exposição*, o surgimento desse padrão entre as *imagens produzidas por particulares*, a predominância do formato retângulo vertical e o abuso dos efeitos fotográficos entre os registros do padrão *paisagístico* nas séries *imagens de função técnico-documental* e *imagens de intensa circulação e exposição* indicam uma tensão entre homem e natureza, típica das sociedades capitalistas de massa. Nas décadas de 1940 e 1950, prevalece a imagem do parque Dom Pedro II como espaço ornamental da recém-estruturada metrópole paulistana, simbolizada pelos arranha-céus.

A função decorativa do parque público disseminada por essas representações visuais dá indícios do cenário que se delineia a partir de então para o local. Duas décadas antes, ele havia se consolidado como espaço público de lazer, tanto na imagem disseminada pelo poder público como naquela produzida por seus usuários. A partir da década de 1950, momento em que se inicia o processo de metropolização da cidade, a área do parque Dom Pedro II passa a ser lentamente desestruturada para dar lugar às vias de transporte, última etapa do processo de especialização do fato urbano[45].

Para o poder público, a opção pela intensificação do processo de diversificação e de especialização estava tomada. Basta lembrar que nas décadas de 1940 e 1950 o padrão de representação visual do parque Dom Pedro II predominante na série *imagens de função técnico-documental* é o *diversidade*, justamente aquele que carrega esses significados.

Nesse sentido, é emblemática uma reportagem publicada em março de 1940 no jornal *Folha da Noite*, com o título "Quase esquecido o mais bello jardim de São Paulo". Nessa reportagem-denúncia, cobra-se do poder público um cuidado maior com esse espaço, que, na concepção do jornalista,

gráfico 9
Flutuação no número de padrões de representação da várzea do Carmo/ parque Dom Pedro II (1940-1950)

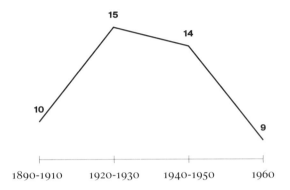

era um lugar privilegiado para a prática de atividades culturais e de lazer ao ar livre. Nas fotografias da reportagem, o padrão predominante é o *paisagístico*, evidenciando-se o mobiliário do parque, o coreto da Ilha dos Amores e o coreto disposto em frente ao *Monumento em homenagem à Amizade Sírio-Libanesa* (figura 78) – note-se que esses elementos estão praticamente ausentes das representações visuais desse período.

Entre as fotografias produzidas a pedido de particulares, o parque Dom Pedro II, além de ser lembrado pelas atividades de lazer, passa a ser associado ao trabalho, como nas fotografias do interior do Mercado e de uma farmácia, e ao consumo, como nas fotografias do Parque Shangai.

As características das representações visuais do parque Dom Pedro II nas décadas de 1940 e 1950 sinalizam a consolidação do processo de transformação das ruas em espaços privilegiados para circulação de automóveis e transeuntes – em última instância, de mercadorias. Na sociedade paulistana que se delineia nesse período, há indícios do processo de substituição dos espaços públicos gratuitos de lazer por espaços privados. No caso, o parque Dom Pedro II pelo parque de diversões privado, parque Shangai, e pelos cinemas, locais em que o lazer se transforma em produto comercial.

Parque Dom Pedro II: sinédoque dos conflitos metropolitanos (década de 1960)

Para a década de 1960, foram detectados dez padrões de representação do parque Dom Pedro II: *diversidade*, *mudança*, *figurista*, *paisagístico*, *coexistência*, *saúde pública*, *circulação urbana*, *aglomeração* e *infraestrutura/serviços*. É o período com menor número de padrões identificados, conforme variação apontada no gráfico 9.

Durante essa década, o único padrão recorrente nas três séries analisadas é o *figurista*, que aparece em 95% dos registros da série *imagens produzidas a pedido de particulares*, em 9% da série *imagens de intensa circulação e exposição* e em apenas 3% da série *imagens de função técnico-documental*.

Quase a totalidade das imagens particulares é pertencente aos ex-alunos do Colégio São Paulo e apenas 1% é parte do álbum de família de Iarles Fernandes da Silva, ex-moradora do edifício São Vito[46].

figura 78, p. 321

figura 79, p. 322

figura 80, p. 322

figura 81, p. 323

figura 82, p. 323

Os registros do padrão *figurista* pertencentes aos ex-alunos do colégio são vistas parciais e pontuais em que se retratam as turmas de estudantes do ginásio e do colegial, além de grupos de professores e outros funcionários da escola. Parte das fotografias foi tirada pelos próprios jovens que cursavam o equivalente ao Ensino Médio; outras, por um estúdio fotográfico contratado pela escola para produzir um pequeno álbum entregue aos alunos, no qual, além de uma fotografia de maior dimensão da turma no interior da sala de aula, havia dezesseis fotografias em menor escala de profissionais que trabalhavam no local e de espaços especializados da escola (laboratórios de física, química e biologia, salas de línguas e artes, sala de projeção de vídeos, grêmio estudantil e auditório). Embora nas fotografias integrantes dos álbuns se privilegie o registro da figura humana, é evidente o caráter propagandístico desses suportes, tanto pela alta incidência de vistas parciais, em que se mostram os espaços especializados da escola, quanto pela presença de fotos em que se destacam os profissionais encarregados de sua gestão.

Enquanto nos registros dos álbuns as turmas eram fotografadas com arranjos e efeitos que denotam disciplina (como, por exemplo, na figura 79), as fotos feitas pelos estudantes eram mais descontraídas, seja pelas poses relaxadas, seja pela captura de instantâneos em sala de aula a partir de *closes* ou do recurso da câmera alta (figura 80).

Todas as fotografias cedidas por Iarles Fernandes da Silva pertencem ao padrão *figurista*. Na figura 81 aparecem seu pai – o alfaiate Pedro Evangelista da Silva – e um amigo em frente ao espelho d'água do Palácio das Indústrias. O registro, produzido em 1967, foi enviado à família no Maranhão para que pudessem conhecer a cidade de São Paulo e, especificamente, os arredores do bairro do Brás, onde morava o alfaiate.

O espelho d'água do Palácio das Indústrias costumava ser representado nos cartões-postais produzidos entre as décadas de 1920 e 1950. Entretanto, na década de 1960, ele circula apenas nas imagens produzidas por particulares e em 3% das fotografias feitas pelo poder público.

Os trabalhadores da Companhia de Gás, recém-nacionalizada, são o motivo principal dos registros do padrão *figurista* nas séries *imagens técnico-documentais* e *imagens de intensa circulação e exposição*. Esses personagens aparecem sempre posando, ora em repouso, como na figura 82, ora simulando uma atividade. As demais imagens desse padrão,

gráfico 10
Padrões de representação –
técnico-documental
(década de 1960)

58% Diversidade

36% Mudança

3% Figurista

3% Coexistência

gráfico 11
Padrões de representação –
intensa circulação e exposição
(década de 1960)

23% Saúde pública

16% Coexistência

12% Aglomeração

9% Retrato

9% Figurista

9% Infraestrutura/serviços

7% Mudança

7% Circulação urbana

5% Paisagístico

3% Diversidade

que circularam nos jornais, são cenas internas que retratam os participantes de sessões realizadas na Assembleia Legislativa, instalada no Palácio das Indústrias, e um registro externo dos vendedores de hortaliças e seus clientes nas imediações do Mercado Municipal.

Todos os padrões detectados na série *imagens de função técnico-documental* aparecem na série *imagens de intensa circulação e exposição*, conforme demonstram os gráficos 10 e 11.

Enquanto na série *imagens de função técnico-documental* o padrão *diversidade* é o mais representado (58%), na série *imagens de intensa circulação e exposição* é o padrão detectado em menor quantidade, em apenas 3% dos registros. Privilegiando vistas aéreas e panorâmicas, o padrão mostra a diversificação das atividades no lote urbano. Nessa década, destaca-se nos registros produzidos pelo poder público o complexo viário instalado no parque Dom Pedro II (utilizam-se para isso efeitos fotográficos como contraste de tom, difusão e contextualização urbana). Quase a totalidade dessas fotografias foi feita pelo fotógrafo Ivo Justino, que opta pelo enquadramento dos viadutos em um campo de visão privilegiado do expectador, como, por exemplo, na figura 83, em que se destacam no centro da imagem os viadutos 25 de Março e Mercúrio, que cortam a porção sudoeste do parque, em contraste com as áreas mais escuras da foto, onde se concentram as árvores remanescentes e a mancha acinzentada de arranha-céus, no último plano da imagem. Já no único registro desse padrão detectado entre as *imagens de intensa circulação e exposição*, destaca-se o Mercado Municipal, também em contraste com os edifícios mais altos.

figura 83, p. 324

Outro padrão recorrente nas duas séries é o padrão *mudança*, representado em 36% dos registros técnico-documentais e em 7% das imagens veiculadas nos periódicos. Enquanto a totalidade das fotografias feitas pelo poder público é dedicada ao acompanhamento das obras de construção do complexo de viadutos, os registros detectados nos jornais focam as transformações decorrentes desse processo, como as obras no leito do rio Tamanduateí, que modificaram sua área de vazão, e a desmontagem dos brinquedos do parque de diversões Shangai, que deu lugar aos viadutos (figura 84). O formato vertical da fotografia veiculada no jornal *O Estado de S. Paulo* em novembro de 1968, seu enquadramento a partir de um ponto de vista diagonal e o destaque à figura

figura 84, p. 325

de um esqueleto, parte do brinquedo "trem fantasma", conferem maior dramaticidade à cena em que funcionários desmontam as atrações do parque de diversões.

O padrão *coexistência* figura nas séries *imagens de intensa circulação e exposição* e *imagens de função técnico-documental*, representado em respectivamente 16% e 3% dos registros. É o segundo padrão mais representado entre as fotografias que circularam na imprensa durante a década de 1960; em contrapartida, é o que aparece em menor quantidade entre as imagens produzidas pelo poder público. Como nas décadas anteriores, esse padrão é caracterizado pelo contraste entre áreas do parque Dom Pedro II ou o monumento *O semeador*, dispostos no primeiro plano da imagem, e os grandes edifícios no último plano. Permanece o uso intenso dos efeitos fotográficos, tais como o contraste de tom, o contraste de escala e a inversão de escala, sempre atenuados pela presença de elementos niveladores como a estrutura da centralidade e bicentralidade. Já a articulação dos planos é feita geralmente pelo espelhamento e pela similitude de formas que buscam equiparar a altura dos arranha-céus à das árvores do parque Dom Pedro II, dispostas no primeiro plano das fotografias.

Na década de 1960, o padrão de representação visual mais recorrente entre as *imagens de intensa circulação e exposição* é o padrão *saúde pública*, representado em 23% da amostra. As enchentes, problema central da região, são o evento clicado em 40% das fotografias. Mesmo assim, ainda há imagens em que os alagamentos são representados de forma plástica – estas foram contabilizadas no padrão *coexistência*, já que recorrem à estrutura da bicentralidade para contrastar as cheias do rio Tamanduateí, focadas no primeiro plano, com os arranha-céus, no último plano.

Em uma vista noturna no jornal *O Estado de São Paulo* de 13 de fevereiro de 1954, as luzes da cidade refletidas no rio Tamanduateí, cujo nível chega quase à altura das pontes, conferem um ar bucólico à paisagem, em que se destaca no último plano um arranha-céu com luzes acessas na maioria das janelas. O caráter apaziguador dessa imagem é completamente diferente do que pertence ao padrão *saúde pública*, em que as lentes dos fotógrafos enfocam justamente os elementos que denotam os transtornos e os prejuízos materiais causados à população pelas fortes chuvas, como o acúmulo de lixo nas ruas e a interrupção do tráfego de veículos e pessoas que também circularam nas páginas desse mesmo jornal.

O padrão *aglomeração*, presente em 12% dos registros da série *imagens de intensa circulação e exposição*, permite conhecer o uso da área do parque situada em frente ao Palácio das Indústrias como local para manifestações políticas. As fotografias com esse padrão registram as greves de professores realizadas nos anos de 1961, 1963 e 1964 e a greve dos agentes da Força Pública de 1961, ambas em frente à Assembleia Legislativa (Palácio das Indústrias). Pela primeira vez nessas décadas, há nas imagens, sobretudo naquelas que captam as greves dos docentes, a representação explícita de um conflito, em que se fotografa uma multidão em meio aos veículos e inúmeras faixas com reivindicações dispostas no último plano junto aos ônibus estacionados e às árvores do parque. Até então, o padrão *aglomeração* havia sido utilizado apenas para representação de multidões participantes de efemérides, geralmente com a presença de autoridades públicas.

O padrão *infraestrutura e serviços*, presente desde 1890 até a década de 1950 entre as *imagens de função técnico-documental*, migra na década de 1960 para as *imagens de intensa circulação e exposição*, detectado em 9% dos registros. Empregam-se recursos fotográficos para exaltar os equipamentos e as instalações da Companhia de Gás, que, em 1959, deixou de ser administrada pela empresa anglo-canadense Light and Company para ser nacionalizada, recebendo o nome de Companhia Paulista de Serviço de Gás. Esse contexto explica a circulação de vistas pontuais, em 1962, nas páginas do jornal *O Estado de S. Paulo*: tratava-se de propaganda do poder público, além de uma exaltação da qualidade técnica dos equipamentos e instalações da fábrica.

O padrão *retrato* passa a figurar entre as *imagens de intensa circulação e exposição* e entre as *imagens produzidas a pedido de particulares*, respectivamente em 9% e 5% dos registros. Entre as fotos que circularam na imprensa, estão sempre presentes os edifícios pertencentes à Companhia Paulista de Serviço de Gás, recém-nacionalizada. Mesmo em vistas parciais, a fachada de seu principal edifício aparece sempre fotografada de maneira fragmentada por conta de sua extensão e do difícil campo de recuo do fotógrafo, já que o edifício é localizado no cruzamento de ruas com movimento intenso de veículos e pedestres. Já entre as *imagens de particulares*, o edifício registrado é o Colégio Estadual São Paulo – essas fotos eram parte dos álbuns adquiridos pelos estudantes ao término do ano letivo.

Na década de 1960, os padrões *paisagístico* e *circulação urbana* subsistem apenas entre as *imagens de intensa circulação e exposição*, representados respectivamente em 5% e 7% dos registros. É o momento em que o padrão *paisagístico* aparece em menor quantidade desde 1890. As fotos desse padrão foram veiculadas em reportagens do jornal *O Estado de S. Paulo* e são anteriores ao início das obras de construção do complexo de viadutos. São registros de vistas parciais, nas quais aparecem coreto e bancos do parque. As imagens são utilizadas para mostrar a degradação do parque, que traz o gramado alto e mau cuidado e automóveis estacionados em seu entorno.

O padrão *circulação urbana*, como em décadas anteriores, é caracterizado pelo privilégio da tomada da rua em detrimento dos demais elementos. Nesse momento, ele é utilizado para demonstrar o dinamismo das ruas do entorno do parque Dom Pedro II e do Mercado Municipal, nas quais disputam espaço transeuntes e veículos.

Os padrões *diversidade* e *mudança* predominam entre as *imagens de função técnico-documental*; entre as fotografias produzidas *a pedido de particulares*, cuja maioria se enquadra no padrão *figurista*, privilegia-se a representação da figura humana; já entre as *imagens de intensa circulação e exposição*, predominam os padrões *saúde pública* e *coexistência*. Essa variedade de padrões é indício da multiplicidade das visões disseminadas sobre o parque Dom Pedro II na década de 1960 pelos diferentes grupos sociais que lá transitavam.

Por um lado, o poder público ratificava o imaginário em que esse espaço era caracterizado pela diversificação das atividades e funções dos equipamentos instalados. Buscava-se a conexão da região às demais áreas da cidade por meio da construção de um complexo viário de viadutos que aceleraria a circulação de pessoas e, em última instância, de mercadorias. Por outro, para os estudantes do Colégio São Paulo que moravam nos arredores ou para o migrante nordestino que enviava fotos do parque Dom Pedro II para sua família, o parque era um lugar de convivência social.

Há uma multiplicidade de padrões nas *imagens de intensa circulação e exposição*. Nelas, aparecem em maior quantidade os padrões *saúde pública* – que elege as enchentes como principal problema dessa região –, *coexistência* – em que os elementos do parque emolduram os arranha-céus da região central – bem como representações de movimentos grevistas em todos os registros do padrão *aglomeração*. Essa multiplicidade permite afirmar que o parque Dom Pedro II, naquele momento, era uma sinédoque da metrópole, explicitando todos os conflitos advindos do processo de metropolização da cidade.

As diferenças entre as formas de representação dos grupos sociais que transitavam na região do parque levam à percepção do espaço urbano como um campo de forças em disputa. Em outras palavras, pode-se afirmar que as imagens produzidas no parque Dom Pedro II nesse período explicitam os conflitos urbanos, apenas sinalizados nas décadas anteriores, que estavam escamoteados em outras áreas da cidade de São Paulo.

Notas

1 Ulpiano Toledo Bezerra de Meneses, A problemática do imaginário urbano: reflexões para um tempo de globalização, *in*: *Revista da Biblioteca Mário de Andrade*, São Paulo, v. 55, jan./dez., 1997, p. 15.

2 O medievalista francês Jérôme Baschet salienta a importância da análise iconográfica serial. O autor adverte que as pesquisas históricas fundamentadas em documentação iconográfica não devem se pautar apenas por questões quantitativas, mas também por aspectos qualitativos. Estes dependem sobretudo da organização interna conferida pelo historiador ao corpo documental selecionado. Para Baschet, além de considerar as redes de imagens em que cada representação visual está inserida, o historiador também deve construir as séries de imagens partindo de objetos (suportes de representações visuais) diferentes, a partir de lugares e tempos delimitados de modo preciso. Cf. Jérôme Baschet, Inventivité et sérialité des images médiévales. Pour une approche iconographique élargie, *in*: *Annales, Histoire, Sciences Sociales*, ano 51, n. 1, 1996, p. 112.

3 Pertencem ao acervo do Museu Paulista os óleos sobre tela analisados dos seguintes pintores: Benedito Calixto (1853-1927), Graciliano Xavier (1856-1934), Augusto Luíz de Freitas (1868-1962), Enrico Vio (1874-1960), José Wasth Rodrigues (1891-1957), Henrique Manzo (1896-1982), José Canella Filho (1897-1942), João Ferreira Teixeira (189?-19?) e Juarez Silveira (?). Ao acervo da Pinacoteca do Estado de São Paulo, pertencem duas telas de Almeida Júnior (1850-1899), *Ladeira da Tabatinguera* e *Paisagem fluvial*, que foram desmembradas do acervo do Museu Paulista quando da criação desta instituição. Também foram analisadas obras de Dario Villares Barbosa (1880-1952) e Arcangelo Ianelli (1922-2009), doadas pelos próprios artistas à Pinacoteca, e obras adquiridas ou doadas a essa instituição dos seguintes pintores: Antônio Ferrigno (1863-1940), José Wasth Rodrigues (1891-1957), J. Cavaliere (189?-19?), Orlando Tarquino (1884-1970), Raphael Galvez (1907-1998) e Yuji Tamaki (1916-1979).

4 As fotografias foram publicadas nos seguintes veículos de comunicação: *O Estado de S. Paulo, Correio Paulistano, Diário de São Paulo, Diário da Noite, A Gazeta, Folha da Manhã, Folha da Noite, A Voz de Portugal, Revista Light* e *A Cigarra*.

5 O suíço Guilherme Gaensly (1843-1928) chegou a Salvador ainda criança. Nessa cidade, estabeleceu-se como fotógrafo na década de 1860. No início da década de 1890, transferiu-se para São Paulo, estabelecendo seu ateliê, assim como Militão Augusto de Azevedo, na rua 15 de Novembro. Sua vasta produção inclui retratos e, principalmente, fotografias urbanas que circularam em variados suportes – relatórios técnicos da Light, revistas, álbuns, cartões-postais etc. Gaensly tinha por hábito tirar várias fotos de um mesmo motivo com pequenas alterações de ângulo ou enquadramento. Por um lado, esse procedimento atendia às necessidades técnicas, mas, por outro, permitia ao fotógrafo a reutilização de seus clichês em vários produtos comerciais. Cf. Solange Ferraz de Lima *apud* Boris Kossoy, *Dicionário histórico-fotográfico brasileiro: fotógrafos e ofício da fotografia no Brasil (1833-1910)*, São Paulo: Instituto Moreira Sales, 2002. Além das fotografias tiradas por profissionais como Benedito Junqueira Duarte, por exemplo, também há as tiradas pelo próprio Geraldo de Paula Souza, que fotografava expedições sanitárias na capital e no interior do Estado, prática que também incentivava entre seus alunos. Nas fotografias, eram feitas anotações, nas quais identificavam-se os problemas detectados durante as expedições sanitárias, como em um registro fotográfico de um cortiço no Brás em que se via no último plano inúmeras crianças e, no primeiro, uma tubulação vazando. Junto à fotografia, consta assinalado "Resíduos da latrina jorrando do tubo".

6 Ou seja, as escolhas estéticas e técnicas realizadas pelo fotógrafo.

7 Fazem parte dessa série as imagens produzidas pela empresa anglo-canadense São Paulo Light & Power e pela São Paulo Gas Company; os álbuns fotográficos produzidos pelo Escritório de Arquitetura de Ramos de Azevedo; as fotografias de expedições sanitárias

promovidas pelo Instituto de Higiene e pelo Serviço Sanitário do Estado de São Paulo; os registros do Parque Infantil Dom Pedro II encomendados pelo Departamento de Cultura Municipal; as fotografias que registram os alagamentos da região a pedido do Departamento de Águas e Esgotos da Prefeitura Municipal; uma série de vistas aéreas produzidas pela empresa de aerofotogrametria Enfa a pedido do Instituto Geográfico e Geológico do Governo Federal como etapa preliminar da entrega dos mapas municipais elaborados em cumprimento do decreto federal nº 311, de 1938; os registros da construção do novo edifício modernista do Colégio São Paulo, parte de um álbum dedicado à instalação de escolas durante a gestão do prefeito Adhemar de Barros (1957-1961); e, por fim, entre os mais recentes, datados de 1969, vistas aéreas que documentam detalhadamente o processo de instalação do complexo de viadutos no parque Dom Pedro II.

8 O Instituto de Higiene foi fundado em 1918, fruto de uma parceria do governo de São Paulo com a Fundação Rockefeller, após estudo global realizado por William Henry Welch e Wickliffe Rose sobre a estruturação das escolas de saúde pública dos Estados Unidos. No caso brasileiro, o Instituto de Higiene era um anexo da cadeira de Higiene da Faculdade de Medicina e não tinha autonomia. Seus primeiros diretores foram norte-americanos. Apenas em 1938, foi incorporado à Universidade de São Paulo, transformando-se, em 1945, na Faculdade de Higiene e Saúde Pública. Cf. Cristina de Campos, *São Paulo pela lente da higiene: a proposta de Geraldo Horácio de Paula Souza para a cidade (1925-1945)*, São Carlos: Rima/Fapesp, 2002.

9 Os dois últimos equipamentos não aparecem no mapa, já que foram construídos posteriormente.

10 Prática de futebol amador adulto e infantil, participação do corso carnavalesco do Brás, passeios e brincadeiras no parque Dom Pedro II, festas e processões organizadas pela Paróquia de Nossa Senhora de Casaluce, o trabalho nas bancas do Mercado Municipal, o ateliê de um escultor italiano no Palácio das Indústrias e na Farmácia Droga Fujii – situada

na esquina da rua Cantareira com a rua Comendador Assad Abdala – e as atividades realizadas por aqueles que frequentavam o Colégio São Paulo. As fotografias da prática de futebol adulto pertencem ao acervo da Fundação Energia e Saneamento. Retratam o Clube Atlético San Paulo Gas Co., fundado em maio de 1928 por iniciativa dos funcionários da São Paulo Gas Company. A prática de futebol infantil foi encontrada em fotografias pertencentes ao Arquivo da Cúria Metropolitana de São Paulo. Trata-se de imagens de crianças, algumas delas com o uniforme do Parque Infantil Dom Pedro II, que faziam parte do grupo da Congregação Mariana Masculina da Paróquia São José dos Matosinhos (Paróquia do Brás).

11 Vincenzo Pastore (1855-1918) nasceu em Casamassima, na região da Puglia, Itália. Chegou a São Paulo no ano de 1894, quando já se estabeleceu como fotógrafo profissional. Teve estúdios situados à rua da Assembleia, 12, em fins do século XIX, e à rua Rodrigo Silva, 12, em 1901. Além de produzir retratos posados, sobretudo no formato *carte-de-visite*, ofereceu serviços de produção de esmaltes para broches, autocromos e platinotipias. Mesmo morando em São Paulo, manteve relações com a Itália por meio de cartas e viagens constantes. Sabe-se que em 1898 manteve um ateliê na cidade de Potenza, na região da Basilicata. Em 1914, regressou à Itália e organizou o estúdio Photographia Italo-Americana - ai Due Mondi, em Bari. No ano seguinte, em função da Primeira Guerra Mundial, retornou a São Paulo, onde permaneceu até sua morte, em 1918. Ver Ricardo Mendes, *Pensamento crítico em fotografia*, Campinas: Mercado de Letras, 1997, e Kossoy, *Dicionário histórico-fotográfico brasileiro: fotógrafos e ofício da fotografia no Brasil (1833-1910)*, São Paulo: Instituto Moreira Sales, 2002.

12 Cf. Ricardo Mendes, *in: Catálogo São Paulo de Vincenzo Pastore*, São Paulo: Instituto Moreira Salles, 1997.

13 No início do século XIX, o porto fluvial mais movimentado da cidade era o Porto Geral, localizado em uma das curvas do rio Tamanduateí, que também abriga os portos da Figueira, Coronel Paulo Gomes e Tabatinguera. Já na virada do século, a navegação por esse rio tornava-se difícil em função dos bancos de areia e entulho que o obstruíam em vários trechos. Havia, ainda, jatos ou descargas de esgoto, que se tornaram numerosos com os anos. Denise Bernuzzi de Sant'Anna, *Cidade das águas: usos de rios, córregos, bicas e chafarizes em São Paulo (1822-1901)*, São Paulo: Senac São Paulo, 2007, p. 19 e p. 288.

14 Essas fotografias possuem os seguintes formatos: 24 × 18 cm, 14,5 × 8,5 cm, 17 × 11 cm e 16,5 × 11,5 cm.

15 Pequenas peças de artilharia semelhantes a morteiros compridos.

16 Vânia Carneiro de Carvalho e Solange Ferraz de Lima, *Fotografia e cidade: da razão urbana à lógica do consumo*, Campinas/São Paulo: Mercado de Letras/Fapesp, 1997.

17 Ver anexo "Cronologia da várzea do Carmo/parque Dom Pedro II".

18 Susan Sontag, *Sobre fotografia*, São Paulo: Companhia das Letras, 2004, pp. 172-3.

19 Vânia Carneiro de Carvalho, A representação da natureza na pintura e na fotografia brasileiras do século XIX, *in*: Annateresa Fabris (org.), *Fotografia: usos e funções no século XIX*, São Paulo: Edusp, 1991.

20 Aurélio Becherini (1876-1939) nasceu em Mertecale de Vernio, pequena comuna pertencente à província de Prato, na região da Toscana, Itália. Becherini foi criado por uma família de gregos, com os quais aprendeu técnicas de fotografia e de lapidação de pedras. Por volta de 1900, embarcou para o Brasil. Em São Paulo, estabeleceu-se na rua São João com um casal de amigos, de quem ganhou sua primeira câmera fotográfica. Considerado o primeiro repórter fotográfico da cidade de São Paulo, atuou nos jornais *O Estado de S. Paulo*, *Correio Paulistano* e *Jornal do Commercio* e nas revistas *A Cigarra*, *Cri-Cri*, *Vida Doméstica*, entre outras. Trabalhou na rua São Caetano, 81, em 1923, e na rua Santa Ephigênia, 142, em 1929. Foi contratado por diversas secretarias do Estado, sobretudo a de Obras e Viação, atividade que acumulava com a de repórter fotográfico. Fernandes Junior, Angela Garcia e José de Souza Martins, *Aurélio Becherini*, São Paulo: Cosac Naify, 2009.

21 Domiziano Rossi (1865-1920) nasceu em Gênova, na Itália. Associado ao escritório de arquitetura de Ramos de Azevedo, atuou conjuntamente com outro arquiteto italiano, Cláudio Rossi, na construção do Theatro Municipal de São Paulo. Foi professor do Liceu de Artes e Ofícios durante 25 anos. Em 1908, projetou o pavilhão do estado de São Paulo na Exposição Nacional do Rio de Janeiro, um exuberante edifício moldado em ferro no estilo *art nouveau* que não economizou na redondeza, nas curvas e fantasias feéricas, parecendo representar o estado paulista em expansão. Heloisa Barbuy, *A cidade-exposição: comércio e cosmopolitismo em São Paulo, 1860-1914*, São Paulo: Edusp, 2006, p. 85.

22 Nicola Rollo (1889-1970) nasceu em Bari, na Itália. Em Roma, estudou na Academia de Belas Artes. Chegou a São Paulo em 1913, onde teria prosseguido seus estudos no Liceu de Arte e Ofícios, instituição da qual, mais tarde, foi professor. Também foi professor da Escola de Belas Artes. Em junho de 1919, participou do concurso organizado para eleição do monumento comemorativo do centenário da Independência do Brasil, ficando com o terceiro lugar, atrás de Ettore Ximenes e Luigi Brizzolara. Segundo Monteiro Lobato, o projeto de Nicola Rollo era o preferido do público. Sua produção mais conhecida é formada por esculturas tumulares e três bandeirantes em bronze que compõem a escadaria do Museu Paulista.

23 As primeiras exposições agroindustriais começaram a ser organizadas na cidade de São Paulo no final do século XIX. Nesse período, comerciantes paulistanos também passaram a se engajar em eventos nacionais e internacionais. Em 1875, a primeira exposição provincial coube em algumas salas da Faculdade de Direito no largo São Francisco. Essa exposição era preparatória para a Exposição Nacional do Rio de Janeiro, de 1875, e visava à Exposição Internacional da Filadélfia, de 1876. Em 1900, embora o Brasil não participasse oficialmente da Exposição Universal de Paris, o litógrafo Jules Martin organizou um álbum ilustrado para apresentar o comércio e a indústria paulistas na capital francesa. Em 1904, foi organizada no edifício n. 5 do largo São Francisco, defronte à Faculdade de Direito, uma exposição estadual de produtos, preparatória para a Exposição Internacional de Saint Louis, no mesmo ano. Em 1908, organizou-se outra exposição estadual, dessa vez preparatória para a Grande Exposição Nacional do Rio de Janeiro que ocorreria naquele mesmo ano, e já em moldes muito mais cosmopolitas do que as antigas exposições industriais. Para tanto, o engenheiro-arquiteto Hippolyto Pujol Junior concebeu um edifício de caráter provisório, com trezentos metros de comprimento, na avenida Tiradentes. Cf. Heloisa Barbuy, *op. cit.*, pp. 81-3.

24 *Ibidem*, p. 85.

25 Não houve preocupação de verificar as porcentagens dos padrões detectados no conjunto de trinta fotografias da série *imagens híbridas*, pois elas constituem imagens de exceção.

26 Esse edifício, localizado na avenida Celso Garcia, atualmente abriga a SP Escola de Teatro.

27 Atual Escola Estadual Romão Puiggari, na avenida Rangel Pestana.

28 O Teatro Colombo, principal casa de espetáculos do bairro do Brás, localizava-se no largo da Concórdia. Construído em 1907, ocupou o local de um antigo mercado. No ano seguinte, foi arrendado pela Companhia Cinematográfica Brasileira, de propriedade de Francisco Serrador. No Colombo, eram exibidos filmes e também se realizavam óperas com tenores de importantes companhias italianas. Em 1966, ano em que já se encontrava desativado, sofreu um incêndio que apressou seu fim.

29 Ivone Salgado, A modernização da cidade setecentista: o contributo das culturas urbanísticas francesa e inglesa, in: *A construção da cidade brasileira*, Lisboa: Livros Horizonte, 2004.

30 Maria Stella M. Bresciani *apud* Adriana Martins Pereira, *Lentes da memória: a fotografia amadora e o Rio de Janeiro de Alberto de Sampaio (1888-1930)*, dissertação (mestrado em Memória Social), Rio de Janeiro: Universidade do Estado do Rio de Janeiro, 2004, p.79.

31 O termo "iconosfera" surge entre os estudiosos europeus que na década de 1950 analisavam as imagens a partir de uma perspectiva semiótica. Trata-se do conjunto de imagens de referência de um grupo social ou de uma sociedade num dado momento e com o qual ela interage. Dito em outras palavras, são as imagens recorrentes, emblemáticas, que se tornam ícones e integram redes de imagens.

32 Os projetos de parques infantis em São Paulo foram desenvolvidos a partir da década de 1920 e institucionalizados na década de 1930, durante o governo municipal de Fábio Prado (1934-1938), por meio da implantação dos atos municipais 767 e 861. O primeiro desses atos, publicado no dia 9 de janeiro de 1935, cria o Serviço Municipal de Jogos e Recreios para Crianças, que se chamaria mais tarde Serviço Municipal de Parques Infantis. Já o ato 861, publicado em 30 de maio de 1935, refere-se à organização do Departamento de Cultura, gerido por Mário de Andrade. Esse Departamento torna-se responsável pela gestão e pela implantação dos parques infantis, instalados sempre próximos às escolas e aos bairros operários. Os parques infantis eram considerados instituições extraescolares, um complemento à educação tradicional oferecida nas escolas da rede normal de ensino e tinham a função de "colaborar na obra de preservação e previsão social, contribuindo para educação higiênica das crianças".

A direção geral do parque infantil ficava a cargo de um *higienista* ou educador sanitário, auxiliado por uma comissão de técnicos formada por representantes do Serviço Sanitário do Estado de São Paulo, da Diretoria Estadual de Ensino, do Departamento Estadual de Educação Física, do Instituto de Higiene do Estado, contando ainda com um professor de Biologia Educacional do Instituto de Educação da Universidade de São Paulo e um representante da Associação de Assistência à Infância.

A construção do Parque Infantil Dom Pedro II iniciou-se na curta gestão de Anhaia Mello como prefeito da capital (1930-1931). A inauguração desse equipamento deu-se nos primeiros anos da gestão do prefeito Fábio Prado. Ver Carlos Augusto da Costa Niemeyer, *Parques infantis de São Paulo: lazer como expressão de cidadania*, São Paulo: Annablume/ Fapesp, 2002.

33 Os registros fotográficos do período inicial de funcionamento do Parque Infantil Dom Pedro II foram feitos pelo fotógrafo Benedito Junqueira Duarte, encomendados por Mário de Andrade, que estava à frente do Departamento Municipal de Cultura. Benedito Junqueira Duarte (1910-1995) nasceu em Franca, no interior do estado de São Paulo. Iniciou sua formação técnica aos 10 anos de idade, quando se tornou aprendiz de seu tio-avô José Ferreira Guimarães, importante fotógrafo da Corte que se transferiu para Paris com o advento da República. Em função da influência de seu tio-avô, B. J. Duarte passou a trabalhar como aprendiz no estúdio Reutlinger, local que tinha entre seus clientes artistas do cinema *avant-garde* parisiense. Em 1929, retornou para São Paulo e ingressou no curso de direito do largo São Francisco. Até 1933, atuou como repórter fotográfico do jornal *Diário Nacional*, órgão oficial do Partido Democrático. Em 1935, sob o pseudônimo "Vamp", trabalhou na *Revista São Paulo*, periódico propagandista do governador do estado de São Paulo, Armando Salles de Oliveira, que, em seu projeto gráfico, valorizava a fotografia em folhas duplas e triplas, geralmente em *close-up* e ângulos inusitados. Em 1935, assumiu a "Seção de Iconografia" do recém-criado Departamento de Cultura, idealizado por Mário de Andrade. Essa seção incorporou o arquivo fotográfico de Aurélio Becherini, que, por sua vez, possuía fotografias de Guilherme Gaensly, Militão Augusto de Azevedo, entre outros fotógrafos que registraram a cidade de São Paulo no período de fins do século XIX a meados dos anos 1930. B. J. Duarte estava entre os fundadores do Foto Clube Bandeirante e, assim como alguns de seus companheiros, aventurou-se na prática cinematográfica. Cf. Rubens Fernandes Junior, Michael Robert Alves de Lima e Paulo Valadares (org.), *B. J. Duarte: caçador de imagens*, São Paulo: Cosac Naify, 2007.

34 Em uma crônica escrita em 1883 pelo viajante Carl Von Koseritz, constatava-se a falta que fazia à cidade a construção de um mercado moderno como aquele projetado décadas depois por Felizberto Rancini:
"Faz muita falta ao rico São Paulo um *mercado* conveniente, porque o que existe são uns telheiros baixos, nas proximidades da *Ilha dos Amores*, em uma *praça* onde as *vendedoras* oferecem ao *ar livre* suas *mercadorias*". Carl Von Koseritz *apud* Ernani da Silva Bruno, *Histórias e tradições da cidade de São Paulo, V. III – Metrópole do Café (1872-1918)*, Rio de Janeiro: José Olympio, 1954, p. 1134.

A edificação do Mercado Municipal foi projetada pelo arquiteto Felizberto Rancini (1881-1976), que assumiu os principais projetos do escritório após o falecimento de Domeziano Rossi. Sua construção ocorreu no período de 1925 a 1933. A criação dos vitrais, dispostos em 32 painéis, ficou a cargo do artista alemão Conrado Sorgenicht Filho, proprietário da Casa Conrado. Na reportagem da revista *A Cigarra* de 1918 sobre a Exposição Industrial, há uma página inteira dedicada a comentar a participação dessa casa comercial na exposição. Na reportagem, de caráter propagandístico, elogia-se o estande do estabelecimento, ganhador de prêmios na Exposição Nacional do Rio de Janeiro de 1908 e nas exposições de Turim e Roma, ambas ocorridas em 1911. A Casa Conrado produziu os vitrais da cripta da nova edificação da catedral da Sé, além dos vitrais da catedral de Ribeirão Preto, das igrejas de Santa Cecília, da Consolação e do Brás e da igreja da Glória, no Rio de Janeiro. Além de edifícios religiosos, essa casa comercial fornecia vitrais para os luxuosos palacetes cariocas e paulistanos.

35 A estação Sorocabana foi projetada em 1922 pelo arquiteto Cristiano Stockler das Neves (1889-1982). Cristiano Stockler das Neves era filho de Samuel das Neves, proprietário do escritório de arquitetura que levava seu nome, o principal concorrente do escritório de Ramos de Azevedo. Formou-se no ano de 1911 no Instituto de Belas Artes da Universidade da Pensilvânia, nos Estados Unidos. Quando regressou a São Paulo, tornou-se professor da Faculdade de Engenharia da Universidade Presbiteriana Mackenzie, onde, em 1915, sugeriu a criação de uma faculdade de arquitetura nos moldes da instituição norte-americana em que estudara. Dois anos depois, oficializou a criação da Faculdade de Arquitetura dessa instituição, da qual foi diretor até 1957. A estação

Sorocabana era parte da estrada da Sorocabana, construída em 1875 para ligar as cidades de São Paulo a Sorocaba, visando sobretudo o transporte de algodão. Em 1927, a estação de ferro Sorocabana, atual estação Júlio Prestes-Sala São Paulo, recebeu o prêmio de honra do 3º Congresso Pan-Americano de Arquitetura, realizado em Buenos Aires. Em 1930, recebeu a medalha de ouro no 4º Congresso Pan-Americano de Arquitetura, realizado no Rio de Janeiro. Ver Margarida Maria de Andrade, *Bairros além Tamanduateí: o imigrante e a fábrica no Brás, Mooca e Belenzinho*, tese (doutorado em Geografia), São Paulo: FFLCH-USP, 1991, e *site* da *Enciclopédia Itaú Cultural de Artes Visuais*: <http://enciclopedia. itaucultural.org.br/busca?categoria=artes-visuais>, acesso em 6 nov. 2018.

36 A primeira partida de futebol organizada no Brasil ocorreu no dia 14 de abril de 1895 na várzea do Carmo, nas proximidades das ruas do Gasômetro e Santa Rosa, disputada pelas equipes de funcionários da San Paulo Gas Company e da São Paulo Railway. Ver Carlos Augusto da Costa Niemeyer, *Parques infantis de São Paulo: lazer como expressão de cidadania*, São Paulo: Annablume/Fapesp, 2002, p. 50, e *site* do Museu do Futebol: <https://www.museudofutebol.org.br>. Acesso em: 6 nov. 2018.

37 O edifício Martinelli foi projeto pelo arquiteto húngaro William Fillenger, a pedido de seu proprietário, o comerciante italiano Giuseppe Martinelli (1870--1946). A construção ocorreu no período de 1924 a 1934, embora em 1929 já tenha sido inaugurado com doze andares, momento em que abrigou um luxuoso cinema, o Cine Rosário.

38 O processo de metropolização consiste na incorporação de aglomerações vizinhas por meio da expansão horizontal das cidades, de forma a criar um único núcleo urbano. No primeiro período de metropolização de São Paulo, 1929-1950, ocorreu inicialmente um crescimento das faixas residenciais e industriais da periferia; em seguida, uma compactação das áreas centrais em função de sua verticalização; e, finalmente, a construção de uma rede rodoviária, complementando o sistema ferroviário (N. G. Reis Filho *apud*

Regina Maria Prosperi Meyer, *Metrópole e urbanismo: São Paulo anos 50*, tese (doutorado em Arquitetura e Urbanismo), São Paulo: FAU-USP, 1991, p. 17.

39 A escultura do leão foi feita pelo artista francês Prosper Lecourtier e hoje se encontra no parque do Ibirapuera. Lecourtier (1851-1924) nasceu em Meuse, na França. Foi aluno do escultor Emmanuel Fremiet. Recebeu medalhas por suas esculturas zoomórficas em bronze no Salão de Paris em 1879, 1880 e 1902. Ganhou a medalha de bronze na Exposição Universal de Paris de 1900.

O *Monumento em Homenagem à Amizade Sírio--Libanesa*, em granito róseo e bronze, é de autoria do italiano Ettore Ximenes (1855-1926). Nascido em Roma, entre 1868 e 1871 realizou seus primeiros estudos na Academia de Belas Artes em Palermo. Também estudou na Academia de Belas Artes de Nápoles e em 1919 chegou ao Brasil, onde permaneceu até sua morte. Venceu o concurso para criação do Monumento à Independência, localizado no parque da Independência, no bairro do Ipiranga. Ainda por ocasião da comemoração do centenário da Independência do Brasil, criou o *Monumento à Amizade Sírio-Libanesa*, ofertado por essa comunidade de comerciantes ao poder público municipal e colocado no parque Dom Pedro II, em frente ao Palácio das Indústrias. Atualmente, esse monumento encontra-se na praça Ragueb Chohfi.

40 Niemeyer, *op. cit.*, p. 108.

41 Atualmente o Parque Shangai mantém apenas um pequeno parque de diversões localizado ao pé da igreja da Penha, na cidade do Rio de Janeiro, ainda gerido pelos descendentes da mesma família que o criou em novembro de 1919 para integrar uma Exposição no Rio de Janeiro.

Essa rede de parques de diversões foi pioneira no país, tendo montado unidades em Porto Alegre, para celebrar o Centenário da Revolução Farroupilha, em Brasília, por ocasião da inauguração da capital federal, além das unidades fixas nas cidades de São Paulo, no parque Dom Pedro II, e no Rio de Janeiro, na Quinta da Boa Vista, em São Cristovão, posteriormente transferida para a Penha.

42 O Colégio São Paulo foi inaugurado em setembro de 1894, tendo como primeiro diretor Antônio Francisco de Paula Souza. Trata-se do primeiro ginásio da capital e também da primeira escola a oferecer turmas colegiais (atuais Ensino Fundamental Ciclo II e Ensino Médio). Teve diversas sedes e foi transferido, no final da década de 1950, para o novo edifício modernista localizado no parque Dom Pedro II. O complexo escolar foi concebido conforme o ideário das escolas-parque desenvolvido pelo arquiteto Hélio Duarte em consonância com as propostas do pedagogo Anísio Teixeira.

O projeto do colégio, dos jovens arquitetos Rubens César Madureira Cardieri e Rubens Freita Azevedo, consiste num complexo com duas escolas, uma para o ensino ginasial e outra para o colegial, e um ginásio esportivo coberto. Parte do ideário moderno, sua construção baseou-se nas seguintes premissas: ausência de ornamentos, uso de formas arquitetônicas adequadas a um projeto voltado para o fato social que representa, e uso de uma discreta ordenação de linhas simples e harmoniosas. Tal ideário perpassou a construção da maior parte das escolas públicas do estado de São Paulo no período de 1936 a 1962. Cf. Mário Henrique de Castro Caldeira, *Arquitetura para educação: escolas públicas na cidade de São Paulo (1934-1962)*, (doutorado em Arquitetura e Urbanismo), São Paulo: FAU-USP, 2005, pp. 103-4.

43 Revista *Habitat apud* Mário Henrique de Castro Caldeira, *op. cit.*, p. 104.

44 Este bronze, de autoria de Caetano Fracarolli (1911-1987), foi a última escultura colocada no parque Dom Pedro II, na década de 1940, na região da atual praça São Vito. O bronze representa um agricultor semeando a terra, e por isso também ficou conhecido como *Monumento ao trabalho*. Atualmente, essa escultura localiza-se na praça Apecatu, na zona oeste da cidade.

45 A especialização do fato urbano caracteriza-se pela segmentação de atividades em regiões preestabelecidas na cidade, separando áreas comerciais, industriais e de serviços das áreas destinadas a moradia. A construção de redes de sistema viário permite sua

consolidação. No caso do parque Dom Pedro II, esse processo é intensificado nos primeiros anos da década de 1950, momento em que as obras do Perímetro de Irradiação ainda não estavam concluídas, mas já se cogitava a construção de um perímetro mais abrangente por meio da complementação do sistema de avenidas radiais a partir da criação de um eixo leste-oeste que começaria na praça João Mendes e se estenderia para leste, paralelamente à estrada de Ferro Central do Brasil, destruindo parte de suas áreas verdes. Tal proposta constava das recomendações feitas por Robert Moses, urbanista norte-americano contratado pelo prefeito Lineu Prestes.

46 O edifício São Vito foi construído entre 1954 e 1959 em um lote da avenida Mercúrio, em frente ao Mercado Municipal, pela construtora Zarzur & Kogan. Voltado para solteiros e famílias pequenas que trabalhavam na região central da cidade, o prédio de 27 andares tinha uso misto. A maioria de seus pavimentos destinava-se à função residencial (pequenos apartamentos e salão de festas no último andar) e o piso térreo abrigava conjuntos comerciais. Em 2002, durante a gestão da prefeita Marta Suplicy (2001-2004), foi contratada uma consultoria a fim de avaliar a possibilidade de reforma do edifício para uso habitacional de interesse social. Nesse ano, o edifício apelidado de "treme-treme" abrigava 3.500 pessoas, distribuídas em 624 quitinetes, cujos aluguéis, somados ao condomínio, giravam em torno de R$ 220,00. Em 2004 ocorreu a desapropriação dos apartamentos. No ano seguinte, o prefeito José Serra iniciou as primeiras articulações para a demolição, que se concretizou bem posteriormente. A demolição foi feita manualmente no período entre setembro de 2010 e maio de 2011, para não danificar os vitrais do Mercado Municipal, tombado pelo Condephaat em 2004. Demolido o edifício, alardeava-se na imprensa a construção de uma série de equipamentos na região do parque Dom Pedro II como parte de um extenso projeto de requalificação urbana. Entretanto, o único ponto implementado até o momento foi a concessão administrativa do lote em que se localizavam os edifícios São Vito e Mercúrio ao Sesc por

99 anos, ratificada em maio de 2015. A ocupação do terreno pelo Sesc ocorreu rapidamente, por meio da instalação de uma unidade provisória gerenciada pelo Sesc Carmo. Elegeu-se a Virada Cultural, realizada em junho de 2015, para inauguração da "Ocupação Sesc Parque Dom Pedro II", que teve como atração principal o espetáculo do *rapper* Rael.

CAPÍTULO 2

De paisagem pitoresca a parque de onde se descortina uma bela vista

O ATRIBUTO NATURAL SE TRANSFORMA EM ARTEFATO

Neste capítulo, será investigado o papel ativo das representações visuais e dos textos que têm como elemento estruturador da escrita o visual – isto é, as crônicas e os artigos de periódicos – na construção de sentidos sobre a várzea do Carmo. As pinturas, as crônicas e obras de memorialistas da cidade, as revistas, os jornais, os cartões-postais e os álbuns comemorativos ao longo do tempo criaram e reforçaram estereótipos[1] positivos e negativos sobre o local.

Veremos de que maneira a condição dos produtores de discursos influencia nas diversas conotações das narrativas e imagens construídas. Apresentaremos, assim, a série *imagens de intensa circulação e exposição* para discutir parte do imaginário criado sobre a várzea do Carmo e sua dinâmica em função de duas variáveis: os produtores das representações visuais e o tempo.

Ao longo das décadas de 1890 a 1960, as visões construídas a respeito do espaço da várzea do Carmo foram muitas e por vezes contraditórias, ainda que produzidas contemporaneamente. A característica geomorfológica e a localização geográfica desse espaço certamente são as principais razões das divergências entre os discursos produzidos a seu respeito.

Entre os séculos XVI e XVIII, a várzea foi escolhida pelos primeiros colonos europeus como local de ocupação por questões de sobrevivência: suas áreas alagadiças eram apropriadas para a pastagem de animais e sua proximidade com o rio Tamanduateí era providencial tanto para alimentação, abastecimento e transporte como para defesa das primeiras populações alojadas no topo do planalto de Piratininga.

Essa conotação positiva da região da várzea do Carmo modifica-se durante o século XIX, momento em que repercute no cenário nacional o amplo debate ocorrido na medicina e na urbanística francesa sobre a influência das áreas alagadiças na saúde dos habitantes de suas proximidades[2]. Durante a Primeira República, somam-se a essa discussão as propostas sanitaristas e as políticas de embelezamento da cidade, organizadas a partir da promulgação dos *Códigos de Posturas Municipais*.

Muitas das ideias concebidas durante o século XIX concretizam-se em intervenções na várzea do Carmo apenas nas décadas de 1920 e 1930, quando o local se consolida como parque público. Porém, já na década de 1930, com a difusão das ideias contidas no *Plano de avenidas*, discute-se a transformação de parte desse território para abrigar o sistema de avenidas perimetrais e radiais[3], projeto que começa a tomar forma apenas na década de 1950.

Essas discussões sobre o planejamento das áreas da várzea do Carmo, que se superpõem e se modificam, ocorrem simultaneamente à criação de estereótipos positivos e negativos sobre a região por meio das imagens construídas textual ou visualmente.

Em primeiro lugar, serão apresentadas as imagens da várzea do Carmo construídas por cronistas e por aqueles que se manifestavam nos periódicos, espaços discursivos pioneiros na criação de um imaginário sobre esse lugar. Na sequência, será explorada a visibilidade das imagens da várzea nas pinturas a óleo, nos cartões-postais e nas fotografias de álbuns comemorativos do IV Centenário da cidade de São Paulo. Esses suportes visuais apresentam discursos consonantes com os detectados em registros escritos, sendo também responsáveis pela difusão de novas imagens.

As visões da várzea do Carmo entre os cronistas e os memorialistas da cidade

Os discursos produzidos no século XIX a respeito da região da várzea do Carmo são contraditórios. De um lado, nos relatos proferidos pelos viajantes, encontram-se elogios às planícies alagadiças da várzea; de outro, nas observações feitas por moradores, a várzea é apresentada como um matagal, foco de origem de incômodos, moléstias e mortalidade.

Em 1819, o botânico francês Auguste de Saint-Hilaire[4] se encantou com os aspectos naturais da parte baixa da cidade e com a irregularidade da paisagem. A descrição do viajante está repleta de elementos que aludem ao campo visual, característica dessa forma de narrativa, como neste trecho:

Das janelas do palácio que dão para os campos descortina-se uma vista maravilhosa, a da planície que já descrevi. *Abaixo* da cidade vê-se o Tamanduateí, que vai coleando por uma campina semialagada (novembro), no fim da qual se estendem os pastos pontilhados de tufos de árvores baixas. À esquerda, do lado do noroeste, o *horizonte* é limitado pelas serras de Jaraguá, que descrevem um semicírculo. À direita a planície se estende a perder de vista, sendo cortada pela estrada do Rio de Janeiro, que é margeada de chácaras. Animais pastam espalhados pela campina, e a paisagem ainda se torna mais animada com as tropas de burros que chegam e saem da cidade e com a presença de numerosas mulheres lavando roupa à beira do córrego. À direita da estrada algumas velhas araucárias chamam a nossa atenção. Admiramos seu talhe gigantesco e principalmente os seus galhos que, *nascendo em planos diferentes*, se elevam à semelhança de castiçais e *terminam todos no mesmo ponto*, formando uma copa perfeitamente regular. Grupos de esguias palmeiras contrastam com a rigidez dessas coníferas por suas longas folhas flexíveis, que pendem de seus troncos e são agitadas pelo vento. O verde é talvez mais belo, mais matizado do que os dos campos da Europa no começo da primavera e, segundo me afirmaram, conservam o seu viço praticamente o ano todo[5].

Na perspectiva do viajante, a várzea do Carmo é apresentada como paisagem. A própria maneira pela qual Saint-Hilaire organiza sua fala remete ao sistema perspético, elaborado a partir das ideias do espelho de Brunelleschi e da janela de Alberti e sistematizado por este último em um tratado sobre a pintura[6]. Descreve-se a várzea do Carmo a partir das janelas do Palácio do Governo e se organizam os elementos descritos a partir da divisão do espaço observado em quadrantes (esquerdo, direito, superior e inferior) delimitados em função da demarcação da linha do horizonte. Também nesse relato há preocupação com as noções de plano e ponto de fuga, concepções oriundas dessa forma de organização da visão amplamente difundida entre os pintores europeus no século XVII[7]. Nesse relato, em que predomina a descrição da natureza exuberante, pululam poucos personagens – as tropas de burros que chegam e saem da cidade e as mulheres lavando roupa à beira do córrego, elementos que tornam a paisagem ainda mais pitoresca.

Os adjetivos utilizados para descrever a várzea do Carmo ("maravilhosa", "animada", "bela" etc.) dão indícios da posição do observador frente ao objeto observado. O distanciamento do viajante é natural e ocasional – natural porque é estrangeiro, não residente em São Paulo, e ocasional porque se encontra em posição privilegiada de observador –; torna-o um *voyer*[8], alguém que se coloca a distância, que vê a cidade do alto e por isso pode desfrutar de sua observação, uma vez que é estranho aos seus comportamentos e problemas diários. Saint-Hilaire descreve a paisagem ora do alto de uma janela do Palácio, localizado no planalto de Piratininga, ora do alto de uma das janelas do convento das Carmelitas[9].

Já Antonio Vellozo de Oliveira, morador da cidade[10], em um trecho de sua memória, escrita em 1822, argumentava:

> É preciso que a sã política faça pouco a pouco desaparecer esta origem de incômodos, moléstias e mortalidade; por exemplo, a várzea do Carmo, inferior à cidade, cobrindo-se das águas do Tamanduateí, que podiam segundo penso correr livremente para o Tietê, com nevoeiros importunos, umidades, defluxos e reumatismo: os seus habitantes desfrutariam a mais perfeita saúde[11].

Os pastos brejosos, que, para Saint-Hilaire, contribuíam para a quebra da monotonia da paisagem da várzea do Carmo, eram os mesmos aos quais Antonio Vellozo de Oliveira atribuía os infortúnios causados à saúde dos habitantes da colina pela umidade. De um lado, o discurso originado da apreciação do pitoresco[12]; de outro, o discurso repleto de aspectos elencados pelas teorias miasmáticas divulgadas no país durante o século XIX.

Essa dualidade entre os discursos de viajantes e moradores sobre a várzea prossegue ao longo do século XIX. Recuperamos agora um pequeno trecho em que Bernardo Guimarães[13] descreve a região, em meados do século XIX, em seu romance autobiográfico *Rosaura, a enjeitada*:

> As *janelas* da sala de jantar, onde se dava o colóquio, abriam-se para as *extensas vargens alagadiças cortadas pelo Tamanduateí*, que separam a cidade propriamente dita do arrabalde de São Brás. Essas vargens banhadas então por um brando luar formavam outro deserto, mas vasto e aprazível, e pelas *janelas abertas* os estudantes podiam *expandir as vistas* e aspirar as auras frescas e balsâmicas que se elevavam do *vargedo*. Há nada mais risonho e pitoresco do

que esses *vargedos do Tietê*, que no tempo das águas se convertem em *labirinto de lagoas e canais*, no seio dos quais emergem ilhas cobertas de verdejantes balsas com suas casinhas meio sumidas entre moitas [...] que vasta e formosa perspectiva nos oferece esse bairro, *visto do terraço* do convento do Carmo! [...] é a mais deliciosa e encantadora que se pode imaginar. A capela de São Brás com seu campanário branco, e aquelas casas dispersas pela planície exalam como um perfume idílico, que enleva a imaginação[14].

Assim como Saint-Hilaire, Bernardo Guimarães descreve a paisagem da várzea vista do alto, ora da janela de uma casa localizada no planalto de Piratininga, ora do terraço do convento do Carmo. Sua narrativa também está repleta de aspectos visuais que retratam o local como paisagem, uma bela vista para ser admirada de longe, do alto. Para o escritor, o ato de observar a várzea revela uma experiência sensorial em que não só o sentido da visão é mobilizado, mas também o olfato. Novamente, a experiência do estrangeiro, agora nacional-mineiro, é a de um *voyeur*. Seu envolvimento com a cidade ocorre no território "idílico", como ele descreve, da imaginação.

Francisco de Assis Vieira Bueno[15], ao relatar suas memórias sobre a várzea do Carmo no período de 1830 a 1840, não atribui ao local aspectos positivos. Ao contrário, a várzea é descrita como um matagal povoado por sapos e cobras:

As *noites* eram, pois, trevosas, quando havia lua acontecendo algumas vezes pisar-se em *sapos* que, ocultos durante o dia nos quintais, de *noite* vinham para rua tratar da vida, saindo pelos *canos de esgoto de águas pluviais*. Miríades desses batráquios povoavam o Anhangabaú e do outro lado o *Tamanduateí* e os *charcos de suas várzeas*, e quem nas *noites* de calor estacionasse nas *pontes do Lorena, do Acu* e *do Carmo* ouvia sua tristonha e variegada orquestra, não sem encanto para quem é propenso à melancolia. Era, pois, natural que eles invadissem a povoação. O mesmo se dava também com as *cobras*, pela contiguidade de alguns *matagais*. Estava *coberto de capoeira todo o terreno* compreendido entre o *Tamanduateí* e a *Tabatinguera*, pertencente à *chácara de Assis*

Lorena, filho do governador Bernardo José de Lorena, cujo título nobiliárquico, Conde de Sarzedas, é hoje o nome de uma rua, quarteirão modernamente edificado no terreno da mencionada chácara. Da *ponte do Carmo* para baixo, toda margem esquerda do *Tamanduateí* era também um *matagal*. [...] Parte da população era, pois, obrigada a recorrer ao *Tamanduateí* e, nas três *ladeiras do Porto Geral, do Carmo e do Fonseca*, que a ele conduziam, estavam sempre a transitar as *escravas com seus potes na cabeça*, que elas punham sobre a rodilha e equilibravam com agilidade[16].

Para o paulistano Francisco de Assis Vieira Bueno, a experiência com a várzea é a de morador, de *caminhante*, que não a admira do alto da colina, mas que circula, percorre o espaço, e que nessa condição convive com os infortúnios e inconvenientes advindos da caminhada pelos matagais. Pisa-se em sapos e cobras que aí se escondem, já que a várzea representa o limite entre o rural e o urbano.

Nesse trecho da memória de Vieira Bueno, verifica-se que ele provavelmente consumia gravuras europeias produzidas por viajantes: as ladeiras que ligam a várzea do Carmo à colina central são descritas tal qual uma gravura de Jean Baptiste Debret em que se veem escravizados com seus potes na cabeça (figura 1). Ainda nesse pequeno trecho é possível identificar a tensão entre civilização e natureza, urbano e rural, representados respectivamente pela rua Conde de Sarzedas, "quarteirão modernamente edificado", e pelo rio Tamanduateí e o charco de suas várzeas, habitados por sapos que "invadiam a população". A mobilização do corpo para o trabalho – nesse caso, as escravizadas com potes na cabeça – mostra também uma indefinição entre espaço urbano e rural, entre público e privado. Tudo em oposição ao corpo dignificado do homem burguês que circulava pela rua.

Em outro trecho das memórias de Vieira Bruno, novamente detecta-se a presença de escravizados, desta vez os chamados "tigreiros"[17], encarregados de despejar os dejetos produzidos pela população em áreas próximas aos rios:

> Quanto aos *esterquilinios*, lembro-me de dois existentes bem dentro do povoado, nos quais se punha todo o *lixo* que não ficava

figura 1, p. 326

nos quintais e até se despejavam os *tigres da cadeia* e *dos quartéis*. Um era em uma grande *depressão*, rente com o princípio da *ladeira do Carmo*. Outro no fim da rua de São José, rente com a ponte do Acu[18].

A utilização do rio Tamanduateí para despejo do lixo produzido pelos habitantes da São Paulo colonial e por aqueles que faziam uso de suas águas para lavagem de roupas e criação de animais já era denunciada nas atas da Câmara de 1787:

> Não eram melhores porém as águas do Tamanduateí e do Anhangabaú, em que servia "a maior parte dos povos", escrevia-se no ano de 1787. Ainda que fossem correntes – registrava-se nas atas – não deixavam de envolver *imundícies* provindas da *lavagem de roupas*. As *imundícies* procedentes da *lavagem de roupas* e dos *detritos* que conduziam em suas *inundações*, com as quais podiam fazer pestíferas, em prejuízo à saúde dos povos[19].

O memorialista Ernani da Silva Bruno relata que na várzea do Carmo, em 1809, beirando o rio Tamanduateí, uma parte da população despejava lixo, soltavam-se animais, caçava-se e lavavam-se roupas. Entre "os sujeitos preguiçosos" que por lá caçavam estava o poeta Castro Alves, que chegou a se ferir com um tiro no pé enquanto caçava perdizes, em 1862.

Nas crônicas escritas sobre a região na virada do século XIX para o século XX, verificam-se as tentativas do poder público de urbanizar a várzea. Os novos espaços criados (Ilha dos Amores, Mercado Municipal etc.) conviviam com espaços antigos, o que demonstra o momento de indefinição entre rural e urbano, colonial-imperial e republicano, público e privado. Nesse sentido, é emblemática uma crônica escrita por Afonso Schimidt:

> Aquêles respeitáveis conversadores [negociantes da redondeza, altos funcionários da administração, lentes da Faculdade, cônegos da Sé e até mesmo o Sr. Presidente da Província] tinham um costume que punha a pulga-atrás-da-orelha-arrebitada do beatério. À boca da noite, à hora de fechar o estabelecimento [sito à rua 15 de Novembro, esquina do largo do Tesouro-botica],

deixavam a loja e, acompanhados por outros cavalheiros que a eles se juntavam, caminhavam para os barrancos do Carmo. Desciam a ladeira do Palácio, em direção à várzea, e iam sentar-se nas muralhas da ponte do Mercado, sobre o Tamanduateí. Então, tomando o fresco, reatavam a conversa, uma conversa interminável, para desespero das mulheres que, vestidos sungados, saia de baeta pela cabeça, por causa dos mosquitos, lavavam roupa no rio. Ao vê-los, no seu mirante, elas recolhiam a roupa que coroava no capinzal, faziam trouxas, botavam-nas na cabeça e pelas trindades se punham a caminho de casa. E, passando pela ponte, fechavam a carranca para os ilustres curiosos[20]...

Nesse primeiro trecho, verifica-se a permanência de uma prática colonial-imperial, a lavagem de roupas nos rios. Há ainda um agravante nesse episódio: os cavalheiros da cidade, por vezes até o mais alto símbolo do novo regime republicano, o presidente da província, reuniam-se na rua para conversar e observar as lavadeiras[21]. Certamente esse hábito, que causava espanto às beatas, não condizia com as novas políticas urbanas que se esforçavam para transformar o espaço da rua em um local de trânsito de pessoas e de veículos. Paralelamente aos *Códigos de Postura* que coibiam a prática de lavar roupas nos rios e estendê-las nas pontes ou janelas das casas, criam-se novos espaços públicos de convivência para os cavalheiros – os jardins e parques. A construção da Ilha dos Amores, em um braço do Tamanduateí, ocorreu em meio a esse processo de definição entre o espaço público e privado[22]. E, como se vê no trecho a seguir, também parte da crônica de Afonso Schimidt, a construção da ilha buscou disciplinar os hábitos dos cavalheiros:

Com o tempo, a ilha formada por dois braços do Tamanduateí foi ajardinada, arborizada, recebeu um coreto e estátuas. Portanto, o passeio se tornou ainda mais atraente. Entre outros estabelecimentos comerciais, surgiu uma confeitaria, de propriedade do pai dos jornalistas Joaquim e Jaime Morse. Quando a política ferveu, um cônego deputado, em plena Câmara, usou desta expressão para designar o local: – A *ilha dos Amôres* do Sr. João Teodoro! E o *povinho miúdo* de São Paulo que, já naquele tempo, gostava de fazer picuinhas, deu ao logradouro esse nome lírico. Ainda hoje há quem se lembre da Ilha dos Amôres. Assim, se dermos crédito às crônicas da época, foi aquela ponte do Mercado a humilde precursora dos chás, das casas de modas, das confeitarias chics e das grandes livrarias, onde a gente se reúne para discutir as maluquices do próximo, quando o próximo está distante[23].

A partir da década de 1910 – sobretudo em meados da década de 1920 –, constata-se nas crônicas a predominância dos italianos entre os personagens que circulavam pela região da várzea do Carmo[24]. Em 1927, Antônio de Alcântara Machado publica uma série de contos no livro *Brás, Bexiga e Barra Funda*, definido pelo autor como uma crônica de costumes. Nos contos dedicados ao bairro do Brás, os italianos são os principais personagens. Entre as práticas relatadas que se desenrolavam na várzea do Carmo, destacam-se as partidas de futebol na rua, as reuniões em quitandas e barbearias e mesmo em frente à rua – distribuíam-se cadeiras ao longo do passeio público no final da tarde para conversar e "tomar a fresca"[25].

Claude Lévi-Strauss aponta com espanto que na década de 1930 ainda era notável o aspecto provinciano da cidade de São Paulo, sobretudo em alguns de seus bairros, como, por exemplo, o Brás:

> Nos *taludes* que descem para o *Tamanduateí* e que dominam os bairros populares do Brás e da Penha, subsistiam ainda, em 1935, algumas *ruelas provinciais* e *largos: praças quadradas e ervosas*, rodeadas de *casas baixas* com teto de telhas e pequenas janelas gradeadas, pintadas a cal, tendo de um lado uma *igreja paroquial* austera, sem outra decoração senão o arco cortando o frontão barroco na parte superior da fachada[26].

Nas crônicas de meados da década de 1950, verificam-se as transformações do parque Dom Pedro II detectadas nos padrões visuais associados a esse período. Transcrevemos a seguir parte de uma crônica de Jorge Americano em que se critica a condição dos parques públicos paulistanos, entre os quais o parque Dom Pedro II:

É estranho como São Paulo não tem parques no perímetro urbano. Os únicos são o parque D. Pedro II, que separa o Brás do Centro, o Ibirapuera e o parque fronteiro ao Museu Ipiranga. Mas nenhum deles é lugar de descanso. Os bancos são poucos, muito distantes uns dos outros e não há o recurso de sentar ou deitar na grama, porque é proibido. A população pobre não tem onde repousar ao ar livre nos domingos. [...] O parque D. Pedro II é invadido pelo mato e cortado por automóveis por todos os ângulos. No Ipiranga, cuidado à moda de Versalhes, condena-se o passeante a ficar de pé tomando sol. Ambos são pequenos, incômodos e cheiram a gasolina e óleo queimado, invadindo os pulmões de poeira e atenazando os ouvidos com ruídos de motor[27].

Nesse trecho, verifica-se a tensão entre homem e natureza nos parques urbanos – ainda que os elementos naturais, nesse caso, sejam planejados pelo homem. O número reduzido de bancos nos parques dá indícios de que os parques não são mais lugares projetados para que ali se permaneça. Nesse período, prevalece a função da circulação de pessoas e produtos, que tem como principal ícone o automóvel. É em tal cenário, descrito por Jorge Americano e delineado pelas imagens analisadas, que subsiste o parque Dom Pedro II como um ornamento da metrópole.

Por fim, nas crônicas escritas na década de 1960, detectam-se tipos humanos marginalizados que habitavam e circulavam pela região. No conto "Paulinho Perna Torta", escrito por João Antônio em 1965 e publicado cerca de dez anos depois, conhecemos a história de um desses excluídos, que, após uma sequência de discriminações e explorações, torna-se um dos principais bandidos da capital e acaba encarcerado no presídio Tiradentes, local onde reflete sobre suas memórias. Em um trecho delas, transcrito a seguir, o personagem narrador, entre suas "virações" pela cidade, alimenta-se de restos de batatas jogadas na beira do Tamanduateí, resíduos das atividades desenvolvidas na zona cerealista[28]:

Pé pisando no chão. Magrelo na camisa furada. Pálido, encardido, dei para bater perna de novo, catando virações pelos cantos e pelos longes da cidade. Vasculhei, revirei, curti fome quietamente, peguei chuva e sol no lombo; lavei carro, esmolei em subúrbios, entreguei flor, fui guia de cego, pedi sanduíches nas confeitarias e nos botecos, corri bairros inteiros. Mooca, Penha, Cambuci, Tucuruvi, Jaçanã […] me enfiei nos buracos, muquifos mais esquisitos, onde nem os ratos da polícia chegam, ajudei nos ferros-velhos, me juntei a pipoqueiros, nos portões do Pacaembu e lá no Hipódromo da Cidade Jardim sapequei muita charla, servi mascates lá nas portas do mercado da Lapa, me dei com gente de feira, vendi rapadura, catei restolhos de batatas às beiras do Tamanduateí, morei na favela do Piqueri, me virei com jornais nos trens suburbanos da Sorocabana; malandrei e levei porrada, corri da polícia, mudei não sei quantas vezes, dei sorte, dei azar, sei lá, fucei e remexi[29].

Adiante, no mesmo conto, a margem do Tamanduateí é descrita como um local utilizado para negociações entre bandidos e policiais, a quem os primeiros pagavam uma taxa de proteção para que pudessem circular pela cidade:

Os ratos aceitam dinheiro vivo. Pororó vivo, vivinho, contado e recontadinho e entregue debaixo de código. Sexta-feira, lá na avenida do Estado, à beira do Tamanduateí. Cinquenta mil por semana, a taxa de proteção. Marrom foi substituído, o trio ainda é trio. Os ratos não furarão a cabeça de Diabo Loiro, de Bola Preta e de Paulinho Perna Torta[30].

Crianças que viviam à margem da sociedade como o personagem Paulinho Perna Torta eram presença comum em frente ao Parque Shangai, situado na porção sudoeste do parque Dom Pedro II, onde pediam aos frequentadores do parque que lhes pagassem a entrada. Ali também havia mendigos que pediam esmolas aos passantes. A presença desses tipos humanos que denotavam as disparidades sociais na capital paulista incomodava o cronista Jorge Americano, que descreve o parque de diversões enquanto um espaço muito distante dos "paraísos de gente grande" de Paris e Copenhague:

Deve haver alguns pelos bairros (*parques de diversões*), mas um "está na cara" ali no *parque D. Pedro II*.

A área é grande e valiosíssima, nem compreendo como continua *sem ser construída*. Isso acontece às vezes quando o proprietário da *casa demolida* prefere aproveitar o terreno para *estacionamento de automóveis*. Assim rende mais.

Os *muros externos* são remendados e pintados de *anúncios* com tinta ordinária, que logo descasca, por *pintores* de letras que não primam pela capacidade artística. Também alguma *propaganda de eleições*.

Olhando de fora, vê-se a *roda gigante*, alguns *postes de madeira* ou *de ferro*, estaqueados para sustentar *balanços* e outros *brinquedos*. Haverá por dentro *cavalinhos de pau, gangorra, João--minhoca*, música, possivelmente um *cimentado para patinar*, refrigerantes, policiamento e Juízo de Menores, como há por fora *tabuleiros de amendoim* e *pé-de-moleque* e alguns *mendigos* e *crianças*: "Môço! Me paga uma entrada".

Que imensa distância vai entre isso que aí está e os paraísos de crianças e de gente grande, do tipo "Luna Park" de Paris ou "Tivoli" de Copenhagem. Como são atraentes, e, principalmente, limpos[31]!

Nessa crônica de Jorge Americano, nos deparamos com indícios do processo de metropolização da cidade e de sua consolidação como uma sociedade capitalista de massas: a presença intensa de publicidade nos muros do parque de diversões e a utilização de áreas centrais, resultantes da demolição de casas antigas, para o estacionamento de automóveis. Tal raciocínio, ainda que apresentado de forma irônica pelo autor, explica sua surpresa com a permanência de um parque de diversões acanhado em uma área central da cidade. O Parque Shangai foi demolido no final de 1968 para a construção de parte do complexo de viadutos que dilacerou as áreas do parque Dom Pedro II. Essa opção urbanística, que, como vimos, foi exaustivamente representada nas imagens produzidas pelo poder público, ratifica a lógica norteadora para a cidade: o privilégio da circulação de pessoas e mercadorias. Essa lógica vai ao encontro do cenário político-nacional, em que os militares anunciavam medidas econômicas para aumentar o consumo e a produção de bens duráveis, especialmente automóveis, no momento conhecido como "milagre econômico".

A várzea do Carmo na imprensa paulistana

A imprensa paulistana foi primordial na disseminação e na consolidação da imagem da várzea do Carmo como um local "predestinado" a transformações urbanísticas, constantemente em manutenção. Entre as décadas de 1890 e 1930, fora construído um estereótipo negativo em função da condição natural do local, em longas crônicas escritas pelos editores dos jornais, que clamavam por seu saneamento e embelezamento.

Exceção feita à revista ilustrada *A Cigarra*, verificou-se o uso frequente de fotografias sobre a várzea apenas a partir das décadas de 1940 e 1950, com imagens que tinham como tema as demolições e as áreas da cidade que se modificariam para a construção de avenidas e prédios públicos. Também eram retratadas as ruas que passavam por obras de pavimentação, os espaços que se julgavam abandonados pelas políticas públicas, as enchentes e as maquetes de novas edificações públicas. Novamente tratava-se de um espaço que deveria ser transformado, agora para assegurar a circulação de pessoas, automóveis e mercadorias. Por fim, na década de 1960, nota-se um predomínio nos periódicos de fotografias que registram as enchentes da várzea do Carmo, clicadas ora como elemento embelezador da cidade, ora como causadoras de transtornos, sobretudo na região do Mercado Municipal, em que as cheias eram constantes. Em paralelo, as reportagens desse mesmo período trazem como principais assuntos associados ao parque Dom Pedro II as obras em execução para melhorar a locomoção, já alardeada nesses veículos como principal problema da região nas décadas anteriores.

No final do século XIX e na primeira década do século XX, a imprensa foi o espaço privilegiado para discussão dos projetos de melhoramento para a várzea do Carmo. Além dos editores dos jornais, manifestavam-se via imprensa os capitalistas e as empresas responsáveis pelas transformações urbanas, os representantes do poder público e os moradores da cidade. Esses últimos tinham espaço na seção intitulada *"Fatos diversos"*[32], que publicava notas sobre o cotidiano da cidade, aceitando a publicação de cartas e de queixas dos leitores sobre problemas pontuais.

Nas décadas de 1940 e 1950, a imprensa também foi um campo importante para o debate urbanístico. Porém, durante essas décadas, a discussão polarizava-se entre os editores dos jornais e os técnicos da

gráfico 1
Temáticas em periódicos
(décadas de 1890 e 1910)

29% Melhoramentos

23% Concessão e utilização de terrenos públicos para fins industriais e comerciais

21% Casos de polícia

11% Divertimentos

10% Serviços oferecidos na região e entorno

6% Enchentes

gráfico 2
Temáticas em periódicos
(décadas de 1920 e 1930)

52% Casos de polícia

24% Divertimentos

24% Melhoramentos

gráfico 3
Temáticas em periódicos
(décadas de 1940 e 1950)

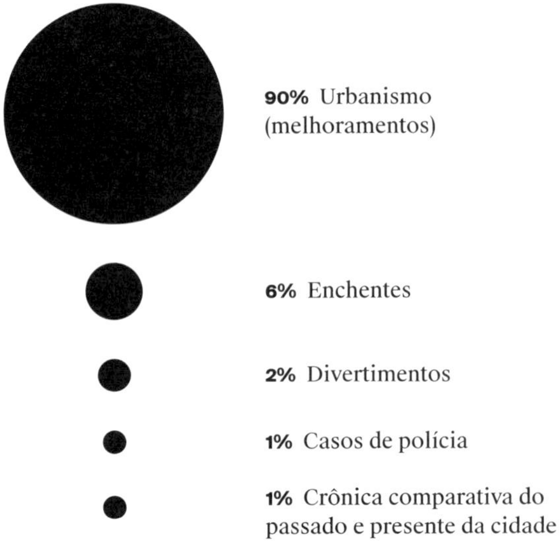

90% Urbanismo (melhoramentos)

6% Enchentes

2% Divertimentos

1% Casos de polícia

1% Crônica comparativa do passado e presente da cidade

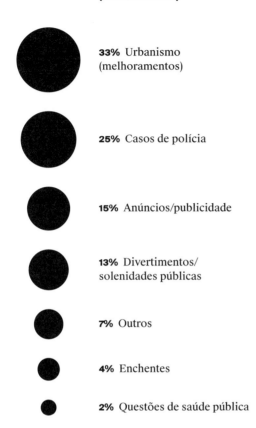

gráfico 4
Temáticas em periódicos
(década de 1960)

33% Urbanismo (melhoramentos)

25% Casos de polícia

15% Anúncios/publicidade

13% Divertimentos/ solenidades públicas

7% Outros

4% Enchentes

2% Questões de saúde pública

1% Educação

área de urbanística, os engenheiros e os arquitetos. Nesse momento, a imprensa assume a posição de informar os leitores sobre os questionamentos do urbanismo, campo profissional e área de conhecimento que se consolida nas universidades no período de 1930 a 1950[33]. Já na década de 1960, as notícias e reportagens publicadas nos periódicos naturalizam o processo de desestruturação das áreas do parque urbano para a construção de um complexo de viadutos que decretou seu fim como espaço público de lazer, pelo menos na concepção da própria imprensa e do poder público. Isso se nota claramente nas fotografias produzidas a pedido de setores da administração pública naquele momento.

Cerca de trezentas notícias sobre a região da várzea do Carmo[34] fundamentam esta análise. Serão organizadas em temáticas, conforme os gráficos 1 a 4, a fim de facilitar o estabelecimento de relações com os padrões de representação visual da várzea, objetos do capítulo anterior. Levam-se em conta quatro períodos com características distintas, que geram estereótipos diversos sobre o local[35].

No período de 1890 a 1910, a temática predominante na discussão sobre a várzea do Carmo é a questão dos *melhoramentos*, com 29%. Manifestavam-se sobre esse assunto não só representantes de instâncias públicas, mas também empresas particulares que prestavam serviços ao Estado, moradores, comerciantes e caminhantes[36].

Sobre essa temática, 60% das notícias são queixas relativas aos problemas ocasionados pela condição natural da várzea, aos usos dados ao espaço e aos serviços prestados pela Light and Power Company na região e em seu entorno. O restante das notícias sobre o tema *melhoramentos* divide-se em propostas de intervenções que visavam ao embelezamento e ao saneamento da várzea (21%), iniciativas do poder público para coerção daqueles que descumprissem os códigos de posturas públicas nessa área (7%)[37], informes sobre iniciativas pontuais tomadas pelo poder público que visavam resolver os problemas relatados nas queixas de moradores, comerciantes e caminhantes (7%) e agradecimentos dos moradores e comerciantes aos representantes do poder público pelos melhoramentos concluídos (5%).

As queixas dirigidas ao poder público versavam sobre dois assuntos: os problemas resultantes da condição natural da várzea (60%) e a existência de habitações "pouco higiênicas" no local e em seu entorno (8%).

Já as queixas direcionadas à Light (32%) criticavam pontualmente a prestação dos serviços de iluminação e transporte na região. Os principais problemas associados à condição natural da várzea do Carmo eram as inundações em função das cheias constantes do rio Tamanduateí, a ameaça de ruína de pontes sobre o rio e seus córregos, o acúmulo de lama, lixo e entulho nas ruas após as cheias, a exalação de maus odores por conta da estagnação de águas pluviais e, nos períodos de seca, o acúmulo de poeira vermelha nas ruas e casas comerciais.

O teor das queixas relativas à condição geográfica da várzea variava bastante de acordo com o reclamante. Isto é, eram queixas pontuais quando feitas por moradores e comerciantes; já quando feitas pelos editores dos jornais, sobretudo pelos editores de *A Província de São Paulo* e *Correio Paulistano*, elencavam inúmeros problemas observados na região com o intuito de, na sequência, cobrar das autoridades uma série de melhoramentos.

As propostas que visavam à implantação de melhoramentos na várzea do Carmo foram elaboradas sobretudo pelo poder público e por empresas particulares a seu serviço[38] (mais de 50% dos casos). Em seguida, figuram as propostas elaboradas pelos jornalistas do *Correio Paulistano* (22%), por um leitor do jornal *O Estado de S. Paulo*[39] e pela empresa de automóveis de aluguel J.A. Fernandes[40] (ambos com 11%).

Entre as propostas elaboradas pelo poder público, destacam-se os planos idealizados por Samuel das Neves e Victor da Silva Freire, ambos publicados nas páginas do *Correio Paulistano* em 1911[41].

A proposta elaborada pelos editores do *Correio Paulistano* visava ao embelezamento e ao saneamento da várzea do Carmo por meio da adequação desse espaço – e, consequentemente, de seus moradores – às práticas defendidas pelo recém-criado regime republicano. Vale dizer que esse periódico se tornou o órgão oficial do pensamento e da ação do Partido Republicano Paulista após o advento da República.

No ano de 1890 ocorreu, nas páginas de *Correio Paulistano* e *O Estado de S. Paulo*, um intenso debate sobre o uso que seria dado àquela extensa região. O motor da discussão foi o indeferimento pela Intendência Municipal de um pedido feito por um grupo capitalista particular, em janeiro de 1889, para alienação de terrenos da região, que seriam aterrados e loteados. Esse pedido havia sido aprovado pela Câmara Municipal, dissolvida em janeiro daquele ano[42].

As propostas elaboradas pelos editores do *Correio Paulistano* para a várzea do Carmo devem ser entendidas como parte desse debate. Seus editores defendiam a construção de um parque público para os operários das fábricas da região do Brás, que integrasse à cidade não só o local, mas também os imigrantes, principais habitantes da região. Além de ser uma concentração de área verde[43] próxima ao núcleo central da cidade, o parque seria dotado de equipamentos com função pedagógica e sanitária. Transcreve-se a seguir um artigo publicado em janeiro de 1890, no qual se defende a implantação de três tipos de estabelecimento de higiene na várzea do Carmo: piscinas, lavanderias e ginásios.

A solicitude de uma administração bem orientada, que vise a satisfazer todas as necessidades dos habitantes e provê-los dos vários bens que a vida civilizada e o progresso dos costumes têm compreendido no domínio do estritamente necessário, encontra em S. Paulo vasto campo em que empregar a sua atividade, com glória para si e proveito para a comuna.

Entre as medidas que mais devem recomendar à estima dos cidadãos, e cuja adoção será relevante serviço prestado principalmente à classe dos menos favorecidos pela fortuna, estão estes três gêneros de estabelecimentos de higiene: as piscinas, as lavanderias, os ginásios.

A criação de um estabelecimento público com este tríplice destino é uma das maiores necessidades desta capital, onde o banho é privilégio dos ricos, e a roupa se lava dentro de casa e se enxuga nas janelas, quando não em plena via pública, onde quer que passe um curso d'água, exposta a pessoa que lava tanto ao sol quanto à chuva. Compreende-se que de semelhante estado de coisas só males podem resultar.

Com efeito, ninguém ignora que o asseio do corpo e do fato são as primeiras condições da saúde pessoal, e, pelo que diz respeito aos banhos, especialmente aos banhos frios, todo o mundo sabe que eles não só exercem influência tonificante das mais úteis, como constituem, pela natação, exercício dos mais úteis e saudáveis, a que ninguém deverá ser estranho.

Assim sendo, já se vê que propiciar o gozo de semelhante melhoramento às classes pobres, pelo mais baixo preço ou mesmo gratuitamente, é contribuir poderosamente para as condições de seu bem-estar físico e da salubridade pública; subindo de ponto as vantagens de um estabelecimento desta ordem se lhe for anexada uma lavanderia modelo. [...]

A nossa capital felizmente possui elementos que sobremodo facilitam a instalação de um estabelecimento público com o tríplice fim a que nos temos referido.

Atravessada pelo Tamanduatehy, que coleia ao sapé da colina, onde assenta a parte central da cidade, com extensa área de terrenos desocupados e que se prestam perfeitamente ao fim em questão, aos quais os que demoram em frente à rua do Hospício, entre este estabelecimento e o aterro que conduz ao Braz, são de ver que não falta a S. Paulo nem local e nem água corrente e abundante para semelhante estabelecimento.

Em vista de tais circunstâncias e exatamente quando em nossa sociedade tudo se reconstrói, e vai sulcando leito profundo e largo a corrente das ideias novas, parece que o ensejo não pode ser melhor para se lembrar o que mais de perto convém ao bem-estar e saúde dos cidadãos.

É que não se faz a felicidade de um povo só reformando-lhe as leis e as instituições políticas. Tais reformas serão incompletas; falhos serão todos os projetos de melhoramentos, enquanto o grande edifício das instituições pátrias não assentar sobre a terra firme da boa e sã educação popular[44].

Os equipamentos propostos, além do caráter sanitarista, possuíam função pedagógica. Eles colaborariam para a superação de antigos hábitos e costumes associados ao período colonial-imperial, como eram, por exemplo, a prática de lavar roupas no rio Tamanduateí e estendê-las para secar na várzea do Carmo, em plena via pública, além do costume de banhar-se nu nos rios, prática intensamente coibida pelas autoridades desde o último quartel do século XIX[45]. A maneira pela qual o artigo é escrito deixa transparecer o ideal republicano – a educação, dos corpos e das mentes, é o componente fundamental para a reformulação do regime político e, nesse caso específico, para o êxito dos melhoramentos urbanos. Tratava-se de educar e incorporar as populações imigrantes brancas ao projeto republicano, pelo qual se buscava definir o espaço urbano – em última instância, o espaço público.

Os pedidos de *concessão de terrenos públicos para fins industriais* foram feitos sobretudo pela empresa Light (75% do total). O restante dos pedidos (25%) refere-se a uma nota expedida pelo Secretário da Agricultura autorizando o uso das águas do rio Tamanduateí pela Companhia Paulista de Aniagens[46] para fins industriais. Há menção ao uso da várzea do Carmo para fins comerciais em uma série de artigos encomendados a um grupo de juristas e técnicos sanitaristas pelos capitalistas envolvidos no debate da alienação das terras daquela região. Esses artigos buscavam comprovar não só a legalidade dessa iniciativa, mas também seu benefício para a população paulista. Os pedidos para a concessão de terrenos da várzea para fins industriais e comercias totalizam 23% das notícias coletadas, a segunda maior porcentagem entre as temáticas detectadas nesse primeiro período.

A temática *casos de polícia* (21% das notícias) refere-se às mortes e aos acidentes em função de atropelamento e/ou queda de bondes, automóveis e carroças, às brigas e agressões por conta do serviço de bondes, aos desentendimentos no interior de estabelecimentos comerciais e nas ruas, aos furtos de casas comerciais da região, aos assassinatos e suicídios. Dos mencionados nos casos (muitas vezes não havia identificação dos envolvidos), 30% eram estrangeiros[47], 22% eram crianças e 15% eram pretos ou pardos.

Sobre essa temática, apresenta-se na sequência parte de um relatório organizado pelo 5º delegado de polícia do Brás, Francklin Piza, referente aos desastres ocorridos em sua circunscrição no ano de 1910, publicado no jornal *O Estado de S. Paulo* em janeiro de 1911.

> Todos nós sabemos que nas variadas espécies de serviços que há nas fábricas, todos encontram trabalho adequado à sua idade, aptidão e temperamento; há serviços para todos, desde os menores de 12 anos até os velhos já quase decrépitos. Nessas condições, conhecida a ambição da colônia italiana, cujos membros se esforçam com sua operosidade para produzir o máximo com o menor

dispêndio, todos os membros da família correm ao trabalho, ficando em casa, apenas, os menores, ainda incapazes de produzir, incapazes conseguintemente de se regerem e de se governarem.

É sabido ainda que, pela falta de casas de operários, casas de aluguel barato, o sistema adotado e muito comum é o das habitações coletivas, chamadas vulgarmente pela denominação "Cortiços". Cada família reside não numa casa, mas num quarto da casa, a qual é, por essa forma, habitada por muitas famílias.

Não podendo os menores produzir pela incapacidade em que se acham naturalmente de trabalhar e não convindo que fiquem nos cômodos em que a família reside, pois danificam os objetos de uso doméstico, são essas infelizes crianças abandonadas nas ruas, onde permanecem, em grupo, pois quase todas as famílias usam desse expediente, entregues, assim, aos azares da sorte. Daí o espetáculo degradante observado diariamente neste bairro, de bando de crianças vagando pelas ruas, em perigosíssima promiscuidade, proferindo palavrões de impropérios, educando-se na escola do vício, preparando-se para o crime, expostas a desastres e acidentes a todo o momento.

É comum, quando há desastres com menores, não aparecerem os pais ao local, e só quando voltam, à tarde, a seus penates, não encontrando o filho, procuram-no na polícia, onde o acham já cadáver!

Este fato tem se reproduzido por mais de uma vez de modo a chamar a atenção dos poderes competentes.

Urge uma providência no sentido de se prestar amparo e proteção a essas infelizes crianças, crescidas e educadas num meio imoral e criminoso, vítimas diárias de terríveis acidentes, quando não de erotismo de tipos degenerados e corrompidos que pululam nas grandes cidades.

E para que o poder público possa tomar uma providência sobre esse magno assunto, esta delegacia fez a presente representação, apoiada na relação adiante, elemento de prova bastante para autorizar qualquer medida de apoio e assistência a essa infância abandonada.

No primeiro parágrafo do texto, o delegado esclarece o motivo ao qual acredita que se deve atribuir o alto índice de incidentes com crianças naquele distrito: o hábito das famílias italianas de deixar as crianças em casa enquanto trabalham nas fábricas. Segundo dados do mesmo jornal, em 1910 ocorreram no Brás mais de sessenta casos de desastres envolvendo crianças, o que equivale a uma média superior a cinco casos por mês, ou seja, pouco mais de um acidente por semana. É interessante notar que o delegado atribui a uma nacionalidade, a italiana, e a seus hábitos – ou, nas palavras dele, à "ambição" – o alto índice de desastres envolvendo menores no distrito do Brás. Aqui poderíamos lembrar um conto de Alcântara Machado, intitulado "Gaetaninho", no qual o personagem central, filho de italianos, é atropelado e morto por um bonde durante uma partida de futebol na várzea.

O problema desse hábito, exposto pelo autor a partir do segundo parágrafo, é que ele extrapola a esfera privada – a da casa, ou melhor, do cortiço. Os menores reuniam-se nas ruas e nesse espaço tornam-se perigosos apesar da pouca idade ("vagam em perigosíssima promiscuidade, proferem palavrões, educam-se no vício, preparam-se para o crime") e ficam expostos ao perigo ("sujeitos a desastres nas linhas de trens, ao choque com bondes e automóveis e ao assédio de tipos urbanos").

Por fim, o delegado cobra do poder público uma medida que impeça a transformação dessas crianças em indivíduos perigosos. A solução sugerida é a assistência às crianças abandonadas pelos pais, que, segundo o discurso do delegado, teriam pouco ou nada a oferecer para a educação das crianças. Esse relatório sugere, portanto, que o meio e a nacionalidade seriam elementos formadores do caráter e da personalidade do indivíduo.

A visão exposta pelo delegado era compartilhada pelos demais órgãos públicos que se encarregaram de desenvolver iniciativas para a várzea do Carmo. O projeto do Parque Infantil Dom Pedro II, concretizado apenas na década de 1930, pode ser apontado como uma estratégia emblemática nesse sentido: mobilizando representantes estaduais e municipais, o projeto tentou implantar um plano político-pedagógico voltado à transformação das mentalidades com base na expansão de valores de higiene e saúde. O projeto incluía o estímulo ao lazer, que era entendido como tempo livre necessário à manutenção da saúde física e mental dos trabalhadores[48].

As notas e anúncios sobre *serviços oferecidos na região e em seu entorno* representavam 10% do total. Eram oferecidos os seguintes serviços: lavanderia, hotéis, fábricas de tecido e fumo, comércio de materiais de construção, confeitarias e padarias.

As notas e propagandas sobre *divertimentos* representavam 11% do total e se referiam sobretudo ao corso carnavalesco e aos cinemas do Brás[49]. Afora isso, havia as exposições industriais que ocorreram no Palácio das Indústrias e uma única menção à exposição, no escritório do jornal *Correio Paulistano*, de uma abóbora de proporções gigantescas colhida na chácara da Figueira. É emblemático que entre as exposições estivessem tanto aquelas que buscavam exaltar a modernidade paulistana e sua vocação industrial como aquela que demonstrava a permanência de características rurais na cidade. Esse dado indica a dualidade entre o rural e o urbano, o antigo e o moderno nessas primeiras décadas.

As *enchentes* estavam presentes em 6% das notícias entre 1890 e 1910. As tempestades eram retratadas pela imprensa como um evento que, por vezes, podia resultar na morte instantânea de cidadãos em função do aumento do nível das águas do rio Tamanduateí. As enchentes que resultavam das tempestades causavam uma série de problemas, sentidos nessa região não só por seus moradores, mas também por aqueles que por lá transitavam.

Os principais inconvenientes mencionados eram: suspensão e/ou atraso do trânsito de bondes e de automóveis (que faziam o trajeto entre o bairro do Brás e o centro da cidade) e de trens (que seguiam da estação do Norte para Santos); danos ao comércio e à indústria; alagamento de ruas e residências; queda de muros de taipa de pilão; remoção do calçamento das ruas e dos passeios públicos; perda da plantação de pequenas chácaras do entorno; estagnação de água, lama e lixo nas ruas e nos passeios públicos; entupimento da rede de esgotos; exalação de maus odores.

Ao contrário do que se verificou em parte das crônicas da primeira metade do século XIX, que difundiram um estereótipo positivo sobre a várzea do Carmo a partir da exaltação de sua natureza, a imprensa, durante as últimas décadas daquele século e as duas primeiras do século XX, encarregou-se de reverter esse discurso. Nas crônicas e nos artigos de periódicos, é justamente a condição natural que alimenta o estereótipo negativo da várzea do Carmo, descrita como matagal, foco de miasmas, doenças e inconvenientes, sobretudo durante o período das chuvas.

A predominância das temáticas *melhoramentos* e *concessão e utilização de terrenos públicos para fins comerciais e industriais*, presentes em mais da metade das notícias dessas primeiras décadas, permite afirmar que, para os que se manifestaram nos periódicos naquele período, a várzea do Carmo só se transformaria em um local atraente e de fato se incorporaria às terras da cidade após a promoção de uma série de melhoramentos, especialmente no que se refere ao seu saneamento e embelezamento. Esses grupos viam a região como um local potencialmente produtivo. Por outro lado, havia discordância desses grupos em relação ao uso previsto para o local: a utilização de seus recursos para fins industriais; a comercialização de seus lotes após a implantação de uma política de melhoramentos; a criação de equipamentos para educar as massas imigrantes operárias e seus filhos; a instalação de um parque público.

Essa imagem criada pela imprensa está em consonância com aquela observada nas representações visuais desse período. Seja textualmente, seja visualmente, constrói-se a ideia da várzea do Carmo como paisagem a ser modificada por meio de ações concebidas pelo poder público. A proposta de embelezamento e saneamento trazia embutida a criação de uma valorização do espaço e se opunha aos signos da cidade colonial, cuja várzea era um ícone. Durante o século XIX, o contato entre homem e natureza – esta moldada em parques e jardins públicos – era tido como necessário ao equilíbrio físico e mental do cidadão urbano. Por fim, a transformação da várzea do Carmo em espaço urbano produtivo atendia à nova perspectiva capitalista.

Durante as décadas de 1920 e 1930, predomina a temática *casos de polícia*, presente em pouco mais da metade das notícias. Em 80% desses casos, relatam-se acidentes e atropelamentos ocasionados pelos bondes, cujas principais vítimas eram crianças que brincavam nas ruas da região. Esse dado indica tanto um conflito na apropriação do espaço da rua – entre aqueles que faziam dela lugar de lazer e aqueles que por lá circulavam – como uma tensão entre máquina e corpo, em que esse último estava em evidente desvantagem, já que ainda pouco adaptado ao ritmo veloz da tecnologia. Entre os casos de polícia, há ainda registro de casos mais pitorescos, como o suicídio de uma tecelã pela ingestão de produtos químicos, uma briga de facas na rua 25 de Março envolvendo um menor de idade e um carroceiro, e o falecimento de um padeiro em função de um acidente no local de trabalho, na avenida Rangel Pestana.

A temática dos *melhoramentos* aparece na sequência, representada em 24% das notícias. É a mesma porcentagem detectada para os *divertimentos*. Nas décadas de 1920 e 1930, vê-se uma mudança no perfil da temática dos *melhoramentos*: ao contrário das décadas anteriores, em que predominavam as queixas e as propostas para o espaço da várzea do Carmo, agora os leitores eram informados sobre os projetos em execução e os acidentes com os trabalhadores engajados nas obras públicas em andamento. Para esse período, foi localizada uma única queixa, feita por um vereador contra a Light, solicitando que a empresa consertasse os trilhos dos bondes em mau estado.

Entre os *divertimentos*, predominam as notícias relativas ao corso carnavalesco do Brás (50%). A essas se seguem as reportagens sobre as exposições agrícolas e industriais no Palácio das Indústrias. Há ainda uma nota pontual sobre uma festa beneficente realizada no Teatro Colombo em prol das crianças vendedoras de jornais[50].

Ainda que o número reduzido de notícias pesquisadas nas décadas de 1920 e 1930 não torne possível delinear uma imagem construída pela imprensa sobre a várzea do Carmo, as suas temáticas permitem estabelecer relações com os padrões visuais detectados nas representações do período[51].

Na temática dos *melhoramentos*, predominam notícias que informam sobre os projetos em execução naquela região, entre os quais a proposta de uma nova iluminação para o parque encaminhada pela Light à Secretaria de Agricultura. Isso vai ao encontro dos padrões detectados nas imagens desse período, em que se afirma a consolidação do processo de transformação da várzea do Carmo em artefato pelo poder público. Ainda nesse sentido, é possível entender a alta porcentagem dos casos de polícia relatando acidentes com bondes – indicativa da modernização da região por meio da implantação de uma infraestrutura de transportes e, consequentemente, de uma grande afluência de transeuntes e moradores a esse espaço recém-incorporado à cidade.

O parque Dom Pedro II agregava valor aos imóveis instalados em seus arredores. Isso fica evidente em um anúncio que circulou na capa do jornal *O Estado de S. Paulo* em um domingo, 2 de fevereiro de 1930,

figura 2, p. 327

no qual se propagandeava o Palacete Nacim Schoueri. Além de quatro clichês registrando a ampla fachada do edifício (que rivalizava com o Martinelli, sendo o maior em área construída na cidade, enquanto o empreendimento do capitalista italiano era o maior em altura), há um texto interessante, que transcrevemos na sequência. Nele, aparecem em caixa alta apenas o nome do edifício, construído pelo capitalista sírio-libanês de mesmo nome, e do parque Dom Pedro II, alardeado como um magnífico panorama que assegurava ar puro aos futuros moradores do palacete (figura 2)[52].

> Situado no ponto mais central da cidade, a 3 minutos apenas da rua 15 de Novembro. De todas as dependências deste majestoso prédio se descortina um magnífico panorama, dominando-se inteiramente o incomparável PARQUE D. PEDRO II, o maior logradouro do Brasil. Edificado em lugar saudável, banhado pelo sol durante o dia inteiro, e onde se respira ar puro, o PALACETE NACIM SCHOUERI está naturalmente indicado para moradia das pessoas de bom gosto de todas as classes, particularmente do pessoal do commercio, que nos seus amplos e confortáveis apartamentos, de differentes tamanhos, mas todos igualmente dotados de acommodações modernas e perfeitas, sabe encontrar os elementos necessários para sua instalação em condições favorabilíssimas.
>
> O PALACETE NACIM SCHOUERI, que contém 54 apartamentos e 15 armazens, tem uma ampla frente, que dá toda para a Avenida Exterior, estendendo-se para o lado direito do PARQUE D. PEDRO II. Foi projetado e construído pelos engenheiros-construtores Chiappori & Lanza[53]. O maior edifício do Brasil construído especialmente para apartamentos.

Por fim, nas décadas de 1920 e 1930, verifica-se que o carnaval, o principal divertimento apontado pelas notícias, coincide com o evento mais registrado entre as fotografias da série *imagens produzidas a pedido de particulares.*

Durante as décadas de 1940 e 1950, a temática predominante na imprensa sobre a várzea do Carmo é o *urbanismo*, nomenclatura que passa a vigorar nesse período em substituição do termo "melhoramento", utilizado nas décadas anteriores. Ao contrário do que se verificou em relação ao período de 1890 a 1910, a maior parte das notícias não discute pontualmente propostas para o espaço da várzea, já transformada no parque Dom Pedro II. O local é citado nas reportagens que se propõem a discutir as novas políticas públicas para a cidade. O tratamento dado ao parque Dom Pedro II pela imprensa insere-se na nova lógica do urbanismo, que, nas décadas de 1940 e 1950, deixa de ser pensado a partir de intervenções pontuais em áreas centrais para se tornar um campo profissional e acadêmico que procurava antecipar e solucionar os problemas da cidade, levando em conta as relações estabelecidas entre o núcleo central e os bairros[54].

Nesse debate, polarizado entre os jornalistas e os urbanistas, os arquitetos e os engenheiros, a principal questão em foco era o transporte, debatido em quase 70% das notícias. Discutia-se a implantação do sistema do *metropolitano*, que, no projeto para seu trecho inicial, englobava áreas do parque Dom Pedro II próximas à rua da Figueira. Também se discutiam a construção de novas avenidas e o alargamento de ruas, ambos previstos pelo *Plano de Avenidas* de Francisco Prestes Maia. As obras que atingiam especificamente o parque eram a construção da avenida Radial Leste, dificultada pelo alto número de desapropriações que impôs durante a obra, e o alargamento da rua da Figueira, concluído em janeiro de 1954.

Enquanto a construção do metropolitano não era uma unanimidade – nem entre os jornalistas, nem entre os profissionais do urbanismo –, a construção da avenida Radial Leste era noticiada de forma eufórica, vista como solução para a ligação do centro aos bairros da região leste da cidade. Transcrevemos a seguir um pequeno trecho de uma notícia publicada no *Diário Popular* em maio de 1953, no qual se indica o traçado da nova avenida e a urgência de sua concretização:

Nas restrições recentes a obras municipais foram abertas exceções àquelas consideradas prementes. Estão neste caso a Radial Norte e a Radial Leste. Mas, conquanto a primeira seja relativamente de fácil conclusão, o mesmo não acontece com a Radial Leste, pelo vulto das desapropriações que exige. Foi esse mesmo o principal motivo por que, projetada há quinze anos, teve sua execução continuamente adiada. O vulto das indenizações é elevado. Além disso, não basta desapropriar, pois, mesmo quando há acordo entre as partes, em se tratando de prédio alugado, impõe-se esperar o despejo. Tem sido essa a principal razão da demora da artéria tão necessária.

A nova avenida desenvolve-se, no primeiro trecho, em zona densamente edificada no Braz, pois sai do parque Dom Pedro II. Segue pela rua Placidina, obrigando a desapropriar todo lado esquerdo, prosseguindo pela rua Pires do Rio até atingir a avenida Conde de Frontim. A parte de mais fácil execução é a que transpõe o antigo hipódromo, por ser propriedade municipal, que está sendo transformado em parque e onde haverá um estádio distrital.

Há, no entanto, um trecho de fácil execução e que consiste no prosseguimento da avenida Conde de Frontim até a Quarta Parada. Quando a Central do Brasil construiu o ramal de Poá, deixou duas faixas marginais. Durante anos não foram convenientemente aproveitadas. Só em 1936, uma das faixas foi pavimentada, a título precário. Desde logo permitiu o descongestionamento do tráfego da Vila Matilde para Vila Formosa. O movimento tornou-se intenso, pois os veículos que demandaram aquele bairro passaram a utilizar aquela via. No entanto, só a conclusão do projeto permitirá acesso fácil a toda zona leste, motivo pelo qual vem sendo considerado urgente.

figura 3, p. 328

Algumas reportagens que tratam da questão da pavimentação de ruas e de avenidas trazem fotografias. Os aspectos formais e icônicos notados nessas imagens transmitem a sensação de que o poder público estaria em plena atividade para melhorar e aliviar a questão dos transportes, eleita como preocupação central naquele momento. É o caso da figura 3, publicada em março de 1940 no *Diário Popular*: o enquadramento, sob ponto de vista diagonal, bem como a presença de trabalhadores e o calçamento removido em área significativa da fotografia conferem dinamismo ao registro. O próprio verbo no título da reportagem, "Estão sendo ultimadas as obras da Rua Glycerio", conjugado no presente, reforça o aspecto dinâmico da fotografia.

A segunda questão mais debatida à época dentro da temática do *urbanismo* (15% das notícias) é a organização de planos para a cidade e a necessidade da elaboração de um Plano Diretor. O parque Dom Pedro II surgia superficialmente nesse debate, já que, nas propostas organizadas por Prestes Maia, que defendia o crescimento e a expansão ilimitada da metrópole, o parque cederia parte de sua área para a expansão viária. Há uma única proposta que se dedica exaustivamente à reformulação daquela região, elaborada pelo arquiteto Flávio de Carvalho[55]. Transcrevemos a seguir parte dessa proposta, publicada em setembro de 1940 no *Diário da Noite*:

> Recentemente a Prefeitura abriu um concurso de projetos para o futuro Paço Municipal e, entre os projetos mais originais que foram apresentados, estava o do arquiteto paulista Flávio de Carvalho, conhecido pelas suas ideias inovadoras e audaciosas. Se não nos enganamos, foi o único que abordou o problema da urbanização dos arredores do Paço Municipal, que será construído na Esplanada do Carmo.
>
> *Pormenores do Campo de Aviação Secreto*
> No seu plano, esclarece o engenheiro Flávio de Carvalho que esse campo de pouso seria constituído pela extensão livre situada em frente ao Palácio das Indústrias, de onde os aparelhos seriam levados através da R. 25 de Março, e, por elevadores, ao aeródromo. Esta extensão livre, nos períodos de paz, seria utilizada como *playground*. Dessa maneira, assegura o autor, seria resolvido satisfatória e definitivamente o problema urbanístico-estético de toda colina central. E forneceria, ainda, por intermédio de duas esplanadas em nível uma vista altamente expressiva e saudável do bairro industrial, desde a atual várzea do Carmo.
>
> *Para descortinar todo bairro industrial do Braz*
> Sugeriu ainda que, para atender a necessidade de aproveitar as possibilidades estéticas da cidade, oferecendo uma vista suave e de grande beleza sobre o bairro industrial, fossem demolidos os prédios entre as ruas Boa Vista e 15 de Novembro, como também

os edifícios erguidos entre a rua Florêncio de Abreu e a rua 25 de Março e, mais, os prédios que dão para a várzea do Carmo. O centro da cidade, assim, ficaria com uma grande esplanada de cerca de 1.400 m de comprimento. Sob a rua Florêncio de Abreu seriam construídos também depósitos, garagens e pontos de estacionamento, tudo com saída para a R. 25 de Março.

A remodelação do parque Pedro II

De acordo com as ideias do Sr. Flávio de Carvalho, o parque Pedro II seria transformado numa grande praça com dez edifícios públicos ou de utilidade pública, em forma de torres cilíndricas dispostas circularmente. Os edifícios públicos seriam os seguintes: Delegacia Fiscal, Correios e Telégrafos, Caixa Econômica Estadual, Departamento Estadual do Trabalho, Recebedoria de Rendas, Federação das Indústrias, Associação Comercial, Conselho de Expansão Econômica e Departamento de Saúde. Circundando estes edifícios, seriam construídos maciços de vegetação alta (ipês etc.) com duas vias especiais para equitação. O espaço entre a praça e o Palácio das Indústrias seria um *playground* público que, nos casos de emergência, seria usado como um pequeno aeroporto de aviões de caça[56].

Numa primeira leitura desse artigo, o que salta aos olhos é a proposta de construção de um campo de aviação secreto defronte ao Palácio das Indústrias, questão que deve ser relacionada ao calor dos acontecimentos da Segunda Guerra Mundial. O mais surpreendente dessa proposta é a valorização da região do parque Dom Pedro II, que, transformada em esplanada, abrigaria os edifícios públicos mais relevantes da cidade.

A proposta de demolição dos prédios da colina para garantir visibilidade ao bairro do Brás, com suas indústrias, e ao parque Dom Pedro II, com suas áreas verdes, edifícios públicos e *playground*, ia na contramão da tendência detectada nas representações visuais desse período, sistematizadas no capítulo anterior, nas quais o parque Dom Pedro II aparecia como espaço de observatório e ornamento da metrópole, sintetizada nos arranha-céus da colina central. Certamente a proposta elaborada

figura 4, p. 328

figura 5, p. 328

por Flávio de Carvalho soava ousada para a época, como deixa transparecer o jornalista do *Diário da Noite*.

Na sequência, entre as temáticas do *urbanismo*, aparece a construção de novas edificações públicas no parque Dom Pedro II (9% das notícias), especialmente a construção do edifício da Secretaria da Fazenda na esplanada do Carmo e a construção de um novo Paço Municipal em frente ao novo edifício da Fazenda. A construção do Paço Municipal não foi concretizada em função do alto custo, embora tenha havido demolições no local e o projeto do edifício, de autoria do escritório de arquitetura Severo e Villares, tenha sido aprovado (figura 4).

Ainda na temática do *urbanismo*, 6% das notícias da época tratam das consequências da ocupação da região da várzea do Carmo para a saúde pública dos habitantes da cidade. São abordadas questões como a poluição do rio Tamanduateí, decorrente do despejo de resíduos industriais, e a existência de habitações coletivas pouco higiênicas na região do parque Dom Pedro II.

Há uma queixa pontual direcionada à Light: dizia respeito ao racionamento de energia que afetava os comerciantes da Ladeira Porto Geral, em 1940. Já em 1953, a cidade sofreu constantes cortes de energia devido à forte estiagem; note-se que a ampliação do sistema hidrelétrico não estava concluída[57].

As *enchentes* também foram tema de 6% das notícias sobre a várzea do Carmo das décadas de 1940 e 1950. As reportagens eram acompanhadas por fotografias que denunciavam os inconvenientes desse fenômeno, que continuava a causar prejuízos materiais, mesmo após a concretização do projeto do parque Dom Pedro II e a instalação de equipamentos públicos higiênicos em seus arredores ao longo das décadas de 1920 e 1930. Na figura 5, vê-se o Mercado Municipal ilhado pelas águas do Tamanduateí, que havia transbordado em função de um temporal de verão. Os elementos figurativos da fotografia acentuam o problema das inundações: contrapõe-se o quadrante superior, preenchido quase totalmente pela edificação do mercado, ao quadrante inferior, repleto de água, com poucos elementos móveis que se arriscavam a cruzá--la, um caminhão à esquerda e dois transeuntes com os pés submersos. Essa fotografia foi publicada no jornal *A Gazeta*, em fevereiro de 1940, em uma reportagem intitulada "A violência do temporal causou muitos estragos na Capital", na qual se enumeram os prejuízos decorrentes da enchente não só na região da antiga várzea do Carmo, mas ao longo de todo trecho do rio Tamanduateí, margeado pela avenida do Estado.

Por fim, menos frequentes entre as temáticas presentes nas notícias veiculadas pela imprensa daquele período, estão os *divertimentos*[58] e os *casos de polícia*, especificamente um atropelamento de mãe e filha por um bonde – há também uma crônica saudosista cujo personagem central, um idoso, lembra-se da várzea do Carmo como uma ampla área natural, com sua grande figueira e com o esgoto, transportado em barris, sendo despejado no rio Tamanduateí, nas proximidades do antigo quartel, fato que pode ser surpreendente para aqueles que viviam na cidade dos arranha-céus[59].

A predominância da temática do *urbanismo* entre as reportagens das décadas de 1940 e 1950, mais especificamente a questão dos transportes, evidencia alguns pontos: sua prioridade para a cidade à época, na visão dos jornalistas, formadores da opinião pública; e a opção pela lógica da dispersão da cidade e da conexão dessas novas áreas por meio das vias de transporte. No cenário delineado pela imprensa, não havia espaço para o parque Dom Pedro II. Se fosse necessário destruí-lo para garantir o crescimento da metrópole e a circulação de mercadorias, jornalistas e urbanistas clamariam em coro por sua desestruturação. Afinal, São Paulo não podia parar.

Os padrões visuais de representação da várzea do Carmo nas décadas de 1940 e 1950 detectados no capítulo anterior deixam vislumbrar a tensão entre homem e natureza na representação do parque Dom Pedro II como um ornamento da metrópole. Por outro lado, na imagem construída textualmente e visualmente pela imprensa, não há conflito, uma vez que o tom da maior parte das reportagens naturaliza esse processo de modernização da cidade, principalmente pela substituição de áreas do parque Dom Pedro II por novas vias de transporte. Tanto nas fotografias quanto nas reportagens, ocorre um esvaziamento dos conteúdos políticos e sociais das ações sobre a cidade. O tempo assume o papel de agente de transformação do espaço urbano, no lugar de grupos sociais, do Estado, de empresas públicas e privadas[60]. O tom eufórico utilizado pela imprensa para exaltar as transformações pelas quais passava a cidade constrói uma narrativa, uma imagem teleológica associada à noção de progresso. Dito em outras palavras, desde o final do século XIX, a imprensa consolida-se como o agente discursivo responsável por direcionar o olhar que naturaliza a imagem daquela região em transformação, seja de várzea em parque, seja de parque em vias de transporte.

Na década de 1960, a temática predominante nas notícias publicadas nos jornais é o *urbanismo* (33% das notícias). Novamente, como nas décadas anteriores, é priorizada a questão dos transportes, presente em 41% das reportagens. No entanto, é interessante o fato de nessa década não haver notícias sobre o metropolitano: as questões centrais eram o fluxo de coletivos no parque Dom Pedro II e nas imediações e as soluções implantadas em caráter de teste para desafogar o tráfego dos demais veículos. Em contrapartida, foi identificado um único registro fotográfico de congestionamento, acompanhado da seguinte legenda: "Carros, ônibus e caminhões confundem-se com os pedestres no parque Dom Pedro II". A opção pelo enquadramento a partir de uma perspectiva diagonal denota o dinamismo da região, na qual transitam inúmeros pedestres, não só nas áreas a eles destinadas – como a faixa de pedestre enquadrada no primeiro plano, à esquerda –, mas também em meio aos automóveis, ônibus e caminhões que ocupam todo último plano da imagem. A densa cobertura vegetal do parque Dom Pedro II, fotografado no ano de 1967, contrasta com o burburinho das ruas onde se acumulam os elementos móveis. O teor das reportagens e os descritores formais da fotografia já indicavam que não haveria lugar para as áreas verdes do parque urbano, que seriam substituídas pelas vias em prol da circulação de pessoas, veículos e, em última instância, mercadorias.

No que tange à questão dos transportes, são debatidas as mudanças de sentido de ruas e de localização de pontos de ônibus. Nesses debates, nunca há um consenso entre os jornalistas e os demais que se manifestavam na imprensa (comerciantes, caminhoneiros e até mesmo o próprio prefeito em exercício) sobre o benefício dessas iniciativas. Porém, as críticas são sempre amenizadas, já que o prefeito Faria Lima tentava solucionar definitivamente o problema dos transportes com a construção de um sistema de viadutos e o alargamento de ruas nas proximidades do parque urbano, segundo os jornalistas. Essas obras estão presentes em 22% das notícias da época sobre a região.

Os títulos das notícias naturalizam o processo de substituição do parque urbano, com a construção de cinco viadutos no local, e não colocam em xeque a perda das áreas verdes de lazer. Ao contrário, alardeia-se: "Novo parque Dom Pedro II surgirá da principal obra"[61], "Reforma total do parque Dom Pedro II"[62], ou justifica-se o novo cenário: "Obras, o grande cenário de 1969"[63]. Nessa última reportagem, o jornalista procura justificar a substituição do "abandonado parque Dom Pedro II" por obras do grande sistema de cinco viadutos que passarão sobre ele: "tudo ficará ligado, centro e bairros, e até o ABC". Em outro trecho da mesma reportagem, ele chega a afirmar que finalmente o logradouro seria merecedor do nome que carrega, o do monarca ilustrado, que, em sua opinião, seria o precursor da modernidade no país: "O Parque, em si, deverá ter também, até o fim do ano, uma fisionomia digna do nome que agora desgostosamente carrega. Dentro dele haverá nove quilômetros de ruas com 130 mil metros quadrados de pavimentação. O canal do Tamanduateí será totalmente retificado".

Outras intervenções pontuais no parque Dom Pedro II foram detectadas nas notícias, a saber: criação de bolsões de estacionamento (7%), mudanças na ocupação do edifício do Palácio das Indústrias (7%) – nesse período, denominado "Palácio 9 de Julho"[64] –, ajuste de áreas gramadas ao redor da Assembleia Legislativa (4%), redução de buracos e pavimentação de vias (4%) e obras no leito do Tamanduateí (4%). As obras no leito do rio buscavam alargar e aprofundar sua calha, a fim de amenizar os alagamentos. É curioso o fato de que, apesar de as *enchentes* não estarem entre o maior número de reportagens constatadas no período, representando apenas 4% dos textos, são os eventos que merecem a maior quantidade de fotografias. Em contrapartida, detectou-se um único registro das obras no leito do rio (figura 6), acompanhado da legenda: "Ao longo do rio Tamanduateí, sucedem-se importantes obras". Os descritores icônicos e formais presentes no registro indicam que as obras não impediam a continuidade das intensas atividades comerciais na região: a linha horizontal do pontilhão, sobre o qual trafegam ônibus e automóveis, disposta no primeiro plano, ameniza o impacto visual do grande canteiro de obras em que a área havia se transformado. Isso é evidenciado pelas estruturas metálicas, à esquerda da imagem, no último plano, e pelo acúmulo de pedras nas margens do rio. Os atributos

figura 6, p. 329

mobilizados nessa imagem vão ao encontro da ideia de dinamismo detectada nos registros encomendados pelo poder público, como constado no primeiro capítulo. Mais uma vez, percebe-se a imprensa como um difusor do ideário do poder público sobre a região, que é retratada como um intenso campo de obras no processo de domesticação da natureza desde o final do século XIX.

Sobre melhoramentos para a região, constam ainda três artigos que discutem as áreas verdes da cidade. Um deles, intitulado "Nova concepção de belezas nos jardins internos"[65], estimula a construção de jardins no interior de residências a fim de assegurar o conforto necessário ao morador de grandes centros industriais, carentes de espaços públicos. Sobre o parque Dom Pedro II, por exemplo, alegava ser ele frequentado por pessoas de idoneidade duvidosa. O artigo termina exaltando dois projetos do arquiteto Rino Levi em que foram construídos jardins particulares[66]. Nos outros dois artigos, discute-se a preocupação com as áreas verdes abandonadas do parque Dom Pedro II. Naquele assinado por Rodolfo Ricardo Geiser[67] e publicado no suplemento agrícola do jornal *O Estado de S. Paulo* sob o título "Situação de um parque paulista"[68], constata-se o abandono do parque: situado numa das áreas de maior densidade demográfica da metrópole, tinha os caminhos quase todos estragados, inexistiam ali canteiros, tinha o gramado descuidado e as árvores doentes e maltratadas. O artigo sugeria que se fizesse um levantamento cuidadoso das espécies vegetais (tratadas como patrimônio de valor inestimável, cujo desenvolvimento levara várias décadas), de sua alocação na área e de seu respectivo estado sanitário, a fim de determinar a preservação dos exemplares sadios, identificar os possíveis de recuperação e os doentes que deviam ser eliminados. Já no artigo intitulado "Desumanização da cidade"[69], é realizada uma crítica à gestão municipal, que mantinha as áreas verdes da cidade – entre as quais o parque Dom Pedro II – em situação de abandono. Para argumentar sobre a importância das áreas verdes para o desenvolvimento de metrópoles, o autor, não identificado, traz à tona o exemplo da cidade de Berlim, na Alemanha, que, depois de arrasada durante a Segunda Guerra Mundial, priorizou em sua reconstrução o sistema de parques e áreas verdes, entendidos como "fundamentais para as crianças dos apartamentos rasgados na cidade brincarem". Por outro lado, o autor constata que em São

Paulo eram feitos quilômetros de pedra e cal, de guias de sarjetas, de paralelepípedos e de asfalto. Dessa forma, conclui, restava ao paulistano trancar-se em casa; àqueles que dispunham de recursos, evadir-se para o Guarujá aos finais de semana.

Na década de 1960, os *casos de polícia* estão em segundo lugar entre as temáticas mais abordadas sobre o parque Dom Pedro II, presentes em 25% das notícias. Detectaram-se os seguintes ocorridos: assaltos/furtos (29% dos casos), atropelamentos (14%), pessoas baleadas/esfaqueadas (14%), notas de falecimento (9%) e homicídios (9%)[70], além de afogamentos no rio Tamanduateí, queda de indivíduo de bonde, atentado à Assembleia Legislativa[71] e reclamações contra o barulho produzido pelos alunos do Colégio Estadual São Paulo.

Os atropelamentos noticiados, diferentemente do período entre as décadas de 1890 e 1910, quando eram causados principalmente por bondes, agora eram todos causados por veículos sobre pneus (automóveis, ambulâncias e ônibus). Com exceção do socorrista de uma ambulância, todos os demais evadiram-se do local após o ocorrido. Os furtos e assaltos tinham como vítimas os transeuntes do parque Dom Pedro II, aqueles que lá desempenhavam atividades informais, os motoristas de táxis presos em engarrafamentos[72] e as casas comerciais do entorno do parque.

Nas notícias de pessoas baleadas e esfaqueadas, raramente se forneciam informações mais aprofundadas sobre vítimas e agressores[73]. A imagem do parque Dom Pedro II como local em que circulavam tipos perigosos não se materializa em nenhum registro fotográfico, embora tenha se celebrizado pelas mãos do cronista João Antônio, que em seus contos apresenta a região e suas imediações como ponto povoado por malandros que praticavam as mais diversas "virações" para sobreviver.

Ainda entre as notícias da década de 1960, estão presentes os seguintes assuntos: *anúncios/publicidade* (15%), *divertimentos/solenidades públicas* (13%), *questões de saúde pública* (2%)[74] e *educação* (1%)[75]. Nesse período, os anúncios (67% deles) são especialmente dedicados ao aluguel ou à venda de imóveis de uso residencial, comercial e industrial. Em um, anuncia-se a transferência de locação de um escritório com 145 m² e uma "maravilhosa vista para o parque Dom Pedro II", localizado entre as ruas Boa Vista e XV de Novembro. A publicação data de julho de 1969[76], momento em que já estavam em curso as obras do complexo viário no parque Dom Pedro II, o que torna curiosa a tentativa de agregar valor ao imóvel mencionando a vista para o parque. Essa lógica certamente está mais alinhada com décadas anteriores, como, por exemplo, a década de 1930, quando o proprietário do edifício de uso misto Palacete Nacim Schoueri utilizou estratégia similar no anúncio publicado na capa do mesmo periódico.

O principal local em que se realizavam festividades e atividades, consideradas na categoria *divertimentos/solenidades públicas*, é a Escola Estadual São Paulo (46% dos casos). Ali houve uma grande variedade de eventos, entre os quais se destacaram a temporada da peça *O pagador de promessas*, de autoria de Dias Gomes, encenada pela companhia Os Entusiastas no teatro da escola, a celebração dos 70 anos do antigo Ginásio do Estado de São Paulo (atual Escola Estadual São Paulo), quando houve sessões solenes no anfiteatro e espetáculos artísticos organizados por alunos, festas de celebração da Páscoa, e ate a inauguração de um busto, executado pelo escultor Luiz Morroni[77], em homenagem a um antigo diretor da escola. O protagonismo dessa instituição se nota em sua ampla predominância nas imagens feitas a pedido de particulares no mesmo período.

Também se registraram festividades militares, anunciadas na imprensa, mas restritas aos oficiais do quartel instalado na porção sudeste do parque Dom Pedro II, e as festas religiosas, carreatas que partiam do parque urbano rumo à zona leste[78]. Entre os registros de imagens relacionadas às solenidades públicas, destacam-se a inauguração de uma placa em bronze em homenagem ao escritor Alcântara Machado na avenida homônima, na confluência com o parque Dom Pedro II, e uma festividade cívica que reuniu uma multidão de 5 mil pessoas entre civis e militares na esplanada do Palácio 9 de Julho para condecorar personalidades – civis, militares, filhos e viúvas de ex-combatentes e diversas entidades paulistanas – em razão do 31º aniversário do Movimento Constitucionalista no ano de 1963.

Finalmente, as *enchentes* aparecem em apenas 4% das notícias na década de 1960, embora sejam os eventos mais fotografados pela imprensa – clicados em 40% dos registros. Provavelmente isso se deva à própria tradição criada pelos periódicos, que, desde a década de 1890, encarregavam-se de noticiar pormenores dos inconvenientes e até mesmo das mortes ocasionadas pelas chuvas que sempre castigaram a região da várzea do Carmo. As enchentes ocorridas em janeiro de 1965 foram especialmente registradas em fotografias, em uma reportagem intitulada "As chuvas convulsionaram a cidade"[79]. No texto, são enumerados os transtornos e prejuízos causados à metrópole em razão da chuva intensa que iniciara às três horas da madrugada e se estendera até às três horas da tarde. Das cinco fotografias publicadas na reportagem, três são da região do parque Dom Pedro II[80].

Na primeira imagem, registra-se o intenso trabalho dos bombeiros, que se valeram de barcos para socorrer transeuntes, comerciantes e moradores na região do Mercado Municipal. O próprio formato dessa fotografia (retângulo vertical) amplia a sensação de dinamismo com que se registram, nas imediações do mercado, os oficiais do Corpo de Bombeiros, em trajes de banho e capacete, empurrando uma pequena embarcação utilizada para o resgate daqueles apanhados pela cheia do rio Tamanduateí. No último plano da imagem, a presença de um caminhão, cujas rodas foram ultrapassadas em mais da metade pelas águas, e de moradores curiosos na varanda de uma edificação, cujo piso térreo é ocupado por uma cooperativa agrícola, aumenta a dramaticidade da cena. Na mesma reportagem, menciona-se o salvamento de um "indigente paralítico" arrastado pela correnteza na zona do mercado – o Corpo de Bombeiros mobilizou para a tarefa seu veículo pesado batizado de "Faz tudo", e o ato heroico desses profissionais também mereceu uma fotografia. O último dos registros é uma vista aérea com a seguinte legenda: "Desta vez, o rio Tamanduateí ultrapassou as margens, inundando o parque Dom Pedro II". Nessa tomada, feita a partir de uma perspectiva diagonal, no primeiro plano, aparece o complexo da Escola Estadual São Paulo alagado, bem como as avenidas do Estado, na extremidade do primeiro plano à direita, e Rangel Pestana, no plano central à direita.

Tanto os descritores formais presentes nas fotografias quanto as iniciativas tomadas pelas autoridades nas três instâncias da esfera pública para amenizar os transtornos ocasionados pela chuva[81] não deixam dúvidas de que os alagamentos eram vistos pelas lentes da imprensa como uma questão urgente de saúde pública.

Nas décadas de 1940 e 1950, tanto nos registros fotográficos que circularam nos cartões-postais e nos periódicos quanto nas próprias notícias, estava latente o conflito entre homem e natureza (ainda que fosse uma natureza "organizada" pelo homem). Já na década de 1960, ratifica-se a imagem do parque urbano como uma sinédoque dos conflitos metropolitanos, ou seja, como um local em que se acumulavam os principais problemas advindos do rápido processo de metropolização (congestionamentos, enchentes e presença de tipos urbanos marginalizados, como ladrões e mendigos). A intensa disputa por espaço, seja entre grupos sociais distintos, seja pela sobreposição de atividades industriais, comerciais, residenciais, de lazer e de transporte era obliterada pela imprensa, que tratava de noticiar em tom otimista as transformações pelas quais a cidade passava – especificamente o parque Dom Pedro II –, como parte de uma narrativa teleológica embutida da concepção do progresso incansável da metrópole.

A iconografia da várzea do Carmo no acervo do Museu Paulista

Onze pinturas a óleo sobre tela representam a várzea do Carmo no acervo do Museu Paulista. Apenas as de Almeida Júnior[82], *Ponte da Tabatinguera* e *Paisagem fluvial*, não estão mais sob a salvaguarda dessa instituição: em 1911, integraram o lote de obras transferido para a constituição da Pinacoteca do Estado de São Paulo.

A maioria das pinturas desse conjunto foi confeccionada durante a gestão de Affonso d'Escragnolle Taunay[83] como diretor do Museu Paulista da Universidade de São Paulo (1917-1945). Exceções a essa regra são as pinturas de Almeida Júnior, anteriormente mencionadas, e a de Benedito Calixto[84], *Inundação da várzea do Carmo em 1892*.

A tela monumental de Benedito Calixto, de 125 × 400 cm, provavelmente é o registro iconográfico mais difundido sobre a várzea do Carmo (figura 7). A tomada proposta pelo pintor é a de um olho totalizador que dá conta de toda a extensão da várzea alagada, desde as casinhas (representadas à esquerda na tela), do final da rua João Alfredo, atual General Carneiro, até o aterrado do Gasômetro (à direita). Esse olho totalizador, possível na técnica da pintura, escapa ao olho humano. Alguém que observasse a várzea do Carmo do alto do planalto de Piratininga não

figura 7, pp. 330-1

conseguiria ter essa visão de olho de peixe, de 180 graus. O efeito obtido pelo pintor só foi alcançado pelo homem com o uso de próteses – ou seja, as lentes das máquinas fotográficas. Vale dizer que Benedito Calixto passou a utilizar uma máquina fotográfica para auxiliá-lo na elaboração de pinturas quando retornou de seus estudos em Paris.

A tela se organiza claramente em dois quadrantes de proporções equivalentes, delimitados pela linha do horizonte. O quadrante superior é tomado pelo céu azul com nuvens brancas; à esquerda, há algumas montanhas cobertas por vegetação e, à direita, no topo do planalto, um casario de dois andares. É no quadrante inferior que se acumulam os descritores da imagem. Ao longo de todo o primeiro plano desse quadrante, há uma densa cobertura vegetal. No plano intermediário, à esquerda, emoldurado pelas casinhas da rua João Alfredo e pelo telhado de uma construção, destaca-se o Mercado Municipal. No centro desse plano, telhados de construções coloridas e edificações com mais de dois andares. Ainda nesse plano, à direita, mais construções em meio à vegetação verde-escura. No último plano do quadrante inferior, à esquerda, destaca-se a fumaça da chaminé de uma fábrica, seguida por uma área alagada cortada por um caminho de terra diagonal em que circula um bonde puxado por burros. Na área central desse plano, novas áreas alagadas em que pululam as chaminés de fábricas, representadas na mesma proporção das árvores; à direita, um caminho de terra diagonal corta áreas alagadas; em uma das extremidades desse caminho, vê-se o balão de gás da companhia inglesa.

A forma pela qual estão dispostos os elementos figurativos da imagem ao longo dos planos dá a impressão de que a inundação da várzea do Carmo é um evento controlado, que não interfere na realização das atividades produtivas ali desenvolvidas (e bem representadas na pintura): o trânsito dos bondes prossegue nos caminhos diagonais de terra; no Mercado Municipal, as charretes, os cavalos ao seu redor e as pessoas que por lá circulam mostram que a atividade comercial continua; a fumaça das chaminés indica que as fábricas estão a todo vapor.

Essa visão plástica da enchente, organizada por Benedito Calixto, opõe-se às notícias de jornais que circularam em março de 1892 sobre os transtornos causados pelas cheias do Tamanduateí. Transcreve-se a seguir parte de uma reportagem publicada no *Correio Paulistano*, curiosamente ao lado de uma nota que informava a exibição de um trabalho desse pintor em sua sede:

Anteontem amanheceu o céu claro e desanuviado; até as quatro horas da tarde o dia correu sereno, banhado pela luz de um sol ardente, prenúncio de chuva. Dessa hora em diante as nuvens estenderam-se negrejantes pelo céu, toldando-o inteiramente. Ao escurecer, precedida por consecutivos relâmpagos, começou a chuva, que durou a noite toda, com pequenas intercadências, e quase sempre torrencial.

O Tamanduateí, já cheio, transbordou alagando a várzea do Carmo, para onde escoam as enxurradas de uma parte alta da cidade, as quais descem por todas as ladeiras que vão à rua 25 de Março. A várzea recebeu também as águas do Braz, Imigração e outros bairros.

A parte que se interpõe da rua de Santa Rosa à rua 25 de Março parecia uma lagoa, d'onde emergiam, como florejantes ilhotas, algumas das árvores mais altas. Os dois aterros, vistos de longe, pareciam como que pontes lançadas quase à flor d'água.

As ruas de Santa Rosa e outras circunvizinhas estão inundadas, atingindo as águas, em certos pontos a dois metros de altura, invadindo as casas e alagando-as completamente. Aí pereceram afogados uma infeliz criança e um adulto cujos óbitos foram verificados por algumas autoridades que ali se achavam.

Em frente à estação inglesa, no Braz, a água cobriu completamente a linha, prolongando-se essa inundação por todo o leito da estrada até onde alcança a vista. As ruas perpendiculares à do Braz, do lado da Mooca, também foram inundadas, sendo aí quase impossível o trânsito de moradores.

A estação do Norte e suas dependências foram invadidas pelas águas que vinham da Mooca, havendo dentro da estação mais de 80 centímetros d'água, que chegava até o vigamento da plataforma.

As pessoas que para ali tinham necessidade de ir haviam de sujeitar-se a andar nas costas de carregadores ou dentro de altas carroças.

Do gradil que existe na rua Florêncio de Abreu se aprecia o interessante panorama da várzea inundada e se veem ao fundo, do lado esquerdo, as casas da rua de Santa Rosa surgindo como de dentro de uma lagoa.

A rua Glycerio está na sua maior parte coberta por água e por este caminho ficou intransitável o trânsito de bondes para o Cambucy. As ruas Caetano Pinto, Carneiro Leão e Visconde de Parnahyba foram também invadidas pela enchente, bem como toda a rua Piratininga e todas as travessas da vila Rodovalho e toda parte baixa do bairro do Cambucy.

Na rua Piratininga, prestaram relevantes serviços aos habitantes do lugar o Sr. Pedro Toledo, Manoel José Gonçalves, Anibal do Valle, Joaquim José Rodrigues, Fernando Coutinho, Hermenegildo de Oliveira, Francisco Cardoso de Andrade, os guardas Procópio Antonio e José Francisco, bem como o pessoal da farmácia do Norte.

Depois de terem prestado todos os socorros que o estado lastimoso do lugar exigia, dirigiram-se esses cidadãos à rua Caetano Pinto, sendo nessa ocasião acompanhados pelo tenente Luiz de Souza Gonçalves, comandante da estação do Braz.

Nessa rua, infelizmente, encontraram resistência por parte de alguns italianos, sendo preciso empregar a força para salvá-los.

O dr. Pedro Toledo ficou ligeiramente contundido em uma das mãos, os outros cidadãos nada sofreram, conseguindo entretanto, pôr a seguro aqueles que pediam e recusavam socorro.

O estado em que se acha quase todo o bairro do Braz e Mooca é tristíssimo. As ruas estão quase inutilizadas, as linhas de bondes atulhadas de pedras, os quintais alagados, tendo desabado grande parte dos muros na rua Piratininga e outras circunvizinhas.

O trânsito está interrompido e todas as construções paradas, devido aos estragos que sofreram. [...] As cocheiras Rodovalho, na rua da Mooca, as casas Lacerda, viúva Osorio e outras ficaram dentro d'água, e a rua da Mooca tornou-se intransitável. A rua Piratininga ficou-se intransitável e transformada em rio. A Parada I, da linha do Norte, ficou coberta de água e aí desabou uma casa sendo ferido um espanhol morador da mesma.

Nas proximidades do armazém Lupton, no Braz, há várias casas caídas. Os trens da estação do Norte e para Santos deixaram de seguir.

Na rua Ouro Preto, no Lavapés, caíram alguns muros e a rua da Cruz Branca ficou coberta d'água. Na rua da Boa Vista abateu um barranco no fundo do Theatro Minerva, danificando casas da Rua João Alfredo.

Ainda que em alguns trechos da reportagem haja elementos que poderiam ser utilizados para interpretar a enchente como constituinte da paisagem – por exemplo, quando se refere às imediações das ruas Santa Rosa e 25 de Março como uma lagoa com ilhotas –, a longa lista de inconvenientes demonstra que a enchente era um transtorno para aqueles que moravam, trabalhavam e transitavam na região.

Ao contrário do que se vê na tela de Benedito Calixto, o trânsito de trens e de bondes naquela região foi interrompido pela inundação. Além disso, casas foram invadidas pela água, paredes de taipa desabaram, pessoas se feriram e duas faleceram. Houve confrontos entre representantes do poder público e os imigrantes que tinham suas casas levadas pela enxurrada na rua Caetano Pinto.

Assim como nas crônicas, vê-se que o distanciamento do autor em relação ao seu objeto é um fator importante na construção de um estereótipo positivo da várzea do Carmo. Nesse caso, o distanciamento de Benedito Calixto com relação à cena retratada lhe permite a fruição da várzea alagada como um interessante *panorama*, termo utilizado pelo jornalista para descrever o ocorrido do alto do gradil da rua Florêncio de Abreu. Essa visão panorâmica do pintor o coloca em uma condição equivalente à de *voyeur* de Michel de Certeau. É justamente essa posição que lhe permite esquecer os transtornos causados às atividades cotidianas dos habitantes da Várzea, que foram elencadas pelo jornalista por ser este um praticante do espaço.

Das telas confeccionadas sob a gestão de Affonso Taunay, seis foram produzidas na década de 1920: *Várzea do Carmo e rio Tamanduateí em 1858*, de José Wasth Rodrigues[85]; *Convento e várzea do Carmo em 1870*, de Graciliano Xavier[86]; *Antiga várzea do Carmo*, de João Ferreira Teixeira[87]; *Ponte do Carmo em 1870*, de Juarez Silveira; *Ponte do Carmo sob o Tamanduateí em 1830*, de Enrico Vio[88]; e *Ladeira do Carmo em 1820*, de Augusto Luíz de Freitas[89]. O restante das telas foi produzido na década de 1940: *Panorama de São Paulo em 1827*, de José Canella Filho[90]; *Panorama de São Paulo em 1870* e *Tríptico de São Paulo, visto da várzea do Carmo em 1941*, ambas de Henrique Manzo[91].

A intensa incorporação ao acervo do Museu Paulista na década de 1920 de telas que retratam a várzea do Carmo pode ser explicada por dois fatores: o projeto de Taunay para transformação da instituição em um museu de história de São Paulo e a contemporânea transformação da várzea do Carmo no parque Dom Pedro II.

Em 1917, Affonso D'Escragnolle Taunay tornou-se diretor do Museu Paulista. Embora formado em engenharia civil, quando assumiu a direção do museu já era um historiador consagrado, membro do Instituto Histórico e Geográfico de São Paulo e autor de títulos sobre viajantes europeus, sobre a missão francesa e sobre o Segundo Reinado. A trajetória pessoal do novo diretor influenciou o perfil dado ao museu. A instituição, nascida como um museu de caráter enciclopédico no qual se privilegiava o saber científico, transformou-se em um museu histórico, em que foram valorizadas as artes plásticas, sobretudo a pintura[92].

Na gestão Taunay, o edifício-monumento foi valorizado a partir da implantação de um programa decorativo que visava celebrar o centenário da Independência do Brasil, comemorado em 1922. Esse projeto de caráter político-ideológico valeu-se de um extenso repertório visual, utilizado com objetivo pedagógico, para criação de uma identidade paulista. Entendia-se que os paulistas foram responsáveis pela configuração e pela consolidação do território nacional.

No caso da várzea do Carmo, há dois registros emblemáticos para análise da mobilização de imagens pelo diretor do Museu Paulista a fim de construir uma iconografia da antiga cidade de São Paulo a partir da confecção de pinturas a óleo: *Ponte do Carmo sob o Tamanduateí em 1830*, de Enrico Vio, e *Ladeira do Carmo em 1820*, de Augusto Luiz de Freitas.

Sabe-se que era uma prática do diretor Affonso Taunay enviar aos pintores aos quais encomendava trabalhos registros iconográficos de diferentes suportes para servir como referência visual no processo de criação. Ele considerava que a historicidade de um documento escrito ou visual balizava-se nos critérios de autenticidade e de verossimilhança,

figura 8, p. 332

isto é, em sua contemporaneidade com o fato ou quadro histórico vivenciado e em sua plausibilidade. Tal perspectiva filia Taunay claramente ao pensamento positivista[93]. Compreender o posicionamento historiográfico do diretor do museu ajuda a entender sua empreitada de reconstituir quadros passados da vida social paulistana. Isso era feito por meio da encomenda de telas, que mais tarde foram expostas no museu em uma sala dedicada à *Antiga Iconografia Paulistana*.

A pintura de Enrico Vio *Ponte do Carmo sobre o Tamanduateí em 1830* foi confeccionada a partir de documentos textuais e visuais conhecidos por Taunay (figura 8). Provavelmente, um dos documentos textuais utilizados foi a crônica de Auguste de Saint-Hilaire sobre a várzea do Carmo, na qual o francês descreve a ponte sob o rio Tamanduateí e os personagens que lá transitavam:

> Atravessei a cidade de São Paulo. Ao chegar ao Convento das Carmelitas, de onde se descortina uma bela vista, desci uma rua pavimentada e muito íngreme, que vai até a beira do córrego Tamandataí [sic] e é margeada de um lado pela parte baixa da cidade e forma o seu limite. Sua travessia é feita por uma ponte de pedra, de um só arco.
>
> [...]
>
> A paisagem ainda se torna mais animada com as tropas de burros que chegam e saem da cidade e com a presença de numerosas mulheres lavando roupa à beira do córrego[94].

O próprio Taunay exaltara a contribuição desses viajantes estrangeiros para a reconstituição de aspectos da vida colonial paulistana, dada a ausência de iconografia dessa cidade se comparada à intensa produção iconográfica do Rio de Janeiro e de algumas cidades do Nordeste, sobretudo Recife e Salvador. Em suas palavras:

> A contribuição dos viajantes estrangeiros, apesar de sua desvantagem de origem, causada pelas diferenças fundamentais de mentalidade, representa elemento da maior valia e nada supre seu conhecimento. Sobretudo quando é possível lançar mão de informantes probidosos e inteligentes como muitos do século XIX, cuja palavra

inspira a maior confiança como sejam Tollenaire, Saint-Hilaire, Debret, Kidder, Gardner e Burton, entre outros. Graças a estes elementos conjugados de procedência nacional e de origem alienígena será possível ensaiar a reconstituição de aspectos da vida de outrora[95].

No primeiro plano da imagem da pintura de Enrico Vio, destacam-se as lavadeiras; no plano central, a ponte de pedra, tal qual descrita por Saint-Hilaire. À esquerda, cruzando a ponte, um tipo humano supervalorizado nas obras encomendadas por Taunay, o tropeiro. Esse personagem foi escolhido pelo diretor do Museu Paulista como ícone da condição colonial-imperial da cidade, provavelmente em função de sua recorrência na iconografia dos viajantes. Entre essa iconografia, se destaca a aquarela de Jean-Baptiste Debret, *Entrada de São Paulo pelo caminho do Rio de Janeiro* (*c*. 1830), na qual se observa a paisagem da várzea do Carmo, vista do alto do planalto, nas proximidades do convento do Carmo, representado à direita na aquarela (figura 9).

figura 9, p. 332

Outra pintura elaborada com base em documentos visuais é *Ladeira do Carmo em 1860* (figura 10), de Augusto Luiz de Freitas. Dessa vez, o recurso utilizado é uma fotografia, produzida por Militão Augusto de Azevedo[96], fotógrafo que registrou pioneiramente a várzea do Carmo. A fotografia enviada ao pintor integra o *Álbum comparativo da cidade de São Paulo – 1862-1887*, organizado por Militão com registros tirados no ano de 1862 contrapostos a fotografias tomadas do mesmo local 25 anos mais tarde (figura 11).

figura 10, p. 333

Na pintura, verifica-se a substituição dos tipos humanos, localizados no plano central da fotografia à direita, por uma charrete puxada por um animal. Também se opta por substituir o calçamento de paralelepípedos da rua por um chão de terra batida irregular. A estratégia de substituição de elementos e a paleta de cores utilizada pelo pintor reforçam o aspecto colonial-imperial da paisagem retratada, característica que não é acentuada pelos descritores icônicos e formais da fotografia.

figura 11, p. 334

Como ressaltam as historiadoras Solange Ferraz de Lima e Vânia Carneiro de Carvalho, o uso de fotografias foi preterido em relação às pinturas primeiramente por uma questão de dimensão, já que as fotografias de Militão Augusto de Azevedo, no formato de 18 × 24 cm, não correspondiam à escala monumental de uma instituição como o Museu

Paulista. Além disso, as pinturas em grandes dimensões eram conhecidas e apreciadas pelo público, cujas residências frequentemente eram decoradas com quadros de paisagem. No meio institucional, as pinturas históricas de grandes proporções também eram correntes, sobretudo na representação de batalhas e outros marcos fundadores de identidades nacionais e regionais. A grande dimensão também incentivava a observação de pequenos elementos no conjunto. As fotografias, por sua vez, não gozavam do mesmo prestígio da pintura: enquanto esta constituía uma obra única, a fotografia era entendida como objeto de série. Por fim, pode-se dizer que a escolha da pintura se deveu também a uma questão de mercado, pois desde fins do século XIX o circuito comercial de pinturas estava constituído no Brasil. Além de encomendas institucionais e particulares, existia um circuito não especializado de exposições[97], o que permite supor o acesso a um público heterogêneo.

O segundo fator apontado para a concentração de telas sobre a várzea do Carmo no acervo do Museu Paulista na década de 1920 é a transformação da região em parque público. Como se verificou no capítulo anterior, os padrões de representação visual detectados na iconografia desse período registram massivamente a várzea do Carmo como espaço embelezado e higienizado pelo poder público, que em nada lembraria os aspectos reconstituídos nas pinturas que celebram justamente a condição pitoresca da imensa área alagadiça na qual transitavam tropeiros e lavadeiras.

Nesse sentido, é emblemático que Affonso Taunay se esforçasse para recuperar e construir a imagem da várzea do Carmo antes de sua transformação, uma vez que os registros fotográficos contemporâneos celebravam o poder republicano, responsável pela transformação da várzea em um parque público nos moldes dos jardins e parques das mais importantes cidades europeias. Para Taunay, a criação de registros que retratassem a condição colonial-imperial do local tinha uma função pedagógica: permitir a ampla difusão da imagem da antiga cidade de São Paulo, que nesse momento passava por intensas transformações devido às obras públicas realizadas ou à incorporação de novos habitantes, sobretudo imigrantes. Esses estrangeiros também deveriam ser instruídos na concepção de história criada pelo Museu Paulista sob a gestão de Taunay; em outras palavras, deveriam compreender a identidade nacional paulista difundida na nova decoração e na exposição organizada por ocasião do centenário da Independência. Em suma, tratava-se de celebrar uma memória que pouco a pouco desaparecia do imaginário coletivo.

As três pinturas localizadas no acervo do Museu Paulista na década de 1940 são vistas panorâmicas. Duas delas registram a várzea do Carmo no século XIX: *Panorama de São Paulo em 1827*, de José Canella Filho, e *Panorama de São Paulo em 1870*, de Henrique Manzo. Também de autoria desse pintor, o *Tríptico de São Paulo, visto da várzea do Carmo em 1941* é a única a representar o espaço contemporaneamente à confecção da tela.

Assim como se verificou nas telas da década de 1920, permanece na década de 1940 o hábito de Affonso Taunay de enviar registros antigos de vistas da cidade de São Paulo aos pintores para confecção de telas em dimensões monumentais. Esse é o caso da obra de Henrique Manzo, de 105,5 × 231 cm (figura 12), organizada a partir de uma litogravura de Jules Martin[98] (figura 13).

figura 12, p. 335

figura 13, p. 335

Tanto na pintura a óleo quanto na litogravura, a ideia de vista da cidade é duplamente enfatizada, com a eleição de uma perspectiva panorâmica e a presença de uma família no primeiro plano, à esquerda, cujo homem porta uma luneta para, do alto de um morro, avistar a cidade, simbolizada pela presença massiva dos torreões das igrejas. A ideia de visão panorâmica é contemporânea à produção da litogravura do francês Jules Martin. No século XIX, uma série de aparelhos ópticos foi criada a fim de propiciar uma nova perspectiva ao olho humano. A criação de novas lentes fotográficas, vistas estereoscópicas e dioramas dava ao homem a possibilidade não só de conhecer lugares distantes a partir de uma experiência com imagens, mas também de ampliar o campo de visão humano, concretizando finalmente o potencial de o olhar do homem assemelhar-se à perspectiva de voo de pássaros, vontade manifestada desde as inscrições visuais da Antiguidade clássica.

Na tela e na litogravura, o plano médio é dedicado ao registro da várzea do Carmo. Trata-se de uma várzea organizada, representada por um vasto gramado com árvores enfileiradas. A presença de água limita-se ao traçado retificado do rio Tamanduateí, sobre o qual se nota a existência de pontes. A primeira delas, de pedra constituída por um único arco, à esquerda, e outra menos evidente, no centro da imagem, parte do prolongamento de um caminho de terra.

No entanto, no primeiro plano da imagem, vemos uma tensão significativa na tela, algo que não ocorre na litogravura. Na tela, praticamente todo o lado direito é preenchido por uma locomotiva com seus inúmeros vagões, sendo que em frente a um dos vagões está representada a figura de um tropeiro. O conflito entre rural e urbano, natureza e máquina se expressa nesse contraste entre as dimensões da locomotiva e a do homem montado a cavalo. Enquanto a máquina tem um tamanho avantajado e está em plena ação, haja vista a fumaça branca que sai da fornalha, o homem é pequenino e se encontra em repouso – denotado pelo pescoço flexionado do cavalo alimentando-se da grama. A presença do tropeiro, certamente sugerida por Taunay ao pintor, também é conflitante com os demais tipos humanos representados no primeiro plano, uma vez que são estes tipos citadinos por excelência. Essa condição urbana é indicada pelas indumentárias da senhora, que traja um vestido longo e segura uma sombrinha, e do homem, que porta uma cartola e um fraque. Também as crianças estão vestidas como adultos em miniatura.

Enquanto na litogravura predomina a ideia da modernidade graças ao ponto de vista eleito e à presença de elementos icônicos tais como a locomotiva, a várzea ajardinada e os tipos citadinos que ocupam áreas privilegiadas na imagem, na pintura a óleo tem-se uma ambiguidade entre rural e urbano, seja pela presença do tropeiro em oposição à locomotiva e ao tipo urbano, seja pelo destaque das torres das igrejas, em função do contraste do tom desses elementos com as áreas mais escuras da vegetação e do céu e pelo ligeiro aumento de suas proporções se comparadas às da litogravura.

A convivência entre novo e antigo era uma questão cara a Affonso Taunay, responsável pela criação de uma iconografia da cidade colonial-imperial em um momento de intensa transformação urbana. O museu era um lugar privilegiado para salvaguardar a memória de um local que pouco a pouco desaparecia da paisagem urbana. Pode-se mesmo afirmar que a encomenda de pinturas de proporções monumentais retratando a várzea do Carmo garantia a preservação dessa paisagem no imaginário popular, enquanto no fato urbano esse local já se encontrava transformado em parque público.

Entender a cidade como paisagem, fosse nas pinturas no museu, fosse *in loco*, integrava a condição moderna do morador urbano. Para

figura 14, pp. 336-7

Jules Martin, antigo morador de Paris, a modernidade era uma dádiva, privilégio daqueles que viviam em cidades, algo para ser desfrutado, sobretudo pelo sentido da visão. O próprio formato da litogravura de Jules Martin e a representação de um personagem que segura uma luneta informam a relação esperada do homem moderno com sua cidade, ou seja, o formato oval e o auxílio de um artefato transformam o tipo urbano em um observador que, diante da diversificação da paisagem moderna, necessita de um foco para apreendê-la[99].

A imagem da várzea do Carmo construída no monumental tríptico de Henrique Manzo (170 × 635 cm) é semelhante àquela observada nos padrões visuais dos registros das décadas de 1940 e 1950 analisados no capítulo anterior (figura 14). O parque Dom Pedro II, que ocupa todo o quadrante inferior da imagem, funciona como ornamento da metrópole – representada no quadrante superior. Ainda que as proporções entre os quadrantes possibilitem associar essa pintura ao repertório de paisagem difundido no Brasil em fins do século XIX, a opção pelo posicionamento dos arranha-céus bem na linha do horizonte, campo privilegiado de visão, já afasta essa filiação. Na verdade, tal dado permite associar essa pintura ao repertório característico da linguagem fotográfica moderna que elege o urbano como um de seus principais motivos fotografados e tem como ícone o arranha-céu.

O contraste de tom e de escala entre as árvores do parque público, no quadrante inferior, e os grandes edifícios, do quadrante superior, é outro elemento que permite associar essa tela de proporções monumentais ao repertório da fotografia. Curiosamente, entre as fotografias e os cartões-postais da primeira metade do século XX, o ponto de vista panorâmico não é muito utilizado, preferindo-se a tomada parcial, que enfatiza esse contraste entre natureza e homem. No caso do tríptico de Henrique Manzo, provavelmente por se tratar de uma pintura a óleo, mantém-se a vista panorâmica, ponto de vista predominante entre as pinturas sobre a várzea do Carmo no acervo do Museu Paulista. Esse panorama foi feito a partir da vista que se tem do alto do edifício do Palácio das Indústrias, do qual parte dos telhados foi representada pelo pintor no canto inferior direito do retângulo central do tríptico e em toda a parte inferior do retângulo direito que o compõe.

Nas extremidades esquerda e direita do tríptico, representam-se áreas em que se realizaram demolições. O lado esquerdo retrata a região entre o edifício Guarany e a igreja do Carmo. A extensa área de terra batida destinava-se à construção do edifício da Secretaria da Fazenda, cuja maquete já fora apresentada ao público nas páginas do *Diário de São Paulo* em novembro de 1940.

Ao contrário do que se nota nas demais pinturas com a temática da várzea do Carmo, no tríptico de Henrique Manzo as igrejas, ainda que representadas ao longo de todo o quadrante superior, ocupam papel diminuto. Seus torreões são praticamente encobertos pela presença massiva de arranha-céus, o que indica a condição metropolitana que a cidade alcançara. Os badalos dos sinos não mais determinavam o ritmo da vida, acelerado com as transformações urbanas. Nesse sentido, é emblemática, na extremidade direita do tríptico, a presença do edifício do Banco das Nações, atual edifício Senador Paulo Abreu, que possui um relógio.

Os elementos icônicos da pintura também se encarregam de demonstrar a diversificação das funções da cidade. Em todo o quadrante inferior, está presente o parque, espaço público de lazer e de descanso; já entre as edificações menores, percebe-se a função comercial; os arranha-céus, para além da função comercial, indicam as funções de serviço e também residencial – esta última simbolizada pelo edifício Guarany[100]. Outro edifício de uso misto representado é o Palacete Nacim Schoeuri[101], localizado ao pé do edifício Martinelli. Essa diversificação das funções da cidade era um atributo positivo, sobretudo em uma sociedade capitalista de massa como a São Paulo daquele período.

As características enumeradas permitem-nos inferir que, tanto para o pintor como para Taunay, a imagem que se queria criar da cidade de São Paulo é a da metrópole moderna. No caso da pintura, retrata-se o crescimento vertical, ocorrido na região central da cidade, densamente urbanizada nesse período. Provavelmente, Taunay propõe a confecção da tela antevendo as comemorações que se organizariam por ocasião do IV Centenário da Fundação de São Paulo.

Essas pinturas retratam, pois, a várzea do Carmo como um espaço de vocação paisagística, por causa ora de sua condição natural, ora de sua transformação em artefato pelo poder público e por seus agentes. No final da década de 1890, a várzea é retratada com elementos que já demonstram sua apropriação pelo homem – as indústrias e os caminhos de terra, como na tela de Benedito Calixto, e a ponte sobre o Tamanduateí, na pintura de Almeida Júnior. Na década de 1920, na contramão dos padrões visuais nas fotografias e nos cartões-postais da época, construiu-se a imagem da várzea do Carmo como paisagem pitoresca, tal como aquelas descritas pelos cronistas da primeira metade do século XIX. A imagem construída pelas pinturas dessa década deve ser entendida como complementar à imagem disseminada pelas fotografias e pelos postais, ou seja, enquanto a pintura assegurava a permanência da várzea como atributo natural no imaginário difundido pelo museu, a fotografia encarregou-se de disseminar a imagem da várzea aformoseada pelo poder público entre aqueles que compravam, enviavam e colecionavam cartões-postais. No caso dos postais, ocorre uma inserção na esfera doméstica. O consumo de suportes visuais passa a integrar narrativas individuais construídas sobre a experiência física com o lugar ou, mais frequentemente, a partir de uma experiência visual composta do olhar de terceiros (os fotógrafos produtores dos postais).

As pinturas da década de 1940 criam duas imagens distintas da várzea: uma, característica desse período, que a representa como ornamento da metrópole; a outra, introduzida também pela pintura já duas décadas antes, recupera sua condição de paisagem natural. Seja como for, as pinturas da várzea do Carmo no acervo do Museu Paulista tinham como função primária a ação pedagógica. Assim como os documentos escritos, as pinturas criadas durante a gestão Taunay atestam a existência de um passado remoto do local recém-transformado, a partir de uma experiência visual concreta daqueles que visitavam o Museu Paulista[102]. Para usar o termo de Rosalind Krauss, o museu era um *espaço discursivo* privilegiado para a construção e a difusão de um imaginário que se pretendia coletivo. Certamente, Affonso Taunay conhecia o potencial do museu que dirigia e, por conseguinte, das representações por ele disseminadas para a criação de um imaginário paulista.

A (in)visibilidade da várzea do Carmo nos cartões-postais

Os cartões-postais e os álbuns fotográficos da cidade, suportes de representações visuais intensamente difundidos, são extremamente apropriados para a discussão da visibilidade da várzea do Carmo. Defende-se que as imagens criadas por esses suportes são vetores de ações sociais e que, portanto, a transformação da região no parque público Dom Pedro II e sua posterior desestruturação ocorreram mutuamente no campo material-espacial e no campo das representações visuais urbanas.

As imagens criadas sobre a região serão apresentadas a partir da análise de um conjunto de 182 cartões-postais fotográficos impressos pertencentes ao acervo do Museu Paulista e à coleção particular de Apparecido Salatini. Foi fundamental o acesso a uma coleção privada, pois, na maioria das vezes, a incorporação desse tipo de material ao acervo do museu ocorre de forma fragmentária pela aquisição de documentos avulsos. Já a prática do colecionismo prima, entre outras coisas, pela serialidade do objeto colecionado, o que, neste caso, permite investigar a visibilidade da várzea do Carmo em um dado momento e no conjunto de vistas sobre a cidade de São Paulo elaborado por determinados fotógrafos e editores.

Embora no Brasil os primeiros cartões-postais só tenham circulado nos anos finais da década de 1890[103], recorreremos novamente aos cortes cronológicos utilizados anteriormente: décadas de 1890 a 1910, décadas de 1920 e 1930 e décadas de 1940 e 1950[104]. Os primeiros postais sobre a várzea do Carmo foram produzidos por Guilherme Gaensly, valendo-se de fotografias que tirara durante seu trabalho junto à companhia Light. Para a década de 1950, além da análise dos postais, faremos um breve paralelo com a imagem criada sobre o parque Dom Pedro II observando álbuns comemorativos do IV Centenário da Fundação da Cidade de São Paulo[105].

Nesses acervos, foram encontrados 26 cartões-postais referentes à região da várzea do Carmo produzidos nas décadas de 1890 a 1910. A maior parte deles é de autoria do próprio Gaensly, que, além de produzir uma série assinada, vendia imagens para a editora Malusardi, única nesse período que utilizava também fotografias do italiano Aurélio Becherini. Foram encontrados ainda bilhetes-postais de autoria desconhecida e alguns postais comercializados pela Casa Duchein.

As representações visuais desse primeiro período podem ser agrupadas em dois blocos: um deles mobiliza o repertório da pintura de paisagem tanto para a eleição dos motivos fotografados quanto para a organização das tomadas fotográficas; o outro se vale da representação

figura 15, p. 338

figura 16, p. 339

figura 17, p. 339

de atributos da modernidade, sobretudo o traçado urbano e os trilhos dos bondes elétricos.

No primeiro bloco, encontram-se os cartões-postais retratando o Mercado Velho, os fundos da ladeira da Tabatinguera, a "Figueira brava" e as "Lavandeiras", produzidos por Guilherme Gaensly, e alguns postais editados pela Malusardi.

Por vezes, o enquadramento utilizado na produção desses postais remete às primeiras vistas panorâmicas da cidade de São Paulo, sobretudo a aquarela produzida por Arnaud Julien Pallière[106] (figura 15). No cartão-postal do Mercado Velho (figura 16), Gaensly opta pelo ponto de vista panorâmico. Como na aquarela de Pallière, o primeiro plano destina-se à representação do rio Tamanduateí e, na linha do horizonte, representa-se a cidade, com a torre da igreja destacada de um bloco compacto de edificações menores.

Os tipos humanos retratados nesses primeiros postais são os mesmos presentes nos registros visuais e nas crônicas produzidas por viajantes da primeira metade do século XIX: as lavadeiras, os tropeiros e os caipiras. No cartão-postal editado por Gaensly, veem-se em destaque, no primeiro plano, as lavadeiras à beira do Tamanduateí. Já no segundo plano, encontra-se a ponte do Carmo e, em cima da ponte, em vez do tropeiro – como aquele que vimos na pintura de Enrico Vio (figura 8) –, há um bonde elétrico (figura 17). A presença simultânea das lavadeiras e do bonde elétrico explicita a dualidade entre rural e urbano que subsiste durante os primeiros anos da República.

No segundo bloco – aquele que se vale da representação de atributos da modernidade –, mais uma vez predominam os postais de autoria de Guilherme Gaensly. Neles, é prioritariamente representado o traçado urbano de ruas e avenidas entrecortadas pelos trilhos de bondes elétricos[107]. Há ainda postais que destacam um edifício com auxílio do efeito fotográfico da frontalidade, no qual se prioriza a fachada em detrimento da volumetria do edifício. Os edifícios associados ao novo regime republicano são as escolas e o Mercado Municipal.

Também nesse segundo bloco, verifica-se a dualidade entre rural e urbano. No cartão-postal impresso comercializado pela Casa Duchein, o enquadramento da fotografia denuncia que o principal motivo fotografado é o traçado urbano entrecortado por trilhos, ainda que seu

figura 18, p. 340

título seja "O Mercado Novo", edificação térrea localizada à esquerda da imagem. No ponto central, há dois elementos contrastantes: um animal de carga e o bonde elétrico. Embora se celebre a circulação de pessoas e mercadorias, característica urbana moderna, a presença do animal de carga no centro da rua indica uma cidade em que ainda subsistiam traços coloniais rurais (figura 18).

Em mais da metade dos postais desse primeiro período, estão presentes os acidentes naturais: a própria várzea do Carmo, o rio Tamanduateí e sua planície, a serra da Cantareira, em tomadas panorâmicas a partir da várzea, e a arborização nativa. Nos demais postais, está ausente qualquer acidente natural, pois privilegiam o traçado urbano e os equipamentos modernos da cidade por meio de tomadas parciais e pontuais.

A cidade representada nesses cartões é repleta de edificações térreas e sobrados. E, ainda que se exalte a modernidade em parte considerável desses postais, verifica-se predominantemente o uso da charrete e do transporte animal (54% das imagens), seguido pelo bonde elétrico (11%) e os tílburis que eram lavados na várzea do Rio Tamanduateí (5%)[108].

Foram localizados nos acervos 76 cartões-postais da região da várzea do Carmo, agora já transformada no parque Dom Pedro II, impressos entre as décadas de 1920 e 1930. Verificou-se a produção de postais por inúmeros fotógrafos e editores: Prugner, Preising, Farkas, editora Foto Postal Colombo, editora Lux e editora Foto Postal[109]. Também há uma série de postais numerados produzidos por uma editora não identificada.

A intensa popularização das imagens da cidade de São Paulo nos cartões-postais coincide com o fim da Revolução de 1924. Muitos dos fotógrafos que registraram esse levante na capital transformaram suas fotografias em postais, que foram vendidos com grande sucesso. Além das tropas legalistas e dos revoltosos, retratavam-se nos postais as ruas e os equipamentos da cidade atingidos. Terminado o levante, parte desses fotógrafos passaram a produzir vistas da cidade.

Assim como na fotografia do levante da Revolução de 1924 pertencente à série *imagens híbridas* (figura 38, capítulo 1), o único postal localizado sobre esse conflito retrata os soldados das tropas legalistas em posição descontraída, ainda que dois deles apareçam apontando suas armas para o fotógrafo. Outro indício desse clima de tranquilidade

figura 19, p. 341

é a presença de dois civis, sentados em um banco do parque, à esquerda. No último plano, têm-se o balão da fábrica de gás (figura 19). A pose descontraída dos retratados indica a familiaridade dos soldados com os fotógrafos autônomos que retrataram o levante.

Gustavo Prugner (1884-1931), após registrar a Revolução de 1924, passou a se dedicar exclusivamente à produção de cartões-postais. Esse paulista, nascido em São Bernardo do Campo, trabalhou por algum tempo sozinho, depois passou a contar com o auxílio dos dois filhos: Edgar Prugner trabalhava no laboratório, e Mário Prugner atuou como fotógrafo até 1936, ano em que optou por trabalhar na fábrica de papel fotográfico de Conrado Wessel, a primeira a produzir postais na década de 1920, e que nesse momento estava em expansão.

Outro fotógrafo que iniciou suas atividades em São Paulo durante o ano de 1924, por meio da produção de cartões-postais, foi o alemão Theodor Preising (1883-1962). Theodor montou uma editora e um grande laboratório, onde produzia, além de postais, álbuns nos formatos 9 × 14 cm e 17 × 25 cm, com dez fotografias cada. Seu filho, Carlos Frederico Preising, seguiu a profissão do pai e continuou no ramo da produção de vistas da cidade. Segundo Carlos Preising, o número de exemplares de cada postal variava de acordo com a vista retratada, e a venda ocorria em hotéis e lojas fotográficas, entre elas a Photoptica, onde não excedia a marca de quinhentas imagens por mês[110].

Dez dos postais produzidos na década de 1930 que retratam o parque Dom Pedro II e seu entorno são parte de um conjunto que ultrapassa seiscentos postais de vistas de diferentes cidades e tipos humanos do Brasil, conhecido como "série F". Essa série foi produzida pelo húngaro Desidério Farkas, que no início de 1920 chegou a São Paulo e montou uma loja de materiais fotográficos, a Photoptica, localizada na rua São Bento. Seu filho, Thomaz Farkas, auxiliava os pais na loja desde criança, tanto no laboratório quanto na venda dos postais para os fregueses[111].

Os postais impressos nas décadas de 1920 e 1930 presentes no acervo do Museu Paulista e na coleção de Apparecido Salatini também podem ser divididos em dois grupos: no primeiro, figuram as imagens que privilegiam o parque e seus novos equipamentos como espaços saneados e embelezados da antiga várzea do Carmo; no segundo, surgem as primeiras representações visuais que sinalizam a tendência que se confirmaria nas décadas de 1940 e 1950: as tomadas parciais tiradas do parque em direção aos arranha-céus da colina central[112].

A imagem que os postais do primeiro grupo difundem é a do parque como um agradável local de passeio. Quem os via, certamente teria uma impressão positiva do local, afinal ele era apresentado como uma ampla área ajardinada e embelezada com pequenas pontes, caminhos delineados para passeantes, coretos e esculturas[113]. Certamente os turistas e estrangeiros que compravam e/ou recebiam esses postais jamais pensariam nesse espaço como uma área de várzea alagadiça, insalubre e miasmática. A imagem construída nesse primeiro grupo de cartões celebra o trabalho da administração pública, que desde fins do século XIX tentou transformar o atributo natural, a várzea do Carmo, em artefato, o parque Dom Pedro II.

No postal produzido por Prugner na década de 1920, dois terços da imagem são preenchidos pelo parque Dom Pedro II, com uma extensa área gramada entrecortada por caminhos para pedestres (figura 20). Esse postal vale-se do recurso fotográfico da cadência, alcançado pela repetição das árvores e sobretudo dos bancos. Esse efeito confere a ideia de ordenação e organização ao registro, características que se buscava agregar à imagem do local. A intensa presença de bancos indica que se tratava de um lugar para estar. É durante esse período, entre as décadas de 1920 e 1930, que se verificou a maior concentração de mobiliário urbano nos postais. Em aproximadamente 30% desses registros, verifica-se a existência de bancos; em 14%, de coretos; e, em 2%, veem-se quiosques. Ainda nesse postal, o rio Tamanduateí aparece canalizado, entrecortado por uma ponte com gradil de ferro ornamentado, no plano central, à esquerda (outro indício da domesticação da natureza pelo poder público).

O principal elemento retratado nos postais do primeiro grupo é o Palácio das Indústrias, edifício público construído em arquitetura eclética pelo escritório de Ramos de Azevedo para abrigar exposições comerciais e industriais, ícone da presença do poder público nesse espaço e dos valores que se buscava agregar à cidade.

Nos postais do segundo grupo – aquele em que figuram tomadas parciais do parque em direção aos arranha-céus da colina central –, explora-se o repertório da linguagem moderna da fotografia, que tem seus precursores mais remotos ainda no século XIX. Entretanto, as matrizes

figura 20, p. 341

mais diretas desse movimento podem ser encontradas na Europa e nos Estados Unidos, no início do século XX.

Em 1907, nos Estados Unidos, Alfred Stieglitz torna-se um dos expoentes do novo tratamento que se pretende dar à fotografia e que ficou conhecido por *straight photography*. As interferências feitas no negativo para que a fotografia se assemelhasse à pintura são abandonadas pelos adeptos da fotografia *straight*, que procuravam produzir uma imagem cujos aspectos formais e materiais resultassem da composição, da percepção afinada da luz e do movimento exato do registro. Em 1927, Stieglitz produz a série *Equivalente*, cujos registros de nuvens, céu e sol serviram para circunscrever seu interesse por aspectos formais e composicionais da fotografia, evidenciando o gosto por situações que tendem ao abstrato. Atuante até 1937, Stieglitz elegeu como um de seus principais temas os arranha-céus de Nova York[114].

O movimento da fotografia moderna teve repercussão no cenário europeu, cujos expoentes foram os fotógrafos associados ao movimento alemão da Bauhaus e à Wchutema, escola russa, e ao que ficou conhecido como *estilo internacional*. Os arranha-céus e a arquitetura moderna foram temas privilegiados desse estilo. A fotografia moderna no Brasil, pela sua própria origem social, serviu como mecanismo de adequação da classe média às modificações que vinham sendo operadas na sociedade. Em São Paulo, credita-se a difusão dessa nova fotografia ao Foto Cine Clube Bandeirante, fundado, em 1939, por um grupo de fotógrafos que normalmente se reunia na Photoptica[115].

As possibilidades técnicas advindas desse movimento foram exploradas nos postais sobre a várzea do Carmo produzidos nas décadas de 1920 e 1930, por exemplo com a valorização dos efeitos de contraste de tom, de contraste de escala, de inversão de escala e da estrutura da bicentralidade. Na maioria das imagens, opta-se pela articulação dos planos na direção diagonal, pelo uso do espelhamento ou da similitude de formas, além da valorização da luz e da eleição dos primeiros arranha-céus como motivo fotografado.

No postal n. 23, produzido por Prugner na década de 1930, observa-se a mobilização de vários recursos da fotografia moderna. Ele é dividido claramente em dois planos articulados pelo espelhamento dos elementos figurativos do plano superior, que são refletidos no espelho

figura 21, p. 342

figura 22, p. 342

d'água do Palácio das Indústrias. Explora-se o contraste de tom entre os planos, recurso característico da técnica fotográfica. Ainda no plano superior, o fotógrafo vale-se do efeito de inversão de escala, uma vez que as duas palmeiras são representadas em tamanho maior que o do edifício do 1º Tribunal de Alçada Civil – naquele momento, sede da Secretaria da Agricultura e Bolsa de Valores –, à extrema esquerda (figura 21).

Um postal emblemático da transição da imagem do primeiro grupo (no qual se valorizava a representação do parque) para esse segundo grupo é o de n. 47, editado por Prugner na década de 1920 (figura 22). Nessa tomada parcial, tirada do parque Dom Pedro II em direção à colina central, vê-se o contraste de escala entre um usuário do parque sentado em um banco, na extremidade do quadrante inferior esquerdo, e o corpo do edifício Martinelli, ainda em construção, que ocupa praticamente todo o quadrante superior direito do postal. Os arranha-céus do último plano – na sequência: edifício Casa Ramos de Azevedo, edifício The London e River Plate Bank e edifício Martinelli –, assim como o automóvel lado a lado com o bonde elétrico, no quadrante inferior esquerdo, encobertos parcialmente pela vegetação do parque, são atributos da modernidade. Essa pretendida modernidade, articulada pelo fotógrafo por meio da mobilização desses recursos icônicos e formais, é reforçada pelo título do postal, "S. Paulo Moderno".

Os postais das décadas de 1920 e 1930 apontam uma mudança na proporção em que os acidentes naturais eram representados. Ao contrário das décadas anteriores, em que eram intensamente reproduzidos, neste segundo período nota-se a ausência de tais elementos em mais de 60% do conjunto analisado. Quando o rio Tamanduateí é retratado, ele já está canalizado. Em seu leito, há uma pequena ilhota com um coreto e, acima, há uma ponte pela qual circulavam os bondes elétricos. O único postal em que se detecta a presença de várzea é uma tomada aérea em que desponta a várzea do Glicério em direção ao Cambuci.

As funções arquiteturais da cidade, resultantes da análise dos postais desse período intermediário, são muito bem distribuídas pelo próprio parque: edificações públicas, edificações de baixo gabarito, edificações de sobrado, edificações de alto gabarito, edificações comerciais, chaminés e indústrias, igrejas, monumentos, edificações residenciais e edificações térreas, conforme o gráfico 5.

gráfico 5
Estruturas/funções arquiteturais
(1920-1930)

19% Parque urbano

14% Edificação pública

12% Edificação de baixo gabarito

11% Edificação de sobrado

8% Edificação de alto gabarito

8% Edificação comercial

7% Edificação industrial/chaminé

7% Edificação religiosa

5% Monumento

4% Edificação térrea

4% Edificação residencial

0,75% Mercado

0,25% Estação ferroviária

Na maioria dos casos, os personagens encontrados nesses postais são homens (52%), seguidos de longe pelas mulheres (16%) e pelas crianças (9%)[116]. Predomina a figura do transeunte em quase 60% dos casos; já os frequentadores aparecem em apenas 10% do material[117]. Vale dizer que em quase metade dos postais verifica-se a ausência de meios de transportes[118]. Por esses dados, nota-se que nas décadas de 1920 e 1930 o parque Dom Pedro II era um espaço predominantemente masculino, destinado à circulação do tipo urbano por excelência, o transeunte.

Foram encontrados oitenta postais que retratam a várzea do Carmo nas décadas de 1940 e 1950, pertencentes a três editoras: Fotolabor, Foto Postal Colombo e F.B.[119]. Mais uma vez, encontraram-se postais fotográficos numerados de uma editora não identificada, provavelmente a mesma apontada para as décadas de 1920 e 1930.

A Fotolabor foi criada em 1941 pelo engenheiro mecânico e fotógrafo judeu-alemão Werner Haberkorn em parceria com seu irmão, o também fotógrafo Geraldo Haberkorn, e instalada na avenida São João, próximo à praça do Correio, na região central da cidade de São Paulo.

A técnica para o processamento e a revelação dos cartões-postais fotográficos na editora Fotolabor era mecanizada, graças a uma máquina inventada por Werner Haberkorn que permitiu o automatismo desses processos. O papel fotográfico utilizado era produzido por Domingos Bove, em rolos que eram impressos na máquina, cortados nas dimensões de cartões-postais e depois revelados[120].

A tiragem de cartões-postais da Fotolabor era de aproximadamente mil exemplares para cada motivo fotografado. Sempre era mantido um estoque dos postais na editora, sobretudo daqueles que mais agradavam os fregueses[121].

Em 1919, o imigrante italiano Sulpizio Colombo (1888-1970) associou-se a outro imigrante, também italiano, chamado Mansueto Benassi, para criar a firma Colombo & Francesconi, situada à rua da Conceição. Essa empresa era responsável pela produção de cartões-postais fotográficos da capital e do interior de São Paulo. Em 1929, o estúdio da editora foi transferido para a rua Sebastião Pereira, próxima ao largo do Arouche, e adotou o nome Foto Postal Colombo, identificação que permaneceu até a década de 1960 e reapareceu na década de 1980, momento em que a editora se encontrava instalada na cidade do Rio de Janeiro[122].

figura 23, p. 343

A produção dos cartões-postais dessa editora era feita de maneira artesanal, isto é, as fotografias em chapas de vidro eram reproduzidas foto a foto, sendo as legendas inscritas em tinta nanquim diretamente sobre os negativos, com as letras ao contrário para que saíssem legíveis nas cópias positivas[123]. O papel fotográfico utilizado era produzido pelo alemão Conrado Wessel, responsável pela Fábrica de Papéis Photographicos Jardim, empresa posteriormente adquirida pela Kodak.

Essa marca de papel fotográfico também era utilizada pelos lambe-lambes que circulavam pelos jardins, praças e parques da cidade – entre os quais, o parque Dom Pedro II, como se pode observar no cartão-postal n. 86 da editora Foto Postal Colombo, em cujo quadrante inferior esquerdo verifica-se a existência da máquina, do fotógrafo e do retratado, que aparece sentado em uma cadeira (figura 23).

A série de postais da Foto Postal Colombo que circulou entre 1940 e 1950 é composta por cerca de duzentos cartões-postais fotográficos com vistas da cidade de São Paulo. Em trinta exemplares, figuram vistas do parque Dom Pedro II, o que equivale a 15% dos motivos fotografados por essa editora, tornando o parque o segundo espaço mais fotografado na cidade, atrás apenas do vale do Anhangabaú[124].

Embora não haja informações sobre a tiragem dos postais produzidos pela Foto Postal Colombo, acredita-se que seja semelhante à produção da editora Fotolabor, uma vez que as duas editoras eram as mais atuantes em São Paulo naquele período.

Sendo assim, se localizamos oitenta imagens da várzea do Carmo daquele período, podemos supor que em torno de 80 mil pessoas, entre usuários do parque, moradores e turistas, tiveram acesso a uma representação visual da região. Esse número pode parecer ínfimo se pensarmos que a população da cidade de São Paulo em 1950 era de aproximadamente 2.227.000 habitantes[125], mas torna-se surpreendente se pensarmos que, em 1886, momento em que já se discutia a transformação da várzea do Carmo em parque, a população paulistana era de cerca de 44 mil habitantes[126].

Os postais das décadas de 1940 e 1950 consolidam uma tendência única na representação do parque Dom Pedro II: tratam o parque como uma moldura dos arranha-céus da colina central, isto é, como local privilegiado para o registro fotográfico da transformação da cidade de São Paulo em uma metrópole moderna.

figura 24, p. 343

figura 25, p. 344

figura 26, p. 344

figura 27, p. 345

Nesse período, predomina a abrangência espacial parcial (em 86% dos registros)[127]. Mais de 90% dos enquadramentos foram feitos de um ponto de vista diagonal ou em câmera alta. Os arranjos mais constantes são o rítmico, o discreto e a sobreposição. Nos casos em que foi usado esse último arranjo, as árvores do parque Dom Pedro II, focalizadas no primeiro plano, encobrem parcialmente os arranha-céus do último plano.

Nesse momento, era frequente o uso de efeitos difundidos pelo movimento da fotografia moderna, sobretudo o contraste de tom, o contraste de escala e a inversão de escala. Na figura 24, um postal fotográfico de editora não identificada, o contraste de tom acentuado entre as árvores do parque Dom Pedro II e os arranha-céus do último plano, assim como o contraste de escala entre o transeunte, no primeiro plano à direita, e as torres do edifício Martinelli e do Banespa, no último plano à esquerda, permite associar esse registro àqueles da cidade de Nova York realizados por Alfred Stieglitz. No caso dos cartões-postais do parque Dom Pedro II, a adoção do arranjo discreto e do formato tradicional – retângulo horizontal, na maior parte dos registros – ameniza o impacto dos efeitos fotográficos modernos.

Assim como nas imagens dos postais, nas fotografias dos álbuns comemorativos do IV Centenário também se nota a influência da fotografia moderna. Nos álbuns, também predomina a representação do parque Dom Pedro II como um ornamento da cidade moderna, simbolizada pela presença de arranha-céus[128].

Façamos uma breve comparação entre os recursos utilizados nas fotografias de Alfred Stieglitz, "Two Towers" (figura 25) e "The Flatiron" (figura 27), e em duas fotografias do álbum *Eis São Paulo*, patrocinado pela Comissão do IV Centenário e impresso pela editora Monumento (figuras 26 e 28).

Assim como as fotografias de Stieglitz, as fotos produzidas para o álbum *Eis São Paulo* utilizam os recursos do exagero, da inversão de escala, da exploração da luz e da sombra e do enquadramento a partir de um ponto de vista levemente ascensional. Em ambos, se opta pelo formato retângulo vertical, opção que confere maior dinamismo e impacto ao motivo elegido pelo registro. Outra semelhança entre eles é a eleição do arranha-céu em contraste com a arborização urbana como motivo fotografado. Observa-se aqui um conjunto de características inovadoras,

figura 28, p. 345

núcleo de um processo de revolução da linguagem fotográfica, que nos álbuns e nos cartões-postais aparecem como traços de uma "pretendida" modernidade visual.

No caso da figura 26, pode-se afirmar que a pequena frase que acompanha a fotografia, "e grandes parques refrescam a cidade", é uma tentativa de amenizar o impacto visual da fotografia moderna e também a dramaticidade e a tensão entre natureza e área edificada. Além, é claro, de permitir o reconhecimento do objeto fotografado por aquele que a observasse. Afinal, embora se tratasse de apresentar a cidade de São Paulo como cidade moderna, o abuso de recursos fotográficos modernos poderia fragmentar demais o objeto retratado, o que não agradaria às massas a quem se destinavam essas imagens de forte apelo comercial.

Essa comparação não pretende afirmar que as experiências do movimento internacional de fotografia moderna se tornaram necessariamente referências diretas para os produtores dos álbuns da cidade e para as editoras de cartões-postais fotográficos. Porém, essa nova linguagem vulgarizou-se nas imagens publicitárias e nas revistas ilustradas. E estas eram fartamente consumidas pela população urbana – e certamente pelos fotógrafos. No cenário nacional, a revista *O Cruzeiro* incorporou de imediato os novos recursos fotográficos às suas edições, o que ajuda a entender as semelhanças formais entre as fotografias produzidas no Brasil e as imagens norte-americanas e europeias – os cartões-postais fotográficos produzidos sobre o parque Dom Pedro II nesse período são semelhantes aos postais norte-americanos que lhe eram contemporâneos, cujo motivo fotografado era o Central Park, em Nova York[129].

Em 1950, Robert Moses[130], diretor dos estudos para a cidade de São Paulo indicado pela Ibec, propôs em um relatório a realização de um estudo aerofotogramétrico da cidade, além de uma série de recomendações que previam a adoção do sistema de arteriais de tráfego, a retificação do rio Tietê, o zoneamento e a urbanização das várzeas e a realização de obras de engenharia sanitária. Para dar conta desse programa, sugeriu a criação de um sistema de financiamento privado. O problema mais "grave e urgente" apontado nesse relatório era o do transporte coletivo; para saná-lo, propôs-se a criação de um sistema de rodovias expressas que possibilitassem a livre circulação dos veículos e o aumento considerável da frota de ônibus municipais. Além da criação de *expressways*[131], sugeriu a criação de *parkways*[132], que deveriam circundar os parques já existentes e os cinquenta novos parques recreativos sugeridos em seu relatório.

O trabalho de Robert Moses foi duramente criticado pelos arquitetos e urbanistas nacionais, que o acusavam, entre outras coisas, de não se inteirar acerca da realidade paulistana, pois preparou seu relatório após uma curta visita a São Paulo e em apenas um ano de trabalho em seu escritório na cidade de Nova York. À parte as críticas feitas a esse projeto[133], é inegável que o programa de melhoramentos públicos de Robert Moses sinaliza uma mudança importante na forma de pensar a cidade. As preocupações do poder público não se voltariam mais à reorganização do sistema viário da área central; buscava-se naquele momento organizar o espaço da nova sociedade industrial, que é basicamente complexo e simultâneo. Havia um consenso entre os urbanistas de que unicamente o abandono de uma abordagem setorial e a adesão a um tratamento globalizante poderiam dar conta dessas novas questões[134].

Assim como Robert Moses enxergou na cidade de São Paulo elementos que a aproximavam de Nova York, propondo a adoção de uma iniciativa semelhante àquela que aplicou na cidade norte-americana em seu programa de melhoramentos públicos para a capital paulista, os produtores de cartões-postais e álbuns no período de 1940 a 1950, ao fotografar a várzea do Carmo, valeram-se de elementos figurativos e formais que aproximavam a "cidade que mais cresce no mundo" de uma cultura metropolitana internacional.

No cartão-postal produzido como lembrança do IV Congresso Eucarístico Nacional, em 1942[135], o espelho d'água, que ocupa o primeiro plano da imagem, foi fotografado de maneira que o descontextualiza da edificação do Palácio das Indústrias, ao qual está integrado (figura 29). No plano intermediário, verifica-se um conjunto de edificações em que se destaca o edifício Martinelli, emoldurado por uma faixa inferior formada pela vegetação (árvores e cerca-viva) do parque Dom Pedro II. Por fim, no último plano, enquadra-se o céu com algumas nuvens bem delineadas pelo contraste de tom da fotografia. O formato vertical, a eleição dos motivos fotografados, a distribuição e hierarquização dos elementos figurativos da imagem nos diferentes planos e o contraste de tons deste postal são semelhantes às técnicas adotadas no cartão-postal fotográfico do Central Park, em Nova York, produzido no mesmo período

figura 29, p. 346

figura 30, p. 346

(figura 30). No caso do postal do parque Dom Pedro II, o espelho d'água fragmentado acaba por equivaler ao lago artificial que aparece no postal do parque norte-americano.

Se Nova York possuía o Central Park, de onde se podiam apreciar os arranha-céus, dos quais o maior símbolo era o Empire State Building, São Paulo não ficava atrás, pois, do parque Dom Pedro II, podia-se observar a cidade moderna, celebrada de maneira eufórica nas imagens dos álbuns e dos cartões-postais nas décadas de 1940 e 1950. Eram constantemente fotografados os edifícios Martinelli, do Banco do Estado de São Paulo e do Banco do Brasil, ícones do desenvolvimento tecnológico da metrópole e da participação da cidade no sistema financeiro internacional.

Nas décadas de 1940 e 1950, os acidentes naturais estão ausentes em 97% dos postais. Predominam, em lugar destes, o parque e os edifícios mais altos. O único monumento retratado é a escultura *O semeador*, de Caetano Fracarolli. Nos postais, a escala desse monumento ora é contrastada, ora é invertida com os arranha-céus da colina central. Os edifícios públicos também possuem uma boa representatividade – os mais fotografados são o edifício Altino Arantes (Banco do Estado de São Paulo) e o edifício do Banco do Brasil. Ainda que haja essas predominâncias, verifica-se no gráfico 6 uma variedade entre as funções arquiteturais da cidade.

O principal elemento móvel retratado nos postais é o automóvel, presente em aproximadamente 60% deles. Os transeuntes figuram em pouco mais da metade dos postais. Como nas décadas anteriores, predomina o gênero masculino (48%), seguido longinquamente pelo feminino (19%) e pelas crianças (6%)[136].

Portanto, a imagem do parque Dom Pedro II como ornamento da metrópole, característica desse período, foi construída pela fotografia difundida nos postais e álbuns de cidade. O uso das lentes de amplo alcance e também de efeitos fotográficos agregou a esse lugar a ideia de ponto de vista privilegiado para observar os arranha-céus. No *Guia turístico da cidade de São Paulo e seus arredores*, produzido em 1954 pela editora Melhoramentos, reitera-se essa função ornamental do parque:

> Ao longo do Brás e da Mooca. Um dos mais belos parques ajardinados, com grandes alamedas, bosques, gramados, arbustos, quiosques, parque infantil, ocupa o local da antiga várzea que o

gráfico 6
Estruturas/funções arquiteturais
(1940-1950)

18% Parque urbano

16% Edificação de alto gabarito

14% Edificação pública

14% Edificação comercial

10% Edificação de baixo gabarito

8% Edificação residencial

8% Edificação de sobrado

5% Monumento

3% Edificação religiosa

1,25% Edificação industrial/chaminé

1,25% Estação ferroviária

1,25% Edificação térrea

0,25% Mercado

Tamanduateí inundava no tempo de suas cheias. Canalizado o rio, foi o terreno drenado e transformado. Dele se avista toda a impressionante "skyline" paulista[137].

Nessa descrição, vê-se que, nesse tipo de imagem turística, disseminada tanto pelo guia como pelos cartões-postais e álbuns da cidade, a várzea deixara de existir e de ser um espaço de conflito. Sua transformação em parque obliterou a ideia de porção alagadiça de terras à beira do rio Tamanduateí, ainda que, como visto nas fotografias dos jornais, os alagamentos continuassem a ser um problema.

Na década de 1950, o parque deixa definitivamente de ser apresentado por esses suportes visuais como espaço de lazer para as massas operárias, uma das funções para as quais havia sido projetado. Nesse momento, consagra-se a ideia da natureza ornamental organizada pelo homem. Essa característica decorativa do parque Dom Pedro II, consolidada por esses registros, de certa forma autoriza a substituição de seu espaço por vias de transporte nas décadas seguintes, função prioritária em uma sociedade capitalista de massas. Ou seja, a natureza poderia ser transformada pelo homem sempre que isso fosse necessário, de várzea a parque, de parque a via de transporte. Tem-se aí um indício do processo de naturalização das transformações urbanas, isto é, assume-se que o tempo é o agente das transformações, sendo deixados de lado, nesse raciocínio, os grupos sociais responsáveis pelo processo e as representações imagéticas que dão suporte a tal imaginário. No caso, os cartões-postais e os álbuns comemorativos do IV Centenário, que criam uma imagem eufórica da cidade em que o arranha-céu é um dos principais ícones do progresso. Em última instância, eles difundem uma visão teleológica do processo de transformação do fato urbano.

Hoje, a imagem do parque embelezado, construída pelos postais das décadas de 1920 e 1930, ou a imagem do parque como ornamento da metrópole, intensamente difundida durante as décadas de 1940 e 1950, desapareceram de nossa iconosfera, restringindo-se apenas ao circuito restrito e especializado do colecionador de fotografias e de cartões-postais. Diferentemente de outros espaços da cidade, que, mesmo modificados ou desestruturados no campo material, lograram manter suas representações visuais nas paredes de bares, restaurantes ou em suvenires (calendários comemorativos, postais, chaveiros etc.), a desestruturação do espaço do parque Dom Pedro II foi acompanhada por uma invisibilidade de suas imagens. Há aqui um ponto para reflexão: que motivos levaram a essa invisibilidade das imagens da várzea do Carmo? Talvez a intensa transformação pela qual esse local passou seja um fator, isto é, a eliminação do elemento topográfico que o tornava uma paisagem singular colabora para seu desaparecimento do campo visual. É possível ainda pensar que tanto a imagem do parque embelezado quanto a do parque como ornamento da metrópole não são identificadas facilmente como paisagens da cidade de São Paulo de hoje ou com o próprio parque Dom Pedro II. No caso da imagem do parque ornamentado, poder-se-ia supor se tratar de algum parque público de Buenos Aires ou de qualquer cidade europeia durante a virada do século XIX para o século XX; já a paisagem do parque como ornamento facilmente seria associada a Nova York. Ironicamente, a consolidação da várzea do Carmo como artefato pelo poder público e seus agentes hoje a desestrutura no campo do imaginário e da memória.

Notas

1 O termo "estereótipo" é empregado aqui em seu sentido primário. De origem grega, a palavra composta de *stereostypos* pode ser traduzida como "impressão sólida", isto é, um padrão criado para dar conta da compreensão de determinada realidade. Por isso, trata-se aqui de "estereótipos positivos e negativos".

2 Pierre Patte (1723-1814), arquiteto, escritor e gravador francês, é considerado um dos pioneiros das teorias dos melhoramentos. Para ele, a localização da cidade no território deveria se pautar em critérios de salubridade do lugar e acessibilidade em relação às rotas comerciais (ver Beatriz Bueno e Ivone Salgado, Pierre Patte e a cultura urbanística do iluminismo francês, *in: Cadernos do LAP*, São Paulo, n. 38, jul-dez 2003.). A proximidade de um rio permitiria uma melhor circulação do ar e da água na cidade, se levados em conta os cuidados com o miasma – processo de fermentação de substâncias vegetais e animais, sobretudo em áreas pantanosas que emanavam substâncias pútridas no ar. A teoria miasmática foi organizada em fins do século XVIII por um médico francês, Vicq d'Azir, influenciando tratados urbanísticos na Europa e também no Rio de Janeiro. No cenário nacional, pode-se destacar os tratados escritos pelo físico-mor Manoel Vieira da Silva, profissional responsável pelo saneamento da cidade em que se estabeleceu a corte, e por José Joaquim de Santa Ana, capitão do Real Corpo de Engenheiros e Architetos do Rio de Janeiro, para o enxugo da cidade do Rio de Janeiro, respectivamente nos anos de 1808 e 1815 (ver Ivone Salgado, A modernização da cidade setecentista: o contributo das culturas urbanísticas francesa e inglesa, *in: A construção da cidade brasileira*, Lisboa: Livros Horizonte, 2004).

3 Em 1930, tornou-se pública a primeira versão do *Plano de Avenidas* (1924-1930), elaborado pelos engenheiros Ulhôa Cintra e Francisco Prestes Maia. Essa versão continha uma série de propostas de intervenção na área do parque Dom Pedro II: alargamento do sistema viário nos três eixos correspondentes aos antigos aterros (da Mooca ou Tabatinguera, do Carmo e do Gasômetro) e sua transformação em amplas avenidas radiais: alargamento de todo sistema viário perimetral ao parque e intervenção nas duas praças semicirculares que ligavam o parque à ladeira General Carneiro. Ver Rosa Grena Alembick Kliass, *Parques urbanos de São Paulo e sua evolução na cidade*, São Paulo: Pini, 1993, p. 129.

4 Auguste de Saint-Hilaire (1779-1853), natural de Orleans, na França, viajou para o Brasil a fim de colher material para seus estudos de botânica. No período de 1816 a 1822, percorreu as províncias do centro e do sul do país, a respeito das quais deixou extensa descrição em seus relatos de viagem.

5 Auguste de Saint-Hilaire, *Viagem à província de São Paulo*, Belo Horizonte/São Paulo: Itatiaia/Edusp, 1976 (grifos nossos).

6 O arquiteto, escultor e engenheiro italiano Filipo Brunelleschi (1377-1446) sistematizou, por volta de 1425, as regras geométricas da reflexão óptica em um espelho quando criou um pequeno painel no Batistério Florentino. O também italiano Leon Battista Alberti (1404-1472) codificou os princípios da perspectiva de Brunelleschi no *Tratado de pintura*, substituindo o espelho por uma janela gradeada, redirecionando o propósito da arte da perspectiva, cujo intuito não era mais a revelação da ordem divina refletida na Terra, mas sim a de uma realidade física, mais secular, vista diretamente em sua relação com a ordem moral humana (ver Samuel Edgerton, Brunelleschi's Mirror, Alberti's Window, and Galileo's Perspective Tube, *in: História, ciências, saúde – Manguinhos*, Rio de Janeiro: Casa de Oswaldo Cruz/Fiocruz, v. 13, out. 2006, p. 151).

7 *Ibidem*.

8 O termo *voyer* aqui utilizado refere-se ao conceito proposto por Michel de Certeau (*op. cit.*, pp. 170-1).

9 Neste outro trecho, o botânico francês descreve a paisagem da várzea do Carmo a partir do convento das Carmelitas, maravilhado com sua vegetação em que se alternam árvores de grande porte com a vegetação rasteira, característica de áreas de vargedo (grifos nossos):
"Atravessei a cidade de São Paulo. Ao chegar ao *Convento das Carmelitas*, de onde se descortina

uma *bela vista*, desci uma *rua pavimentada* e muito íngreme, que vai até a *beira do córrego Tamanduateí* e é margeada de um lado pela *parte baixa da cidade* e forma o seu *limite*. Sua travessia é feita por uma *ponte de pedra*, de um só arco. Depois da *ponte* vê-se uma *vasta planície* que, embora apresentando *desníveis* muito *pronunciados*, deve ser uma continuação da de Piratininga. Sendo muito *pantanosa* na vizinhança dos *córregos*, ela apresenta alternadamente, mais adiante, *pastos* e *tufos de árvores pouco elevadas*. Num trecho de algumas centenas de passos a partir da *ponte* o *caminho* é *orlado* e *embelezado* por densos tufos de uma *tasneirinha de flores amarelo-ouro*. Depois desse trecho veem-se *várias chácaras*.

Do *leste*, o *terreno*, *mais baixo* do que a cidade, é *inteiramente regular* e se estende até o *arraial de Nossa Senhora da Penha*, que se avista na *linha do horizonte*. Em outras partes mostra-se *mais ou menos irregular*, e para os lados sul e do oeste se projeta acima da cidade. A região apresenta ora encantadores *grupos de árvores*, ora *pastos de capim rasteiro*. Por todo lado se veem *bonitas casas espalhadas pelo campo*. *Araucárias* e algumas *palmeiras* ressaltam acima do *arvoredo*, e de todo esse conjunto resulta uma paisagem das mais agradáveis. O Anhangabaú, um simples filete de água, vai desaguar, abaixo do convento dos beneditinos, no *Tamanduateí*, que em seguida sai *serpeando* no meio dos *pastos brejosos*, contribuindo para quebrar a monotonia da *paisagem*" (ver Auguste de Saint-Hilaire, *op. cit.*, p. 122).

Em outro momento, quando se apresentam os tipos humanos que circulavam por São Paulo, admira-se por apresentarem pele amarelada, indício de uma vida não tão saudável, ainda que não atribua a aparência física de seus habitantes diretamente à condição da várzea, pois que ali havia circulação privilegiada de ventos:

"É inegável que o *clima* de São Paulo, disse um presidente da província (*Manoel Felizardo de Souza e Melo, em discurso proferido no dia 7/01/1884*), é muito *salubre*, pois durante seis meses a cidade fica *alagada*, por assim dizer, pelas águas que transbordam do *Tietê* e do *Tamanduateí*, e no entanto a

saúde de nossos *concidadãos* não parece ressentir-se absolutamente. É fora de dúvida que a *posição* de São Paulo e os *ventos* que a varrem preservam os seus *habitantes* das *febres* e *doenças endêmicas* que *inundações* desse tipo causam em outros lugares. Não obstante, acho difícil acreditar que as que ocorrem ali todos os anos não tenham alguma influência sobre a *saúde pública*. Eu imaginaria, pelo que me haviam dito sobre a localização de São Paulo e o seu *clima*, que só iria encontrar ali *homens robustos e saudáveis*. Não foi bem o que aconteceu, porém. Mesmo os que habitam a própria cidade estão longe de ter a *aparência sadia* e a *bela* constituição física encontradas entre o povo da maior parte da Província de Minas Gerais ou da comarca de Curitiba. Há mesmo muitos dentre eles que têm a *pele amarelada* e o *aspecto macilento*" (*Ibidem*, p. 134).

10   Antonio Rodrigues Vellozo de Oliveira (1750-1824) nasceu em São Paulo e se formou em direito pela Universidade de Coimbra, cursando também a Faculdade de Filosofia. De volta ao Brasil, foi chanceler da Relação do Maranhão, desembargador do Paço, deputado da Mesa de Consciência e Ordens, juiz conservador da nação britânica e deputado à Constituinte em 1822.

11   Ernani da Silva Bruno, *Histórias e tradições da cidade de São Paulo. V. III – Metrópole do café (1872-1918)*, Rio de Janeiro: José Olympio, 1954, pp. 349-50.

12   Para saber mais sobre a influência da estética pitoresca no discurso dos viajantes, ver Cláudia Damasceno Fonseca, Irregularidades ou pitorescas? Olhares sobre as paisagens urbanas mineiras, *in*: Júnia Ferreira Furtado (org.), *Sons, formas, cores e movimentos na modernidade atlântica: Europa, Américas e África*, São Paulo: Anna Blume, 2008.

13   Bernardo Guimarães (1825-1884) nasceu em Ouro Preto. Em meados do século XIX, estudou na Academia de Direito de São Paulo. De 1869 a 1883, publicou uma série de romances que lhe asseguraram posição de relevo na literatura brasileira.

14   Bernardo Guimarães *apud* Ernani da Silva Bruno, *Memórias da cidade de São Paulo. Depoimentos de*

moradores e visitantes, São Paulo: Prefeitura Municipal de São Paulo/Secretaria da Cultura, 1981, p. 64. (Grifos nossos).

15 Francisco de Assis Vieira Bueno (1816-1908) nasceu na cidade de São Paulo, onde se formou advogado, em 1841, pela Academia de Direito. Foi comerciante e diretor do Banco do Brasil.

16 Francisco de Assis Vieira Bueno *apud* Ernani da Silva Bruno, *op. cit.*, p. 51. (Grifos nossos).

17 Apelido dado aos escravizados que levavam barris com dejetos, popularmente chamados de "tigres".

18 Francisco de Assis Vieira Bueno *apud* Ernani da Silva Bruno, *op. cit.*, p. 51. (Grifos nossos).

19 Ernani da Silva Bruno, *Histórias e tradições da cidade de São Paulo. V. III – Metrópole do café (1872-1918)*, Rio de Janeiro: José Olympio, 1953-4, p. 284 e p. 342.

20 Afonso Schimidt, *São Paulo de meus amôres*, São Paulo: Clube do Livro, 1954, p. 113.

21 O cronista Antônio Egídio Martins também relata o hábito dos comerciantes da rua da Imperatriz em se reunir nas pontes para observar as pernas das lavadeiras à beira do Tamanduateí no ano de 1848: "A Câmara impunha multas às *pessoas que estendessem roupas* nas guardas das *pontes*. Mas as pontes eram também ponto de *reunião de gente* que apenas fazia horas. Antônio Egídio Martins contou que muitos *negociantes* da rua da Imperatriz – todas as tardes, depois de fechadas as suas *lojas* – costumavam dar uma chegadinha ao local da *ponte do Mercado Velho*. Quem sabe se por causa das pernas das *lavadeiras* que trabalhavam naquele ponto do *Tamanduateí*" (ver Antônio Egídio Martins *apud* Ernani Bruno, 1954, *Histórias e tradições da cidade de São Paulo. V. III – Metrópole do café (1872-1918)*, *op. cit.*, p. 621, grifos nossos).

22 O cronista Jorge Americano cita parte das tentativas empreendidas pelo poder público de disciplinar aqueles que circulavam pela várzea do Carmo, ou seja, delimitar as esferas da vida pública e privada nos idos de 1885 a 1915. Nesse trecho, destacam-se o seu ajardinamento e a demolição de um morro para o lado da Mooca a fim de ampliar os terrenos para edificação em São Paulo: "A *várzea do Carmo* (hoje *parque Dom Pedro II*) era *alagadiça* no tempo de chuvas. Na seca, entre o Gasômetro e o Carmo, dois braços do *Tamanduateí* formavam *ilha*. Um desses é o leito atual e o outro corria paralelo à *rua 25 de Março*, até juntar-se ao primeiro, ali pela altura do *mercado*. Da *rua Glicério* e de toda a *encosta da colina central* da cidade, desciam *lavadeiras* de tamancos, trazendo trouxas e tábuas de bater *roupa*. À beira d'água, juntavam a parte traseira à dianteira da saia, por um nó no apanhado da saia, a qual tomava aspecto de bombacha. Sungavam-na pela parte superior, amarravam-na à cintura com barbante, de modo a encurtá-la até os joelhos ou pouco acima, tomando agora o aspecto de calção estofado. Deixavam os tamancos, entravam n'água e debruçavam-se sobre o *rio*, sem perigo de serem mal vistas pelas costas. Terminada a lavagem recompunham o vestuário, calçavam os tamancos e subiam a encosta. Isso durou até que o *poder público* resolveu *aterrar* e *ajardinar a várzea do Carmo*. Havia um *morro para o lado da Mooca*, cuja *demolição* abriria terrenos para *edificações* (São Paulo começava a crescer vertiginosamente). Uma *bomba* tocada a vapor ou gasolina lançava *jato d'água* contra o *morro*, e se encaminhava a *lama barrenta* para *canos* de calibre de meio metro, por onde corria até a *Várzea*, onde se despejava em quadrados cercados por *muretas de terra*. Cheio o quadrado, passava-se a outro, e assim sucessivamente até a decantação. Esvaziava-se então a água nos quadrados decantados, e o processo recomeçava até terminar o *aterro*. Certa *noite*, alguém, ébrio ou *transviado*, meteu-se pelo barro recém-jorrado e foi afundando, afundando. Quando tomou pé, estava de *lama* até os ombros. Ali ficou gemendo. Foi visto pela *manhã*. Vieram os *bombeiros* e tiraram-no por uma estiva de tábuas". Jorge Americano, *São Paulo naquele tempo (1895-1915)*, São Paulo: Saraiva, 1957.

É interessante notar a caracterização da várzea como espaço onde circulavam tipos humanos despreocupados com a moral e os costumes republicanos: as lavadeiras vindas do Glicério e das encostas da colina, que usavam suas saias encurtadas até mais ou menos a altura dos joelhos, e o ébrio resgatado do mar de lama pelos bombeiros.

23 Afonso Schimidt, *São Paulo de meus amôres*, São Paulo: Clube do Livro, 1954, p. 621.

24 O cronista Alfredo Cusano, em 1911, mencionava que seus patrícios italianos se encontravam instalados no bairro do Brás em casas modestas, fazendo desse local, assim como do Bexiga, autênticos bairros italianos: "Os bairros populares paulistanos – o Brás, o Bexiga e o Cambuci – acomodam todas as *classes trabalhadoras*, nas suas *modestíssimas casinhas*, onde se alojam as *famílias* menos miseráveis; ou nos *cortiços*, espécie de enormes *armazéns*, nos quais se reúnem, em uma promiscuidade que fomenta e alimenta os mais desagradáveis vícios e facilita os contágios, centenas e milhares de *famílias pobres*, cuja remuneração pelo trabalho cotidiano não lhes dá a possibilidade de escolher melhor habitação. Mas alguns importantes paulistas, muito ciosos da reputação de sua querida cidade, e o próprio governo, decidiram destruir lentamente esta fonte de vícios e infecções, através da construção de numerosas *casas econômicas*, segundo projeto que será apresentado à Câmara, na atual legislatura. É inútil dizer que toda grande massa de *operários*, compatriotas nossos, mora nesses bairros e especialmente no Bexiga e no Brás, que são autênticos bairros *italianos*" (Alfredo Cusano *apud* Ernani Bruno, *Memórias da cidade de São Paulo. Depoimentos de moradores e visitantes*, São Paulo: Prefeitura Municipal de São Paulo / Secretaria da Cultura, 1981, pp. 167-9, grifos nossos).

25 Sobre as práticas no bairro do Brás, ver os contos: "Gaetaninho", "Lisetta" e "Nacionalidade".

26 Claude Lévi-Strauss *apud* Ernani da Silva Bruno, *Memórias da cidade de São Paulo. Depoimentos de moradores e visitantes*, São Paulo: Prefeitura Municipal de São Paulo/Secretaria da Cultura, 1981, pp. 189-92 (grifos nossos).

27 Jorge Americano, *São Paulo atual-1935-1962*, São Paulo: Melhoramentos, 1963, p. 60.

28 Denomina-se zona cerealista o polígono formado por treze ruas delimitado ao norte pelo pátio do Pari. Tratava-se da única área de abastecimento de grãos e hortifrutigranjeiros da cidade até a década de 1960, quando se inicia a construção do Ceagesp, na zona oeste de São Paulo.

29 João Antônio, *Leão-de-chácara*. São Paulo: Cosac Naify, 2012, pp. 135-6.

30 *Ibidem*.

31 Jorge Americano, *op. cit.*, p. 100.

32 A seção *faits divers* era típica dos jornais franceses.

33 Maria Cristina da Silva Leme, A formação do pensamento urbanístico no Brasil 1895-1965, *in: Urbanismo no Brasil 1895-1965*, São Paulo: Studio Nobel/Fapesp/FAU-USP/Fupam, 1999.

34 Publicadas nos jornais *O Estado de S. Paulo, Correio Paulistano, Diário de São Paulo, Diário Popular, Diário da Noite, Diário do Braz, A Gazeta de São Paulo, A Platea, Commercio de São Paulo, Folha da Manhã, Folha da Tarde, Folha da Noite, Fanfulla, A Voz de Portugal* e na revista *A Cigarra*.

35 O levantamento das notícias sobre a várzea do Carmo foi feito no acervo de periódicos do Arquivo do Estado de São Paulo, no acervo *online* digitalizado do jornal *O Estado de S. Paulo* e sobretudo nos *clippings* de notícias da Light, sob a guarda da Fundação Energia e Saneamento. Elegeram-se alguns anos-chave para a pesquisa com base em uma cronologia organizada em função dos principais acontecimentos na região da várzea do Carmo (cf. anexo "Cronologia da várzea do Carmo/parque Dom Pedro II"). No período das décadas de 1920 e 1930, encontrou-se um número reduzido de notícias nos *clippings* da empresa anglo-canadense, provavelmente por causa de seu envolvimento nos conflitos ocorridos na cidade nesse período, a Revolução de 1924 e a Revolução de 1932. Assim, as considerações feitas sobre essas décadas não permitem identificar um padrão preciso de representação da várzea do Carmo pela imprensa.

36 Os editores e jornalistas foram computados no grupo dos "caminhantes".

37 Tratava-se da aplicação de multas àqueles que jogassem lixo nas vias públicas e não construíssem passeios públicos em frente a suas casas.

38 No caso, a diretoria da Light, que comunica a instalação de novas linhas de bonde na região da várzea, em nota publicada no mês de maio de 1911 no jornal *Correio Paulistano*.

39 A proposta feita pelo leitor é pontual: a construção de um novo fórum na região entre as ruas do Carmo e Tabatinguera, que possuíam aspecto "feio". A indicação é assinada sob o pseudônimo SIVIS.

40 Essa empresa propõe a criação de novas linhas de carros de aluguel para atender à demanda por transporte que os bondes da Light não supririam.

41 Como se viu no capítulo introdutório.

42 No dia 13 de janeiro de 1890, foi dissolvida a Câmara Municipal Paulistana. O ato, assinado por Prudente de Morais Barros, presidente do estado, determinou a substituição da antiga administração, composta por treze vereadores, por um Conselho de Intendência com nove membros nomeados pelo presidente. As funções administrativas do Conselho de Intendência eram muito semelhantes às da antiga Câmara. Tal mudança foi um reflexo na instância municipal da instabilidade verificada nos governos estadual e federal, que ainda estavam em busca de um modelo político-administrativo que substituísse a estrutura imperial. Ver *Guia do Arquivo Municipal Washington Luís*, São Paulo: DPH, 2007, pp. 29-30.

43 Em artigo publicado em 8 de fevereiro de 1890, defendia-se a transformação da várzea do Carmo em parque público, a exemplo dos parques de Paris, Londres e Nova York. Alegava-se o benefício da arboricultura, prática que consistia na manutenção e no plantio de árvores. Essa prática, segundo o jornal, traria os seguintes benefícios: moderar a temperatura, fixar a poeira das ruas, atuar como drenos verticais, o que, por conseguinte, configura-se como uma estratégia de desinfecção e produção de oxigênio. Por fim, destacava-se a função ornamental de um parque urbano.

44 Melhoramentos Municipaes, *Correio Paulistano*, São Paulo, 31 de janeiro de 1890.

45 Ernani da Silva Bruno, *Histórias e tradições da cidade de São Paulo. V. III - Metrópole do café (1872-1918)*, Rio de Janeiro: José Olympio, 1953-4, p. 1.217.

46 Companhia criada em 1889 e sediada na rua Flórida. Seu proprietário era Antonio Álvares Penteado (Maria Celestina Teixeira Mendes Torres, *Brás*, São Paulo: Prefeitura Municipal/Departamento de Cultura, 1969, p. 164).

47 Os estrangeiros mencionados eram italianos e portugueses - estes últimos, em menor proporção.

48 Carlos Augusto da Costa Niemeyer, *Parques infantis de São Paulo: lazer como expressão de cidadania*, São Paulo: Annablume/Fapesp, 2002, p. 108.

49 A seguir, uma enumeração com os nomes dos cinemas, suas localizações e anos de inauguração: Teatro Colombo, lgo. da Concórdia, 1907; Eden-Theatre, r. do Gasômetro, 114 (esquina com a r. Vasco da Gama), 1908; Cinema Popular, av. Rangel Pestana, 168, 1909; Piratininga, r. Piratininga, 1910; Mafalda, av. Rangel Pestana, 150 (atual n. 1.560), final da década de 1910; Brás-Bijou, av. Rangel Pestana, 187, 1911; Brás-Cinema, sem localização, 1911; Ideal, r. do Gasômetro, 26-27 (após a r. Monsenhor Anacleto), 1911; Amerikan Cinema, av. Celso Garcia, 40 (próximo à atual r. Costa Valente), 1911; Pavilhão Oriente, r. Henrique Dias, esquina com a r. Rodrigues Santos, 1911; Isis-Theatre (Glória-1930), r. do Gasômetro, 47 (atual 245), 1911; Eros (Ideal-1960), r. Piratininga, esquina com a r. Cel. Murça, 1913; Salão Cinema, av. Rangel Pestana, 122 (atual 1.380), 1913; Avenida, av. Rangel Pestana, 111 (logo depois da r. Caetano Pinto), 1913; Politeama, av. Celso Garcia, 55 (atual n. 223), 1914; Celso Garcia, av. Celso Garcia, 46, entre as r. Joli e r. Costa Valente, 1914; São José, r. Nova São José, 22 (atual r. 21 de Abril), 1914; Olimpia, av. Rangel Pestana, 1.266, década de 1920; Oberdã, r. Ministro Firmino Whitaker, 63, 1929; Roxy, av. Celso Garcia, 485-503, final da década de 1930; Babilônia, av. Rangel Pestana, 2079, 1935; Universo, av. Celso Garcia, 360-390, final da década de 1930; Piratininga, av. Rangel Pestana, 1.554, década de 1940; Fontana, av. Celso Garcia, 273, década de 1940; Savoy, r. Mendes Júnior, 711, 1950; e São Sebastião, r. Maria Marcolina, década de 1950.

50 Todas as reportagens relativas às exposições no interior do Palácio das Indústrias eram acompanhadas por fotografias. Em uma delas, publicada em janeiro de 1929 pelo jornal *Correio Paulistano*, foi descrita a organização de uma exposição, que se pretendia permanente, no interior do edifício. As seções do Museu Agrícola e Industrial de São Paulo, que passou a ocupar essa edificação pública a partir dessa data, foram descritas textualmente (a parte agrícola, já organizada, foi reproduzida em três clichês). Esse museu aliava-se à tendência europeia de criação de museus industriais após a febre das exposições universais durante o século XIX. A organização das seções do museu instalado no Palácio das Indústrias seguia a tipologia utilizada nos gabinetes de curiosidade dos séculos XVII e XVIII. Tentava-se, por meio desta, reproduzir um microcosmo que possibilitasse a compreensão da natureza por meio da reunião dos elementos dos três reinos da natureza (mineral, vegetal e animal) – *naturalia* – e aqueles produzidos pelo homem – *artificialia*. O Museu Agrícola e Industrial de São Paulo era dividido nas seções "minerais", "vegetais" e "produtos manufaturados". Essa última seção estava subdividida em "produtos da indústria agrícola", "produtos da indústria animal", "produtos da indústria química" e "máquinas em geral". A reportagem de 1929 também trazia o estatuto do novo museu. Entre suas funções, algumas se destacavam: "organizar e manter em bom estado de conservação amostras de produtos naturais agrícolas, zootécnicos e industriais, visando demonstrar o progresso de São Paulo; prestar informações de caráter comercial aos visitantes quando solicitado; organizar quando determinada pela Secretaria da Agricultura coleções de amostras de produtos destinados a propaganda do estado no exterior e promover certames parciais, notadamente de produtos agrícolas, com a distribuição de diplomas e prêmios aos melhores expositores".

51 Ver capítulo 1.

52 Vale lembrar que as habitações coletivas eram malvistas nesse período. Eram associadas aos cortiços, que, no bairro do Brás, eram sobretudo habitados por imigrantes italianos. Por isso, ao nome do edifício agregava-se o termo "Palacete", associado às moradias daqueles com alto padrão de renda. Dessa forma, podemos supor que o parque público fizesse as vezes dos amplos jardins característicos dos palacetes.

53 Segundo o livro de registro de construtores práticos licenciados do Conselho Regional de Engenharia e Arquitetura, o escritório Chiappori & Lanza Engenheiros-Architectos se localizava na rua José Bonifácio, 73. Aldo Lanza, nascido em Milão, passa a atuar na capital paulista após 1915, onde se associou ao também italiano Giuseppi Chiappori. Tornaram-se herdeiros do escritório os italianos Giulio Micheli e Luiz Pucci, executores do projeto do Monumento do Ipiranga (futuro Museu Paulista), já que foram refeitas as sociedades à medida que faleciam seus sócios. Inicialmente a sociedade era entre "Micheli e Chiappori"; com o falecimento do primeiro, instaurou-se a sociedade "Chiappori e Lanza". Ambos atuaram até a década de 1930, sendo registrados pelo Crea como práticos, e não como engenheiros-arquitetos diplomados. Apesar de divergências na bibliografia sobre suas formações, cabe mencionar o prestígio de que gozavam para terem sido convidados para a construção do Palacete Nacim Schoueri. Já haviam sido responsáveis pelos projetos de prédios comerciais no triângulo central da cidade e pelo projeto do Teatro Municipal Carlos Gomes em Campinas, além de terem participado diretamente de obras sob a responsabilidade de Giulio Micheli. Ver Lindener Pareto Jr., *O cotidiano em construção: os "práticos licenciados" em São Paulo (1893-1933)*, dissertação (mestrado em Arquitetura e Urbanismo) – Universidade de São Paulo, São Paulo, 2011, pp. 195-8.

54 Maria Cristina da Silva leme, A formação do pensamento urbanístico no Brasil 1895-1965, in: *Urbanismo no Brasil 1895-1965*, São Paulo: Studio Nobel/Fapesp/FAU-USP/Fupam, 1999, e Regina Maria Prosperi Meyer, *Metrópole e urbanismo: São Paulo Anos 50*, tese (doutorado em Arquitetura e Urbanismo) – Universidade de São Paulo, São Paulo, 1991.

55 Flávio de Carvalho (1899-1973) nasceu em Valinhos (SP). Formou-se em engenharia civil na Universidade de Durham, Inglaterra, onde também frequentou a Escola de Belas Artes. Em 1924, trabalhou como calculista no escritório de arquitetura de Ramos de Azevedo. Em 1927, elaborou um projeto para o concurso de construção do novo Palácio do Governo, no Rio de Janeiro. Mesmo havendo sido derrotado, seu trabalho foi considerado pioneiro da arquitetura modernista no Brasil. Em 1930, apresentou no IV

Congresso Pan-Americano de Arquitetura a tese *A cidade do homem nu*, influenciada pelas concepções modernistas de Le Corbusier e pelo Movimento Antropofágico de Oswald de Andrade (Cf. Carolina Rossetti, *Flávio de Carvalho: questões de arquitetura e urbanismo*, dissertação (mestrado em Arquitetura e Urbanismo) – Universidade de São Paulo, São Carlos, 2007). O trabalho de Flávio de Carvalho como arquiteto é pouco conhecido; ele se consagrou como artista plástico. Manteve ateliê na cidade de São Paulo, onde funcionou o Clube dos Artistas Modernos (CAM), do qual participaram Antonio Gomide, Emiliano Di Cavalcanti e Carlos Prado. Ali se promoviam regularmente espetáculos teatrais, exposições e conferências.

56 Trecho retirado de um recorte de jornal organizado enquanto *clipping* de notícias para a empresa Light.

57 A ampliação do sistema hidrelétrico empreendida pela Light – as chamadas "obras da serra" – consistiu num conjunto de trabalhos que previa desde a retificação do rio Pinheiros até a construção de um sistema de barragens estado adentro e da usina de Cubatão, no litoral paulista. Há uma série de álbuns de fotografias sobre esse projeto no Acervo da Fundação Energia e Saneamento.

58 Especialmente os festejos promovidos durante a passagem do corso carnavalesco do Brás em 1940. Em uma das reportagens, publicada pelo jornal *A Gazeta*, elogiava-se a postura do prefeito Prestes Maia, que se negou a financiar a construção de coretos e a colocação de enfeites ao longo das avenidas Rangel Pestana e Celso Garcia no trecho entre o parque Dom Pedro II e o largo do Belém, prática corrente nas administrações anteriores. O jornalista afirmava ser mais útil o gasto da verba pública nas obras viárias previstas, cabendo ao comércio patrocinar os festejos do momo.

59 Nessa crônica, é mobilizado o repertório visual sobre a várzea do Carmo construído textualmente pelos cronistas do século XIX e visualmente pela iconografia dos viajantes, sobretudo pelos desenhos de Jean-Baptiste Debret e pelas fotografias de Guilherme Gaensly e Vincenzo Pastore.

60 Vânia Carneiro de Carvalho e Solange Ferraz de Lima, Vistas urbanas, doces lembranças: o "antigo" e o "moderno" nos álbuns fotográficos comparativos. *In*: Francisco Murari Pires (org.), *Antigos e modernos: diálogos sobre (a escrita da) História*. São Paulo: Alameda, 2009.

61 *O Estado de S. Paulo*, 14 abr. 1968, p. 21.

62 *O Estado de S. Paulo*, 11 jun. 1965, p. 13.

63 *O Estado de S. Paulo*, 1º jan. 1969, p. 30.

64 Com a iminente mudança da Assembleia Legislativa Estadual para o novo prédio construído no parque do Ibirapuera, questionam-se os usos dados ao edifício, em disputa entre a prefeitura e o estado. Entre aqueles que manifestaram interesse em lá se instalar, estão as secretarias de Segurança, dos Transportes e da Educação e o Tribunal Regional do Trabalho.

65 *O Estado de S. Paulo*, 27 jan. 1963, p. 9.

66 Um deles numa residência na rua Rússia e outro na rua Nicarágua, dos quais constam dois clichês fotográficos.

67 Engenheiro agrônomo, recém-formado na Escola Superior de Agricultura Luiz de Queiroz da Universidade de São Paulo (1958-1963), era colaborador do Suplemento Agrícola do jornal *O Estado de S. Paulo*. Ao longo de sua trajetória, procurou desenvolver modelos de paisagismo em micro e macro escala, integrando criação de espaços verdes e preservação ambiental e a implantação de paisagens silvestres autossustentáveis. Entre suas principais obras, estão o paisagismo do largo São Bento e de diversas estações do metrô linha norte-sul, a recuperação de área degradada e implantação de paisagem silvestre na ilha das Cabras, em Ilhabela (SP), e recentemente o paisagismo do parque Villa Lobos, na cidade de São Paulo.

68 *O Estado de S. Paulo,* 28 set. 1966, p. 44.

69 *O Estado de S. Paulo*, 15 out. 1965, p. 12.

70 Todos os homicídios tiveram policiais envolvidos, em situações de trabalho ou em crimes passionais.

71 Trata-se de um professor que atirava tijolos no prédio da Assembleia Legislativa durante a madrugada, no ano de 1962, que, segundo o jornal, fora acometido por um súbito abalo nervoso. Ainda que o jornal justifique dessa maneira o ocorrido, vale lembrar que, durante os anos de 1961, 1963 e 1964, aparecem registros fotográficos nas reportagens que cobriam as greves dessa categoria profissional, sempre mobilizada em frente ou até mesmo dentro do prédio do Palácio 9 de Julho.

72 A fim de coibir essa prática, anunciava-se ainda, em 5% dos "casos de polícia", o reforço de policiamento na região.

73 Uma notícia curiosa mencionava o caso de um lavador de automóveis estacionados nas vias do entorno do parque urbano que foi esfaqueado por um bandido famoso por outros crimes na região central da cidade, alcunhado de "carequinha", em razão de o lavador não lhe haver emprestado "500 cruzeiros".

74 Entre as notícias relativas à saúde pública, consideramos a desinfecção dos coletivos que circulavam no parque Dom Pedro II pela Secção de Epidemologia e Profilaxia Gerais da Secretaria de Saúde Pública do Estado e a oferta de um curso gratuito para homens sobre sexologia promovido pelo Centro de Higiene Pré-nupcial (situado à rua Frederico Alvarenga, junto ao parque).

75 Completam as notícias aquelas agregadas à categoria "outros" (7%). Dentre tais notícias, destacam-se reportagens com os seguintes temas: passagem dos jornalistas ao quartel de armas, onde não se verificou movimentação atípica em razão da posse do vice-presidente do Brasil, contrariando a repercussão nos altos quadros das forças armadas; nota publicada pela Associação dos Antigos Alunos do Ginásio do Estado, localizado no parque Dom Pedro II, em que indicam a abertura noturna regular às quartas-feiras de sua sede no colégio para esclarecimentos e prestações de conta; a ampliação do pregão da Bolsa de Cereais de São Paulo e a permissão para que comerciantes não filiados a ela também participassem das reuniões – a fim de coibir a "bolsinha", que funcionava no parque Dom Pedro II, em que alimentos eram vendidos mais barato –; um informe da Light indicando o pronto-socorro ao prédio da Assembleia que ficou sem luz em razão da queima de um transformador, apesar do tráfego intenso nas imediações do Palácio 9 de Julho; e, finalmente, a locação de um

prédio pela polícia para agilizar o serviço de fornecimento de cédulas de identidade para brasileiros e estrangeiros, atividade instalada no prédio do Palácio 9 de Julho.

76 *O Estado de S. Paulo*, 24 jul. 1969, p. 35.

77 Luiz Morrone (1906-1998) foi um escultor paulista, discípulo de Ettore Ximenes. Especializou-se na produção de hermas, bustos esculpidos sobre pilastra, como a que instalou no pátio da Escola Estadual São Paulo em homenagem ao professor Martim Egídio Damy em 1967. É autor do Monumento à Aldeia de Nossa Senhora dos Pinheiros, coluna formada por blocos de granito que tem em seu topo um relevo de bronze com figuras de índios, jesuítas e bandeirantes, localizado no largo da Batata, no bairro de Pinheiros, e da versão escultórica oficial do brasão de armas do estado de São Paulo.

78 Por exemplo, para a igreja de Nossa Senhora da Penha, onde em 1967 se comemoraram os festejos do terceiro centenário do bairro, e para a igreja Nossa Senhora do Sagrado Coração da Vila Formosa, que em 1960 celebrou o sexto aniversário da coroação papal dessa imagem.

79 *O Estado de S. Paulo*, 20 jan. 1965, p. 10.

80 Nessa reportagem, registra-se o desabamento de parte dos andares de um prédio de apartamentos na rua Oscar Cintra Gordinho, imediações do parque Dom Pedro II, cujos destroços desabaram na via pública atingindo a cabeça de uma funcionária municipal identificada como Benedita Tavares Coelho, de 50 anos, que teve traumatismo craniano. A criança que levava pela mão, uma menina loira de aproximadamente 2 anos de idade, nada sofreu e ficou sob a guarda de uma moradora da mesma rua até ser procurada pelos pais.

81 Petrolização dos córregos da capital e campanha intensa de vacinação contra o tifo, ordenadas pelo secretário de Saúde Pública, que sobrevoara a região; acionamento do Serviço de Policiamento da Alimentação Pública pelos fiscais do mercado às nove horas da manhã, quando a enchente já alcançava a altura de 1,30 metro acima do nível da rua (os agentes solicitaram o envio de novos fiscais, que chegaram de barco); interdição do tráfego de veículos na zona entre as ruas Santa Rosa, Monsenhor de Andrade, Gasômetro, 25 de Março, Senador Queirós, Paula Souza, Mendes Caldeira, avenida Rangel Pestana, parque Dom Pedro II e o mercado, ordenada pelo diretor da Rádio Patrulha; aspersão de grandes quantidades de petróleo na água e sobre as mercadorias contaminadas, objetivando caracterizar pelo cheiro os alimentos impróprios para o consumo, e retirada de alimentos estragados apenas por caminhões autorizados pela prefeitura.

82 José Ferraz de Almeida Júnior (1850-1899) nasceu em Itu, no interior de São Paulo. Em 1869, ingressou na Academia Imperial de Belas Artes, onde teve aulas de pintura com Victor Meirelles (1832-1903). Em 1875, abriu um ateliê em sua cidade natal, onde trabalhou como retratista e professor de desenho. Viveu em Paris entre 1876 e 1882, momento em que havia sido agraciado com uma bolsa de estudos do governo imperial, estudando na École National Supérieure des Beaux-Arts. Regressou ao Brasil em 1882, ano em que expôs seus trabalhos na Academia Imperial. Em 1883, inaugurou um ateliê em São Paulo.

83 Affonso D'Escragnolle Taunay (1875-1958) nasceu em Desterro, Santa Catarina. Seu pai fora presidente dessa mesma província. Teve como bisavô o artista Nicolau Antoine Taunay, um dos fundadores da Academia Imperial de Belas Artes no Rio de Janeiro, e como avô Felix Emil Taunay, também artista, que ocupou a cadeira de pintura da mesma instituição em 1819. Diplomou-se em engenharia pela Escola Politécnica do Rio de Janeiro. Em 1899, transferiu-se para São Paulo, vindo a trabalhar na Escola Politécnica de São Paulo. Em 1917, foi nomeado diretor do Museu Paulista. À frente dessa instituição, garantiu a criação, por lei, da Seção de História Nacional e, a seguir, a instalação do Museu Republicano de Itu, no edifício em que no ano de 1873 se realizara a Convenção de Itu (cf. Antonio Barreto do Amaral, *Dicionário de História de São Paulo*. São Paulo: Governo do Estado, 1980, e Claudia Valladão Mattos, *Da palavra à imagem: sobre o programa decorativo de Affonso Taunay para o Museu Paulista*, *in: Anais*

do Museu Paulista: História e Cultura Material, v. 6/7 (1998-1999), São Paulo: Nova Série, 2003.

84 Benedito Calixto (1853-1927) nasceu em Itanhaém, litoral de São Paulo. Frequentou o ateliê de Jean--François Raffaëlli (1850-1924) e a Académie Julian, em Paris. Em 1884, retornou ao Brasil, onde se consagrou pela produção de paisagens e pinturas históricas. Lecionou na Escola de Belas Artes de São Paulo.

85 José Wasth Rodrigues (1891-1957) nasceu em São Paulo. Realizou estudos durante dois anos com Oscar Pereira da Silva. Para além de pintor, atuou como historiador e especialista em mobiliário, heráldica e armaria. Em 1910, recebeu um prêmio de viagem à Europa do governo paulista. Em Paris, estudou na Académie Julien e na École des Beaux-arts. Expôs no Salão de Paris em 1914. Regressou antes do início da Primeira Guerra ao Brasil, onde fundou um curso de desenho e pintura. Recebeu sua primeira medalha de ouro no Salão Paulista de 1933 e o prêmio de pintura em 1934. Colaborou com o Departamento do Patrimônio Artístico Nacional, participando do Conselho Consultivo e executando obras artísticas (Miyoko Makino *apud* Vânia Carneiro de Carvalho e Solange Ferraz de Lima, São Paulo Antiga, uma encomenda da modernidade: as fotografias de Militão nas pinturas do Museu Paulista, *in: Anais do Museu Paulista: História e Cultura Material*, v. 1, São Paulo: Nova Série, 1993, p. 175).

86 Graciliano Xavier (1856-1934) nasceu em São Paulo. Frequentou o Liceu de Artes e Ofícios de São Paulo, onde teve aulas com Jules Martin e Almeida Júnior. Executava trabalhos decorativos em residências paulistanas. Destacou-se pela pintura de temas religiosos. São de sua autoria a decoração da Capela do Santíssimo Sacramento da igreja Matriz de Jacareí e o painel *São Francisco de Assis no Monte Alverne*, na igreja da Ordem Terceira de São Francisco da Penitência, em São Paulo (Roberto Pontual, *Dicionário das artes plásticas no Brasil*, Rio de Janeiro: Civilização Brasileira, 1969, p. 554).

87 João Ferreira Teixeira (189?-19?) participou do 1º Salão Paulista de Belas Artes, inaugurado em 25 de janeiro de 1934, onde expôs a pintura a óleo *Jornaleiro*.

Seu ateliê localizava-se na rua Fortaleza, 30 A, na cidade de São Paulo (*Catálogo do 1º Salão Paulista de Bellas Artes*, 1934, p. 42).

88 Enrico Vio (1874-1960) nasceu em Veneza, na Itália. Em 1909, estudou no Reggio Istituto di Belle Arti, em Veneza. Participou de exposições em Milão, Turim e da Grande Mostra de Artes de Veneza, em 1909. Em 1910, expôs no Salon d'Automne, em Paris. Em 1911, mudou-se para São Paulo, onde lecionou desenho no Liceu de Artes e Ofícios e, posteriormente, na Escola Politécnica. Produziu retratos, paisagens paulistanas e pinturas de gênero.

89 Augusto Luíz de Freitas (1868-1962) nasceu no Rio Grande do Sul. Matriculou-se na disciplina de Desenho Histórico na Academia de Desenho Portuense, na cidade do Porto, em Portugal, onde também estudou Arquitetura e Escultura. Em 1895, mudou-se para o Rio de Janeiro. Nessa cidade, matriculou-se na Escola Nacional de Belas Artes, onde foi aluno de Henrique Bernadelli. Recebeu o prêmio de viagem da Escola Nacional. Por causa da premiação, passou a residir em Roma, onde se estabeleceu definitivamente.

90 José Canella Filho participou do XLVII Salão Nacional de Belas Artes, ocorrido em 1941, no Rio de Janeiro (cf. Theodoro Braga, *Artistas pintores no Brasil*. São Paulo: São Paulo Editora Limitada, 1942, p. 64). No ano seguinte, expôs a pintura *Zacarias*, no 8º Salão Paulista de Belas Artes. Mantinha um ateliê à rua Moreira Godoy, 10, na cidade de São Paulo (*Catálogo do 8º Salão Paulista de Belas Artes*, 1942, p. 18).

91 Henrique Manzo (1896-1982) nasceu em São Bernardo do Campo, São Paulo. Em 1913, frequentou o curso de Artes Plásticas do Liceu de Artes e Ofícios de São Paulo. Em 1918, expôs no Salão de Belas Artes do Rio de Janeiro. Participou de exposições do Salão Paulista de Belas Artes, tendo integrado a comissão organizadora nas edições dos anos de 1947 e 1951. Em 1964, inaugurou a Galeria Narcisa, em sua propriedade, perto do morro do Jaraguá. Foi pintor e restaurador do Museu Paulista durante a gestão de Affonso Taunay, onde realizou uma série de vistas da cidade de São Paulo a partir de fotografias, gravuras,

aquarelas e informações históricas (Makino *apud* Vânia Carneiro de Carvalho e Solange Ferraz de Lima, São Paulo Antiga, uma encomenda da modernidade: as fotografias de Militao nas pinturas do Museu Paulista, in: *Anais do Museu Paulista: História e Cultura Material*, São Paulo: Nova Série, 1993, p. 176).

92 Cf. Cláudia Valladão Mattos, Da palavra à imagem: sobre o programa decorativo de Affonso Taunay para o Museu Paulista, in: *Anais do Museu Paulista: História e Cultura Material*, v. 6/7, 1998-1999, São Paulo: Nova Série, 2003, p. 124.

93 Vânia Carneiro de Carvalho e Solange Ferraz de Lima, *op. cit.*, p. 1.

94 Auguste de Saint-Hilaire, *Viagem à província de São Paulo*, Belo Horizonte/São Paulo: Itatiaia/Edusp, 1976, p. 122.

95 Affonso Taunay *apud* Vânia Carneiro de Carvalho e Solange Ferraz de Lima, *op. cit.*, p. 40.

96 Militão Augusto de Azevedo (1837-1905) nasceu no Rio de Janeiro. Aos vinte e cinco anos de idade, mudou-se para a cidade de São Paulo, onde passou a trabalhar como retratista no Ateliê Carneiro & Gaspar. Em 1875, criou seu próprio estúdio, Photographia Americana, localizado em frente à igreja do Rosário, na rua da Imperatriz (atual rua 15 de Novembro). São de sua autoria os registros fotográficos mais antigos conhecidos sobre a cidade de São Paulo.

97 Esse circuito incluía lojas, ateliês fotográficos, antiquários, livrarias, charutarias, hotéis, teatros, cinemas, o saguão da revista *A Cigarra* e do jornal *Correio Paulistano*, o Liceu de Artes e Ofícios, salas e salões temporariamente vagos e os próprios ateliês dos artistas (Vânia Carneiro de Carvalho e Solange Ferraz de Lima, *op. cit.*, p. 154).

98 Jules-Victor-André Martin (1832-1906) nasceu em Montiers, França. Estudou belas-artes em Marselha e, em 1852, foi trabalhar como desenhista em Paris, no *atelier* de George Schlater. Em 1868, chegou ao Brasil, onde criou uma sociedade para beneficiar algodão em Sorocaba. Em 1870, mudou-se para São Paulo, onde montou a primeira oficina litográfica da província, a Imperial Litografia. Em 1872, abriu um escritório no largo do Rosário, transferindo-o

posteriormente para o número 37 da rua de São Bento. Idealizou inúmeros projetos para a cidade, entre os quais se destaca o do viaduto do Chá (cf. Antonio Barreto do Amaral, *Dicionário de História de São Paulo*, São Paulo: Governo do Estado, 1980, p. 412).

99 Vânia Carneiro de Carvalho e Solange Ferraz de Lima, Vistas urbanas, doces lembranças: O "antigo" e o "moderno" nos álbuns fotográficos comparativos, *in*: Francisco Murari Pires (org.), *Antigos e modernos: diálogos sobre (a escrita da) História*. São Paulo: Alameda, 2009.

100 O edifício Guarany foi projetado no período de 1937 a 1945 pelo arquiteto brasileiro, filho de italianos, Rino Levi (1901-1965). Rino Levi formou-se na Itália, tendo frequentado a Academia de Brera, em Milão, e a Escola Superior de Arquitetura em Roma. No Brasil, exerceu a profissão para outros escritórios de arquitetura até montar o seu próprio. É autor do Cine Universo, construído na década de 1930, na avenida Celso Garcia, continuação da avenida Rangel Pestana.

O edifício Guarany era propriedade do empresário toscano Ítalo Bellandi. Em parceria com Ampellio Zocchi e Zulino Bellandi. Bellandi, era proprietário da indústria de corantes Bellandi e Cia. Ltda, cujo principal produto fabricado era a tinta de escrever Guarany. Provavelmente por isso, o nome do edifício foi escolhido em homenagem ao seu proprietário. O edifício de dezesseis andares era de uso misto: no rés do chão e no primeiro andar, projetaram-se espaços para lojas; já do segundo ao 15º andar, existiam seis apartamentos residenciais de dois dormitórios. No 16º andar, havia um terraço principal com vista para o parque Dom Pedro II, onde figuravam dois bancos de concreto para além de dois terraços laterais de serviços (Arquivo Rino Levi, Biblioteca da Faculdade de Arquitetura e Urbanismo-USP). A localização do edifício, avenida Exterior, esquina com a avenida Rangel Pestana, aliada à existência de um amplo terraço no último andar demonstram o papel ornamental, agregador de valor à propriedade particular, que a natureza ocupava nesta sociedade.

101 O Palacete Nacim Schoueri foi concluído na década de 1930, projetado pelos práticos italianos Giuseppi

Chiappori e Aldo Lanza. O rés do chão é ocupado por lojas, enquanto os cinco andares destinam-se à função residencial, com apartamentos de três e dois dormitórios cuja metragem varia entre 80 e 100 m². Esse edifício possui o nome de seu proprietário, um comerciante árabe que chegou ao Brasil por volta de 1890. Sua construção tinha o objetivo de atender aos comerciantes da rua 25 de Março, que poderiam morar próximo ao trabalho.

102 Vale lembrar que a faculdade da observação é largamente referida na literatura pedagógica produzida no Brasil desde fins do século XIX. A lição das coisas, máxima que introduz o projeto de museus pedagógicos, pressupõe uma educação da visão necessária para transformar os alunos em futuros trabalhadores e consumidores urbanos (Vânia Carneiro de Carvalho e Solange Ferraz de Lima, Vistas urbanas, doces lembranças: o "antigo" e o "moderno" nos álbuns fotográficos comparativos, in: Francisco Murari Pires (org.), *Antigos e modernos: diálogos sobre (a escrita da) História*, São Paulo: Alameda, 2009).

103 Atribui-se a criação do primeiro cartão-postal ao austríaco Emmanuel Hermann, que em 1869 sugeriu o uso de cartões abertos sem envelope para a escrita de pequenas mensagens. Essa forma de comunicação tornou-se rápida e barata, uma vez que a União Postal Universal fixou uma tarifa única para todos os países em que circulavam esse suporte. Os primeiros postais não eram ilustrados, apenas continham um selo na parte frontal. No Brasil, os primeiros postais ilustrados circularam por volta de 1898. Neles figuravam imagens de cidades, personalidades, eventos sociais e paisagens (cf. Adriana Martins Pereira, *Lentes da memória: a fotografia amadora e o Rio de Janeiro de Alberto de Sampaio (1888-1930)*, dissertação (mestrado em Memória Social) – Universidade do Estado do Rio de Janeiro, Rio de Janeiro, 2004).

104 Não se incluíram aqui os cartões-postais produzidos na década de 1960 porque nesse momento há uma redução drástica desses suportes devido às mudanças no mercado gráfico, que populariza a impressão de postais coloridos em *offset*. Esses novos suportes não figuram na coleção particular consultada nem no acervo do Museu Paulista – por causa de sua qualidade técnica inferior à dos postais fotográficos, no caso do acervo de Salatini, e, no caso do Museu Paulista, por terem sido produzidos em um período posterior ao estabelecido como corte cronológico do acervo salvaguardado pela instituição.

105 Os álbuns utilizados são aqueles indicados pela historiadora Vânia Carneiro de Carvalho (*Do indivíduo ao tipo: as imagens da (des)igualdade nos álbuns fotográficos da cidade de São Paulo*, dissertação (mestrado em História) – Universidade de São Paulo, São Paulo, 1995), *Isto é São Paulo: 96 flagrantes da capital bandeirante*, São Paulo: Melhoramentos, 1951 (uma fotografia, Acervo Biblioteca Municipal Hans Christian Andersen); *Isto é São Paulo: 104 flagrantes da capital bandeirante*, São Paulo: Melhoramentos, 1953 (duas fotografias, diferentes das localizadas na primeira versão desse álbum, Acervo Biblioteca Padre Antonio Vieira – Pateo do Collegio); *São Paulo antigo, São Paulo moderno: álbum comparativo*, São Paulo: Melhoramentos, 1953 (três fotografias, Acervo Biblioteca Municipal Hans Christian Andersen); Peter Karfeld, *São Paulo: álbum de fotografias em cores*, São Paulo: Melhoramentos, 1954 (duas fotografias, Acervo Biblioteca Arquivo Histórico de São Paulo); José Medina, *São Paulo o que foi e o que é*, São Paulo: SCP, 1954 (duas fotografias, Acervo Biblioteca Municipal Hans Christian Andersen); Peter Scheier, *São Paulo: fastest growing city in the world*, Rio de Janeiro: Kosmos, 1954 (duas fotografias, sendo uma delas a capa do livro em página dupla, Acervo Biblioteca Municipal Mário Schenberg); *Eis São Paulo: uma obra realizada e editada no ano de 1954*, São Paulo: Monumento/Companhia Litographica Ypiranga, 1954 (oito fotografias, Acervo Biblioteca Arquivo Histórico de São Paulo).

106 O pintor, desenhista e litógrafo Arnaud Julien Pallière (1764-1862) nasceu em Bordeaux, França. Em 1805, estudou retrato e pintura histórica em Paris. Em 1817, chegou ao Rio de Janeiro com a comitiva da princesa Maria Leopoldina. Nesse mesmo ano, sob a encomenda de D. João VI, pintou uma série de vistas panorâmicas das províncias do Rio de Janeiro, São Paulo e Minas Gerais. Atuou como professor de desenho na Real Academia Militar. Em 1830, retornou à França.

107 A rua mais representada é a ladeira General Carneiro (antiga rua João Alfredo). Já a avenida retratada é a Rangel Pestana, principal via de acesso do bairro do Brás, que o interliga com a região da colina central da cidade.

108 No restante dos postais, não foi fotografado nenhum meio de transporte.

109 Das editoras Lux e Foto Postal, sabe-se apenas que atuaram nas décadas de 1920 e 1930. A primeira produzindo cartões-postais impressos e a segunda confeccionando postais fotográficos da cidade de São Paulo.

110 João Emílio Gerodetti e Carlos Cornejo, *Lembranças de São Paulo: a capital paulista nos cartões-postais e álbuns de lembranças*, São Paulo: Studio Flash Produções Gráficas, 1999.

111 Ver entrevista concedida por Thomaz Farkas disponível em: <https://bit.ly/2DULIoU>. Acesso em: out. 2018.

112 O postal referente à Revolução de 1924 é uma imagem isolada que não foi agrupada nos blocos mencionados.

113 Nesse período, aparecem duas esculturas: o leão em mármore, de autoria do francês Lecourtier, e o *Monumento em Homenagem à Amizade Sírio-Libanesa*, feito em granito róseo e bronze pelo italiano Ettore Ximenes.

114 Vânia Carneiro de Carvalho e Solange Ferraz de Lima, *Fotografia e cidade: da razão urbana à lógica do consumo*, Campinas/São Paulo: Mercado de Letras/Fapesp, 1997, pp. 101-2.

115 Helouise Costa e Renato Rodrigues da Silva, *A fotografia moderna no Brasil*, São Paulo: Cosac Naify,, 2004, p. 13.

116 No restante dos postais, verificou-se a ausência de pessoas.

117 Em 27% dos casos, verificou-se a ausência de personagens. Com 1% cada, aparecem os policiais e as tropas legalistas da Revolução de 1924. Em 2%, aparece representada a multidão, ora numa tomada interna da plataforma da estação da Sorocabana, ora reunida na calçada que circunda o Palácio das Indústrias.

118 Quando estes aparecem, predominam os automóveis (22%), seguidos pelos bondes (11%), transporte animal/charrete (8%), caminhão (6%), *zeppelin* (2%), ônibus (1%) e trem (1%).

119 Provavelmente as iniciais F. B. signifiquem Foto Bonora, ateliê fotográfico localizado na rua Sorocabanos, n. 26, de propriedade de Delfino Bonora (*Catálogo das Indústrias do Município da Capital: 1943*, p. 438). Os filhos desse fotógrafo italiano seguiram a profissão do pai e também eram proprietários de um cinema na cidade de Mococa, no interior de São Paulo. Um de seus filhos, Virgílio Bonora, após se casar, mudou-se para São Paulo, assumindo a direção do ateliê.

120 João Emílio Gerodetti e Carlos Cornejo, *Lembranças de São Paulo: a capital paulista nos cartões-postais e álbuns de lembranças*, São Paulo; Studio Flash Produções Gráficas, 1999, p. 23.

121 Conforme informação de Werner Haberkorn concedida em entrevista a Ricardo Mendes. Entrevista de Werner Haberkon a Ricardo Mendes. Serviço de Documentação Histórica e Iconografia do Museu Paulista da Universidade de São Paulo (SVDHICO/ MP-USP).

122 Cf. João Emílio Gerodetti e Carlos Cornejo, *Lembranças de São Paulo: a capital paulista nos cartões--postais e álbuns de lembranças*, São Paulo; Studio Flash Produções Gráficas, 1999, p. 20. Em 1944, a editora transferiu-se para a praça Marechal Teodoro, 160, e, em 1948, para a rua Santo Antônio, 978, local em que permaneceu até a mudança para o Rio de Janeiro. Na década de 1970, ainda na cidade do Rio de Janeiro, a editora passa a se dedicar à produção de *slides* turísticos e de filmes. Apenas em 1981 reiniciou a produção de postais.

123 Ainda que a colocação de legendas nos postais fotográficos ocorresse de maneira artesanal, a Foto Postal Colombo deu contribuições importantes à indústria do cartão-postal, pois chegou a possuir um avião próprio que lhe permitiu realizar fotografias aéreas,

das quais são célebres as que retratam o processo de construção e a inauguração da cidade de Brasília. Na década de 1960, essa editora lançou os primeiros postais *offset*, ainda com formato antigo (8,9 × 13,9 cm), porém plastificados e de boa qualidade gráfica.

124 O parque Dom Pedro II não teve tanta representatividade entre os postais da Fotolabor, ainda que numa pequena série comemorativa de cartões-postais impressos produzidos por ocasião do IV Centenário da Fundação de São Paulo figurassem quatro vistas do parque Dom Pedro II. Nessa editora, o local mais representado também era o vale do Anhangabaú.

125 Este número de habitantes da população paulistana era consenso nas publicações de álbuns comemorativos do IV Centenário da cidade de São Paulo.

126 Hugo Segawa, *Prelúdio da metrópole – Arquitetura e urbanismo em São Paulo na passagem do século XIX ao XX*, São Paulo: Ateliê Editorial, 2000.

127 Há ainda 7% de vistas panorâmicas, 4% de vistas aéreas e 3% de vistas pontuais. Nas vistas pontuais é retratado o edifício do Palácio das Indústrias. Vale dizer que um desses postais de vista pontual é um cartão impresso no formato vertical, comemorativo do IV Congresso Eucarístico Nacional, que reproduz a mesma imagem de um cartão-postal fotográfico numerado de uma editora não identificada da década de 1930 no formato horizontal.

128 O arranha-céu, além de atestar a intensidade da atividade industrial, de criar novas relações de uso do solo urbano, de alterar estruturalmente a metrópole, atesta a capacidade tecnológica e produtiva da sociedade como um todo. Pode-se afirmar que a verticalização é um dado eloquente e, mais do que qualquer outro, atesta a mudança, a vitalidade do processo econômico e a modernidade metropolitana (Regina Maria Prosperi Meyer, *Metrópole e urbanismo: São Paulo Anos 50*, tese (doutorado em Arquitetura e Urbanismo), São Paulo: Universidade de São Paulo, 1991, pp. 30-1).

129 Vale dizer que nesse período o poder público municipal paulistano recorreu a técnicos norte-americanos para propor novas soluções para o planejamento da cidade. Em 1949, o então prefeito Lineu Prestes encomendou à Internacional Basic Economic

Corporation (Ibec), sociedade comercial com sede em Nova York dirigida por Nelson Rockefeller, um programa de melhoramentos públicos para a cidade.

130 Robert Moses (1888-1981) nasceu nos Estados Unidos, filho de judeu-alemães, e cursou engenharia na Universidade de Yale. Quando convidado a realizar o relatório sobre as indicações urbanísticas para a cidade de São Paulo, gozava de enorme prestígio nos Estados Unidos pelos trabalhos lá desenvolvidos durante as décadas de 1920 a 1950. A reorganização da cidade de Nova York a partir da criação de um sistema de zoneamento que regulamentou o uso dado às áreas centrais da cidade foi um dos principais projetos desse urbanista.

131 A *expressway* é uma artéria de acesso limitado que facilita o livre movimento dos veículos, sem cruzamento no mesmo nível, sem voltas à esquerda, com sinais de tráfego e direito a entradas somente em pontos determinados (Regina Maria Prosperi Meyer, *op. cit.*, p. 80).

132 As *parkways*, vias que circundam os sistemas de parques, são as marcas do urbanismo moderno nos Estados Unidos.

133 É sabido que mais uma vez a contratação de um profissional estrangeiro pela prefeitura de São Paulo tinha o objetivo de encerrar um debate entre planos divergentes para a cidade que surgiram no cenário nacional, assim como o fizera o prefeito Raimundo Duprat quando encomendou um relatório ao arquiteto-paisagista francês Joseph-Antoine Bouvard, em 1911. Desta vez, o embate deu-se entre a corrente liderada por Anhaia Mello, que defendia o crescimento controlado da cidade sob a égide de um plano que limitava a localização de atividades industriais e, de outro lado, a corrente encabeçada por Prestes Maia, que defendia o crescimento e a expansão da metrópole. Pode-se dizer que, em sua maior parte, as proposições de Robert Moses foram ao encontro da corrente liderada por Prestes Maia.

134 Regina Maria Prosperi Meyer, *Metrópole e urbanismo: São Paulo Anos 50*, tese (doutorado em Arquitetura e Urbanismo), São Paulo: Universidade de São Paulo, 1991, p. 86.

135 O IV Congresso Eucarístico Nacional realizou-se no período de 4 a 7 de setembro de 1942, em São Paulo. Dentre as programações litúrgicas, destacava-se a procissão eucarística, iniciada na matriz de São Geraldo das Perdizes, que percorria toda a avenida São João e terminava no parque Anhangabaú, no altar-monumento erguido para esse fim. Aos seus participantes era entregue uma pequena série de cartões-postais com pontos turísticos da cidade, juntamente com um *Guia da cidade de São Paulo*, publicação organizada pela Junta Executiva encarregada da organização do IV Congresso Eucarístico Nacional e impressa pelas Oficinas Gráficas Siqueira, em agosto desse mesmo ano.

136 No restante dos postais, verifica-se a ausência de pessoas.

137 *Guia turístico da cidade de São Paulo e seus arredores*, São Paulo: Melhoramentos, 1954.

CAPÍTULO 3

De paisagem a pedaço

A VÁRZEA MODIFICADA
PELO PODER PÚBLICO
E O PARQUE NA LEMBRANÇA
DE SEUS USUÁRIOS

As representações da várzea do Carmo pelo poder público

As fotografias produzidas pelo poder público tinham como função documentar as intervenções realizadas na região da várzea do Carmo (além de integrar projetos de intervenções que se julgavam necessárias empreender naquele espaço e que, parte delas, acabaram não sendo concretizadas). Esses suportes de imagem foram utilizados como ferramentas técnicas para registro e controle do espaço urbano pela administração pública e pelas empresas particulares a seu serviço. O circuito dessas representações visuais é restrito, isto é, apenas os profissionais técnicos, sobretudo engenheiros, médicos sanitaristas, arquitetos e os funcionários de órgãos administrativos acessavam-nas diretamente. Contudo, o trânsito dos fotógrafos que as produziam e o alto grau de força política do poder público no processo de construção de representações e do próprio fato urbano permitiram que as imagens criadas por essas fotografias extrapolassem a esfera técnico-documental.

A característica desse conjunto permite identificar os diferentes projetos e intervenções organizados pelo poder público para o espaço da várzea do Carmo. Foram identificados quatro projetos distintos para a região entre 1890 e 1960: a transformação de sua condição natural, a educação de seus moradores, a manutenção desse espaço arborizado aliada à lógica metropolitana e a desestruturação do parque urbano em razão da expansão do sistema viário.

No período de 1890-1910, o espaço da várzea do Carmo é apresentado como um espaço natural em transformação. Predominam os registros da instalação dos trilhos dos bondes e da construção de edifícios públicos. Entre as décadas de 1920 e 1930, pululam nas fotografias os tipos humanos que viviam e circulavam pela várzea. Ora esses personagens eram apresentados junto a seus locais de residência e de trabalho, que mereciam cuidados, ora eram retratados no Parque Infantil Dom Pedro II, espaço público organizado para educar os corpos e as mentes dos jovens operários e de seus filhos. Já nas décadas de 1940 e 1950, os registros produzidos exaltam a diversidade de funções da cidade. Áreas verdes do parque Dom Pedro II aparecem contrastadas com ruas e arranha-céus de São Paulo, e as festividades organizadas no Parque Infantil são retratadas como momentos para exaltação de valores que se julgavam fundamentais à formação de seus frequentadores (cristianismo, brasilidade e educação sanitária)[1]. Por fim, os registros fotográficos da década de 1960 indicam a diversificação das atividades instaladas na região e as obras empreendidas pelo poder público para assegurar a circulação de pessoas e mercadorias, em imagens imbuídas da lógica de crescimento ilimitado da metrópole.

Entre os 439 registros fotográficos produzidos pelos agentes a serviço do poder público, a maior concentração de representações visuais ocorre nas décadas de 1920 e 1930, com 178 fotografias (pouco mais de 40% do total). Na sequência, estão os registros das décadas de 1940 e 1950, com 111 fotografias, e, por fim, os registros feitos entre as décadas de 1890 e 1910 e na década de 1960, com 75 fotografias em cada grupo.

Os padrões de representação detectados nos suportes visuais das décadas de 1920 e 1930 – analisados no primeiro capítulo – indicam a consolidação da transformação da várzea do Carmo em um parque público intensamente frequentado, seja em eventos sazonais, como os observados na série *imagens produzidas a pedido de particulares*, seja cotidianamente, nos equipamentos públicos lá instalados. Portanto, a maior concentração de representações visuais do poder público nessas décadas é compreensível: quando um espaço é mais frequentado, necessita de maior número de intervenções para garantir seu gerenciamento.

Entre as décadas de 1890 e 1910, predominam as tomadas parciais e pontuais da várzea do Carmo feitas pelos fotógrafos Guilherme Gaensly e Aurélio Becherini e pelo escritório de arquitetura de Ramos de Azevedo. Os registros mais antigos são aqueles feitos por Guilherme Gaensly a pedido da Light. A empresa tinha por hábito documentar o andamento e a finalização de suas obras por meio de fotografias, que, anexadas aos relatórios, não só serviam para a prestação de contas junto a seus dirigentes no exterior, como também ficavam à disposição de seu corpo técnico local, já que a empresa dispunha de departamentos administrativos responsáveis pelo armazenamento e organização desses registros em álbuns, guardados na biblioteca.

Os registros fotográficos de Guilherme Gaensly e Aurélio Becherini transitaram entre a esfera das *imagens técnico-documentais* e a esfera das *imagens de intensa circulação e exposição*. Gaensly tinha um estúdio na rua 15 de Novembro, onde oferecia fotografias de todos os sistemas, cópias e ampliações de todos os tamanhos, além de uma grande coleção de vistas de São Paulo[2]. Ele fotografava regularmente as intervenções realizadas na cidade pela Light. Aurélio Becherini, além de possuir estúdio fotográfico próprio, acumulava a função de repórter fotográfico de inúmeros periódicos com a de fotógrafo contratado pelo poder público municipal a serviço do Departamento de Obras e Viação[3].

Certamente o trânsito desses agentes de um circuito a outro consolidou um imaginário sobre o espaço da várzea do Carmo. A fotografia, desde seu surgimento, sempre foi aceita e utilizada como prova definitiva, "testemunha da verdade", duplo do real. Essa noção de veracidade conferida ao registro fotográfico é tributária da natureza mecânica da câmera, que reproduziria na fotografia a "marca" da realidade tangível.

No caso de Aurélio Becherini, além dessa noção de veracidade, a circulação nos periódicos dotava suas fotografias de credibilidade. Os periódicos são espaços discursivos privilegiados para a construção de estereótipos. Contudo, o senso comum considera essas instituições como espaços informativos neutros, isto é, veículos isentos que reproduzem os fatos tais como aconteceram.

Já no caso das fotografias de Guilherme Gaensly, a migração dos registros ocorreu do circuito técnico-documental para o promocional, especificamente o do registro em álbuns da Light para os cartões-postais comercializados pelo próprio fotógrafo. As figuras 1 e 2 demonstram essa migração.

figura 1, p. 347

figura 2, p. 348

Na figura 1, vê-se a rua João Alfredo, atual ladeira General Carneiro, fotografada em destaque. O enquadramento do registro sugere uma organização em quatro triângulos, traçados a partir de um vértice comum no centro da fotografia, em que se alternam as áreas cheias e vazias: no triângulo superior, tem-se o céu entrecortado por fios elétricos; no triângulo inferior, privilegia-se a rua com os trilhos dos bondes. No triângulo esquerdo, edificações, entre as quais se destaca o antigo mercado, com sua portada em arco pleno. Já no triângulo direito, encontra-se um bloco compacto de edificações térreas e sobrados, em que predominam janelas e portas retas. Nesses triângulos laterais, concentram-se os tipos humanos, transeuntes curiosos que acabam por posar para o registro. A organização de áreas cheias e vazias, claras e escuras, é o que nos permite afirmar que a rua é o principal motivo fotografado por Gaensly.

Essa fotografia, feita a partir de um negativo de vidro no formato de 18 × 24 cm, encontra-se em um álbum da Light, com anotações que afirmam que foi tirada em julho de 1901. Nesse álbum, registram-se obras contemporâneas realizadas na cidade. Entre os registros fotográficos da várzea do Carmo, estão aqueles que representam as tubulações sobre o rio Tamanduateí em direção à ponte da rua Paula Souza, um estábulo de muares nas proximidades da várzea do Glicério e os trabalhos de assentamento de trilhos nas ruas 25 de Março e do Gasômetro.

A figura 2 é um cartão-postal impresso, numerado e assinado por Guilherme Gaensly. Foram encontrados quatro exemplares desse bilhete-postal na coleção particular consultada, um em branco e três escritos e postados.

O enquadramento da imagem do postal é o mesmo utilizado no registro fotográfico: opta-se pela organização da fotografia contrapondo-se as áreas mais claras às escuras, as cheias às vazias. No caso do postal, o número de elementos móveis é menor que na tomada do álbum da Light. Ao se observar no canto inferior esquerdo a presença de um homem de bigode que porta um chapéu escuro, calça e casaco claros, tem-se a confirmação de que os registros foram feitos em sequência, no mesmo dia, por Guilherme Gaensly (detalhe das figuras 1 e 2).

figura 3, p. 349

figura 4, p. 349

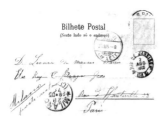

figura 5, p. 349

Ainda que a tomada fotográfica do postal tenha sido feita seguramente em julho de 1901, não se pode afirmar que ela tenha sido imediatamente transformada em cartão-postal pelo fotógrafo. Dos exemplares escritos, um foi postado em setembro de 1904 e os outros dois em 1905, nos meses de julho e agosto. O que interessa aqui é a intensa difusão desse registro fotográfico e, por conseguinte, a difusão da imagem da várzea do Carmo como espaço apropriado pelo homem, transformada em rua pavimentada sobre a qual circulavam não só bondes, mas também transeuntes. É essa a imagem que chega ao Rio de Janeiro, capital do Brasil à época (figura 3), e também ao exterior – Bruxelas e Milão (figuras 4 e 5). O cartão-postal não apenas transforma o espaço em uma mercadoria, ao eleger e fragmentar paisagens veiculadas na forma de bilhetes-postais comercializados ao redor do mundo, mas também cria a possibilidade de viajar sem sair do lugar para aqueles que os trocam e os colecionam. Em última instância, as técnicas de impressão fotográfica possibilitam a construção de uma experiência com o espaço a partir de uma experiência de um terceiro – nesse caso, do fotógrafo Guilherme Gaensly. É nesse contexto que se desenvolve o turismo, prática social de escala de massa, em que são difundidos os estereótipos de lugares. Nesse caso, trata-se de uma imagem construída na esfera técnico-documental que extrapola esse circuito restrito e passa a difundir nacional e internacionalmente, entre aqueles que trocavam bilhetes-postais, o imaginário criado pelo poder público sobre a várzea do Carmo.

Embora se trate do momento em que os acidentes naturais estejam representados em maior proporção, em cerca de metade dos registros está ausente qualquer atributo natural. Na metade restante, alternam-se a representação da várzea do Carmo e do rio Tamanduateí e em apenas três exemplares aparecem a serra e a vegetação nativa.

Em relação a processos e serviços em andamento na época registrados nas imagens, nota-se em maior quantidade imagens de chão de terra batido (22%), que denotam o aterramento e a planificação das áreas alagadiças da várzea para a implantação de um sistema de transporte sobre trilhos (os bondes elétricos da Light) e também para a construção do edifício do Palácio das Indústrias, obras que aparecem registradas em grande parte do conjunto. Em seguida, vêm os registros de obras de pavimentação (11%), construção (9%) e desvio do curso do rio Tamanduateí para fins industriais (8%). O desvio do curso do rio era feito pela Light para o resfriamento dos transformadores elétricos em sua propriedade, próxima à rua Paula Souza. Ainda aparecem, em poucos registros, a retificação do rio Tamanduateí, o calçamento do passeio público, obras de iluminação, o processamento e o transporte de coque e outras.

As obras detectadas nas fotografias da série técnico-documental desse período ainda estão aquém das propostas que se discutiam contemporaneamente na imprensa para o local - o loteamento da várzea do Carmo e a construção de um parque público dotado de equipamentos. Apenas nas décadas seguintes os registros feitos pelo poder público denotariam o atendimento às demandas daqueles que se manifestavam nos periódicos.

Em boa parte desses primeiros registros técnico-documentais, estão ausentes os chamados "elementos móveis". Os transportes estão ausentes em mais de 40% deles, e os tipos humanos, em 32%. Entre os personagens, o que aparece em maior quantidade é o transeunte (30%); os trabalhadores são registrados em 18% do total das fotografias. Ainda que na maioria das imagens apareça a rua com os trilhos dos bondes, o veículo que mais aparece é a carroça puxada por animais, presente em cerca de 30% das fotografias, enquanto os bondes elétricos aparecem em apenas 8% delas.

Os enquadramentos predominantes são a câmera alta e o ponto de vista diagonal, sendo que este confere aos registros a sensação de atividade. Entre os efeitos, predomina o contraste de tom e, em proporções bem menores, aparecem a atividade e a fragmentação. O efeito da fragmentação exalta a tecnologia dos equipamentos utilizados nas obras da Light, pois estes são fotografados parcialmente, em primeiro plano.

As fotografias das décadas de 1920 e 1930 foram feitas a pedido da Light, da San Paulo Gas Company, do Escritório de Arquitetura de Ramos de Azevedo, do Departamento de Obras e Viação, do Departamento de Cultura Municipal e do Serviço Sanitário do Estado[4]. Entre os autores identificados, estão os fotógrafos Benedito Junqueira Duarte, Sebastião de Assis Ferreira e, com uma quantidade pequena de registros (se comparada às decadas anteriores), Guilherme Gaensly e Aurélio Becherini.

A tomada predominante nesses registros é a pontual, utilizada em metade das fotografias. Na sequência, estão as tomadas parcial, em 36% das imagens, e panorâmica, em 12%. Vistas aéreas aparecem em apenas 2% dos registros. A tipologia urbana mais representada é o parque (44%), seguida pela rua (22%). Nessas décadas, o limite urbano, isto é, a várzea, aparece em apenas 3% dos registros – decréscimo considerável em relação às décadas anteriores, em que imagens da várzea predominavam nas fotografias[5].

O decréscimo da representação de acidentes naturais é ainda mais intenso. Em 85% das imagens, não há nenhum elemento natural presente. Apenas raramente figuram nas imagens o rio Tamanduateí, já canalizado, ou a representação de serras e da várzea.

É interessante notar nessas décadas a ausência de qualquer processo ou serviço em 55% dos registros, o que indica a concretização do processo de transformação da várzea do Carmo, já convertida em parque pelo poder público. O processo mais representado é a construção, presente em 22% das fotografias[6]. Na sequência, aparecem o registro de chão batido para a construção do Mercado (8%), processos de iluminação (4%) e processamento e transporte de coque (4%), a pavimentação das ruas (3%) e a demolição de casas antigas (2%)[7].

figura 6, p. 350

figura 7, p. 350

figura 8, p. 351

Os processos de iluminação detectados são todos relativos às propostas de substituição de lâmpadas antigas por lâmpadas mais modernas na área do parque Dom Pedro II. Os fotógrafos da empresa anglo-canadense tiveram o cuidado de registrar o parque durante o dia e durante a noite para demonstrar a luminescência aplicada.

Na figura 6, reprodução de um negativo de vidro no formato de 18 × 24 cm, tem-se uma tomada parcial do parque Dom Pedro II durante o dia. No centro do primeiro plano, a rua; à direita, os postes da Light com lâmpadas elétricas; e por fim, no último plano, as árvores do parque Dom Pedro II, fotografadas na mesma proporção dos postes.

Na figura 7, também uma reprodução de um negativo de vidro no formato 18 × 24 cm, fotografado no mesmo dia que o registro anterior, o fotógrafo opta por manter o enquadramento da fotografia realizada durante o dia. Só que desta vez, no registro noturno, destaca-se a luminescência da rua e do passeio público pelas novas lâmpadas instaladas, cuja intensidade acaba por obliterar suas formas, transformadas em borrões de luz arredondados.

As figuras 6 e 7 atestam claramente a função documental que se atribuía à prática fotográfica pela Light, empresa a serviço do poder público. Na década de 1940, a empresa passa a utilizar esses registros de função primária técnico-documental em suas peças publicitárias, organizando pequenos álbuns, no formato de 27 × 22 cm, cada um com dez fotografias e duas plantas relativas às obras da serra e ao novo sistema hidrelétrico implantado pela empresa no estado de São Paulo[8]. Entre as fotografias de vistas da cidade de São Paulo, encontra-se a várzea do Carmo em tomadas panorâmicas. O enquadramento da fotografia do álbum da Light expressa a principal tendência nas imagens da várzea feitas pelo poder público nas décadas de 1940 e 1950: vistas panorâmicas, em que o espaço do parque Dom Pedro II, mais escuro, aparece contrastado com o traçado urbano e as edificações, mais iluminados no registro (figura 8).

Esses álbuns celebrativos eram entregues aos visitantes das instalações da Light. O *tour* promovido incluía visitas à usina de Cubatão, à usina elevatória de Pedreira e ao edifício Alexandre Mackenzie, sede da companhia no viaduto do Chá. O número de visitantes dessas obras, consideradas entre as iniciativas mais modernas no sistema de produção de energia elétrica mundial, era intenso. No ano de 1940, registraram-se 78 visitas ao complexo. Durante essa década, passaram por lá o presidente da república, Getúlio Vargas, interventores dos estados de São Paulo e do Rio de Janeiro, professores e estudantes de escolas de engenharia de São Paulo e de outros estados e até representantes dos governos inglês, norte-americano, chileno e peruano. Mais uma vez, tem-se um exemplo de um imaginário criado por uma empresa, representante do poder público, que extrapola o circuito técnico-documental, sendo intensamente difundido no formato de álbuns.

Nas décadas de 1920 e 1930, o principal personagem nas imagens é o usuário do parque, presente em 30% dos registros. O trabalhador (em 15% das imagens) e o transeunte (também em 15%) aparecem na sequência. Outro personagem recorrente é o médico/educador sanitário, presente em 11% das fotografias. Em cerca de um quarto dos registros, estão ausentes os tipos humanos.

A intensa presença de usuários, aliada à ausência de meios de transporte em mais de 70% dos registros, permite dizer ser aquele o momento em que a várzea do Carmo, transformada em parque Dom Pedro II, exercia como função prioritária o lazer. As fotografias do Parque Infantil Dom Pedro II encomendadas por Mário de Andrade, diretor do Departamento de Cultura Municipal, que circularam entre os técnicos do Serviço Sanitário do Estado de São Paulo, indicam que se tratava de um lazer programado pelo poder público, atendendo aos princípios da educação sanitária[9].

Entre os enquadramentos predominantes estão o ponto de vista central e o ponto de vista diagonal. Enquanto o primeiro reforça a estabilidade dos registros, o segundo gera o efeito fotográfico da atividade, principal efeito detectado nas imagens desse período.

Esse efeito era empregado sobretudo nas fotografias do Parque Infantil Dom Pedro II, como ocorre, por exemplo, na figura 9. Nessa fotografia, o enquadramento a partir de um ponto de vista diagonal confere uma sensação de atividade, ainda que os garotos, dispostos lado a lado, estejam parados. O uso desse recurso causa ao observador do registro a impressão de que os meninos estão a ponto de largar para a corrida realizada no parque infantil. A presença de um grupo de crianças enfileiradas, no canto superior esquerdo da fotografia, cuja posição dos braços e pernas indica o repouso, só intensifica essa sensação.

figura 9, p. 352

As fotografias detectadas das décadas de 1940 e 1950 foram produzidas a pedido da Light, do Instituto Geográfico e Geológico do Governo Federal, do Departamento Municipal de Águas e Esgotos, do Departamento Municipal de Obras e Viação, do Departamento de Cultura e do Departamento de Educação – que, durante a gestão do prefeito Adhemar de Barros (1957-1961), produziu álbuns das novas escolas instaladas. Entre os fotógrafos, destaca-se Benedito Junqueira Duarte, que, durante o governo de Francisco Prestes Maia, deixa de fotografar os projetos do Departamento de Cultura e passa a se dedicar aos registros do extenso programa de obras públicas. Além dele, atuam ainda Sebastião de Assis Ferreira, que cobria as festividades no Parque Infantil Dom Pedro II, Antônio Câmara, Ivo Justino, Mário Alberto Rosa e Gabriel Zellaui.

Nesse momento, apenas uma fotografia foi produzida a pedido da Light. Nela se verifica a instalação de um cabo de alta tensão subterrâneo ao longo do canal do Tamanduateí, em direção à rua Paula Souza. Essa redução do número de fotografias da antiga várzea do Carmo nos álbuns da Light se deve a uma mudança no sistema de produção e abastecimento de energia elétrica, que na década de 1950 passa a se beneficiar das águas dos rios Tietê e Pinheiros e de seus afluentes, sobretudo desse último, para dar conta do aumento da demanda por energia provocado pela expansão da cidade.

Nas décadas de 1940 e 1950, no que tange à região da várzea do Carmo, o elemento predominante nos registros da administração pública é o parque, presente em pouco mais de 50% das imagens. Também bastante presentes nas fotografias são as ruas de seu entorno (23%) e as avenidas (20%). É nesse momento que os acidentes naturais praticamente se extinguem das representações da região, subsistindo apenas o registro do rio Tamanduateí canalizado (10%) e o registro de serra (3%) e várzea (2%). Os acidentes naturais aparecem, sobretudo, nas fotografias aéreas encomendadas pelo governo federal como etapa preliminar para a produção de mapas municipais.

Nenhum processo ou serviço está retratado em cerca de 60% das imagens dessas décadas. Entre os registros fotográficos dessa categoria, predominam os trabalhos de construção civil (16%) e o chão de terra batido, indicativo dos trabalhos de construção, demolição e instalação da rede de infraestrutura urbana (14%). Há ainda demolições (5%), serviços de iluminação (3%), instalação de rede de águas e esgotos (3%) e obras de pavimentação (2%).

Nesse momento, estão ausentes os elementos móveis em 40% dos registros. Entre os meios de transporte, há uma presença mais intensa dos automóveis, registrados em 38% das fotografias, seguidos pelos ônibus, em 9% delas, e caminhões, em 8%. Já em bem menor quantidade aparecem as charretes/carroças, os bondes e o trem (este, em apenas 1% dos registros). Isso sinaliza a supervalorização pelo poder público do transporte sobre pneus e do deslocamento individual, estratégia de mobilidade urbana que foi ratificada na década seguinte pelas obras de construção do complexo de viadutos e pela ampliação das avenidas na região do parque Dom Pedro II.

Os personagens representados nesse período indicam a coexistência de dois projetos distintos por parte do poder público para a região: um deles privilegia a transitoriedade e a circulação, materializado na ausência de personagens e na presença de transeuntes em 57% das fotografias; o outro denota a preocupação com a transmissão de valores civilizatórios aos habitantes das proximidades do parque – enquadram-se neste nicho (39% dos registros) os usuários do parque infantil, os educadores sanitários e os próprios fotógrafos que realizavam registros das festividades do Parque Infantil Dom Pedro II.

Nas décadas de 1940 e 1950, predominam a utilização da câmera alta e o contraste de tom. Quanto ao formato, há o predomínio do retângulo horizontal (59%), mas, ao contrário dos períodos anteriores, agora há uma alta incidência do formato retângulo vertical (38%). A grande quantidade de registros no formato retângulo vertical é um indício de tensão e instabilidade na paisagem representada. Note-se que no período de 1890 a 1930 cerca de 90% das fotografias têm formato retângulo horizontal (que confere estabilidade aos motivos fotografados).

figura 10, p. 353

Na figura 10, fotografia realizada a pedido do Departamento de Águas e Esgotos Municipal, tem-se no centro o principal motivo do registro, o traçado da rua Caetano Pinto, ainda de terra batida. Ao longo da rua, é possível observar inúmeros automóveis estacionados e transeuntes, estes também circulando pelo passeio público. No lado esquerdo, trabalhadores realizam serviços de instalação da rede de água e de esgoto. Nesse lado, há também um homem, provavelmente algum profissional responsável pelo gerenciamento da obra, e uma criança curiosa, em meio ao canteiro de obras, ao lado de um poste de iluminação elétrica. Há uma variedade de edificações: à esquerda, há edificações comerciais, entre as quais um bar, do qual se avista o letreiro luminoso, e um prédio de função industrial; à direita, tem-se uma série de edificações, principalmente sobrados com o andar térreo ocupado por lojas e o andar superior com função residencial. No último plano, vê-se uma pequena construção de uso misto, em que o rés do chão é comercial e os demais andares são residenciais.

As fotografias tiradas a partir de um ponto de vista parcial e as vistas panorâmicas e aéreas, tomadas que predominam nos registros das décadas de 1940 e 1950, indicam uma diversificação das funções nas áreas do parque Dom Pedro II e ressaltam a circulação de pessoas e automóveis.

Nessas décadas, a imagem construída pelas fotografias do poder público naturalizava o processo de transformação da várzea do Carmo. Os registros que sinalizam a substituição gradual das áreas do parque Dom Pedro II por vias de transporte esvaziam os conteúdos políticos e sociais daquelas ações. Assim como nas imagens criadas pelos cartões-postais das décadas de 1940 e 1950, difunde-se no imaginário o tempo, e não o poder público, no papel de agente transformador do espaço urbano, enquanto as instâncias governamentais optavam por uma política que priorizava a circulação de mercadorias e de pessoas em detrimento da manutenção das áreas verdes e de lazer do parque Dom Pedro II. A opção política dos agentes do poder público escamoteada nessas imagens foi popularizada textual e visualmente pelos periódicos, que também naturalizaram as transformações e, além disso, difundiram uma noção de progresso associada ao crescimento vertical e horizontal da cidade. As fotografias do poder público dão a conhecer a força de suas imagens, disseminadas por outros suportes materiais, cartões-postais, álbuns comemorativos do IV Centenário e periódicos. Verifica-se, portanto, a posição privilegiada do poder público, tanto no campo do imaginário como no próprio processo de construção e transformação do fato urbano.

As 75 fotografias da região produzidas na década de 1960 resultaram de pedidos da Light e da prefeitura de São Paulo. É emblemático que nessa década haja apenas dois registros pertencentes à companhia anglo-canadense retratando os trabalhadores do complexo do Gasômetro – a companhia de gás passava por um longo processo de nacionalização, encerrado com a incorporação de seus equipamentos pela prefeitura[10], que constituiu a sociedade anônima Companhia Municipal de Gás (Comgás).

A maior parte dos registros foi feita por fotógrafos contratados pela municipalidade para acompanhar as obras empreendidas na cidade. Entre eles, estão: Sebastião de Assis Ferreira – que, na década de 1940, havia produzido uma ampla série de fotografias do Parque Infantil Dom Pedro II e, nesta década, faz um único registro do parque urbano –, José Reiche Bujardão, Edison Pacheco Aquino, Waldemir Gomes de Lima (Waldô), Gabriel Zellaui e Ivo Justino. Esse último ficara encarregado de registrar as obras realizadas em São Paulo no período de 1966 a 1971. Por isso, entre suas fotografias predominam as vistas aéreas e panorâmicas, que permitem observar detalhadamente as transformações promovidas na urbe pelo poder público.

A abrangência espacial dos registros dessa década, em que predominam as vistas áreas, em 84% das imagens, seguidas por vistas panorâmicas, 12%, com apenas 4% de vistas pontuais, indica a percepção do território pelo poder público a partir de uma escala ampla e totalizadora. Já as tipologias urbanas estão agora distribuídas de forma equilibrada: parque, 27%; rua, 25%; viaduto, 24%; e avenida, 23%[11]. É o primeiro momento em que ocorre a ausência de representações de áreas de várzea ou limite urbano, o que demonstra o ápice do projeto de metropolização da cidade, quando não restam mais áreas naturais a serem transformadas. Trata-se de um elemento que ilustra perfeitamente a desestruturação das áreas verdes do parque Dom Pedro II, iniciada nos anos finais daquela década, a fim de assegurar o crescimento ilimitado da cidade pretendido pela administração pública.

Outro dado emblemático é a presença do rio Tamanduateí canalizado em 92% das fotografias feitas na década de 1960, o que demonstra o adensamento urbano ocorrido ao longo de seu leito em direção ao ABC Paulista. Quanto aos processos detectados, aparecem a construção do sistema de viadutos em 43% das imagens, o chão de terra batida, em 39%, a pavimentação dos novos viadutos, em 11%, e a demolição de sobrados e casas térreas, em 4%.

A presença de elementos móveis é extremamente desigual nessa década. Enquanto os tipos humanos estão ausentes em 92% dos registros, os meios de transporte aparecem em 99% das fotografias, distribuídos da seguinte forma: automóveis, 37%; ônibus, 35%; e caminhões, 27%. Todos os personagens detectados são figuras masculinas, especificamente transeuntes e trabalhadores das obras de construção do sistema de viadutos.

O enquadramento predominante nessa década é a câmera alta, recurso que possibilita o registro da área densamente edificada sem a distorção dos elementos fotografados. Já entre os efeitos, predominam a contextualização urbana, o contraste de tom – empregado para contrapor as áreas do parque e dos viadutos às edificações –, e a difusão.

A naturalização do processo de transformação da várzea do Carmo levada a cabo por meio das imagens criadas pelo poder público nas décadas anteriores materializa-se de forma extrema na década de 1960. Quando se comparam, por exemplo, duas fotografias aéreas do parque Dom Pedro II, a primeira feita no ano de 1966 por Waldemir Gomes de Lira (figura 11), e a segunda, no ano de 1969, pelo fotógrafo Ivo Justino (figura 12), percebe-se a redução drástica das áreas verdes do parque urbano para dar lugar aos viadutos Mercúrio e Rangel Pestana que o cruzam – representados na figura 12, respectivamente no primeiro e no último plano da imagem[12]. Vale lembrar que nesse mesmo ano foram retirados do parque dois de seus monumentos, localizados próximo das extremidades entrecortadas pelos viadutos mencionados. A escultura em mármore de um leão rugindo sobre um rochedo, até então na porção sudeste do parque, foi transferida para o parque do Ibirapuera, local em que se encontra atualmente. A escultura em bronze do semeador[13], esculpida pelo italiano Caetano Fracarolli, foi transferida para a praça Apecatu, próxima ao Ceagesp.

O predomínio de vistas aéreas, a ausência de áreas de limite urbano, a presença ínfima de tipos humanos e a super-representação de meios de transporte nas imagens da década de 1960 ratificam a prioridade dada pelo poder público à circulação de pessoas e mercadorias em detrimento da manutenção de áreas verdes destinadas ao lazer – estas eram entendidas como ornamentos, e por isso passíveis de substituição em prol do crescimento da metrópole. Trata-se da opção por um modelo de cidade em que não se leva em conta a dimensão humana, priorizando-se o olhar totalizador do poder público.

figura 11, p. 354

figura 12, p. 355

O parque Dom Pedro II pelas lentes de seus usuários

Debrucemo-nos agora sobre as imagens produzidas na região da várzea do Carmo por seus usuários. Em um escopo de cerca de duzentas fotografias tiradas por usuários (e por fotógrafos profissionais que os fotografaram), procura-se entender a transformação do *espaço* em um *lugar da experiência* por aqueles que o frequentaram, consolidando uma memória afetiva sobre o local. Contribuem para esta análise treze entrevistas realizadas com antigos frequentadores do parque.

Partamos dos conceitos de *espaço* e *lugar da experiência* propostos pelo geógrafo Yi-Fu Tuan para compreender as imagens criadas pelos diferentes agentes que circularam na região da antiga várzea do Carmo. Para esse autor, o *lugar* representa a segurança e a permanência. Em contraposição, o *espaço* representa a amplitude e a liberdade de ação. Nesse sentido, um *lugar* atinge realidade concreta quando a experiência com ele é total, isto é, se dá por meio de todos os sentidos e com a mente ativa e reflexiva. Quando se reside por muito tempo em determinado *lugar*, este é conhecido intimamente, ainda que sua imagem não seja nítida, ao menos que se observe de fora e se reflita sobre a experiência ali vivida. Já a outro *lugar* pode faltar o peso da realidade, quando visto apenas de fora, por exemplo por um turista ou alguém que o olha do alto[14]. Eis a diferença entre as imagens produzidas pelo poder público e pelos usuários do parque Dom Pedro II. O primeiro experiencia a várzea do Carmo de maneira conceitual, ou seja, como *espaço* a ser planejado. Os usuários do parque mantêm uma relação íntima com a região, que se configura como um *lugar da experiência*.

Como mencionado anteriormente, a transformação da várzea do Carmo em parque público é contemporânea ao surgimento de novas propostas urbanísticas que privilegiavam a circulação, encabeçadas pela publicação do *Plano de Avenidas* na década de 1930. Nas décadas de 1940 e 1950, a imagem construída pelo poder público e difundida pelos periódicos naturaliza o processo de transformação da cidade, mais especificamente a substituição das áreas do parque Dom Pedro II por vias de transportes. Gradualmente, nas décadas que se seguem, a construção de um complexo de viadutos e da avenida Radial Leste confere ao parque a condição de *não lugar*, ou seja, de um espaço em constante mutação e que, por conseguinte, não se mantém.

Esse imaginário sobre o parque Dom Pedro II, surgido nas décadas de 1940 e 1950 e intensamente reafirmado nas imagens produzidas pelo poder público na década seguinte, mantém-se até a atualidade. Aliás, sua permanência autoriza as políticas públicas empreendidas recentemente para a "requalificação" da região por meio de algumas iniciativas, sobretudo no âmbito da cultura[15]. Dada a situação de transitoriedade em que vivem os grupos que habitam esse lugar, população de baixa renda formada principalmente por migrantes nordestinos e imigrantes recém-chegados à cidade, os projetos de implantação de equipamentos culturais, aliados, em última instância, ao mercado do turismo e à lógica de *cidade global*, desencadeiam processos de gentrificação[16].

Por meio do estudo da memória construída a partir da imagem das fotografias e das falas dos antigos usuários desse espaço, é possível aproximar-se dos porquês da desestruturação do local, até então tido como um dos principais pontos de lazer daqueles que habitavam os bairros do Brás, Mooca e Belenzinho.

A análise dos imaginários construídos pelos usuários do parque Dom Pedro II será encaminhada em duas frentes. Na primeira, é analisado aquele construído pelas fotografias produzidas por esses agentes em três momentos: no período entre as décadas de 1920 e 1930, em que, graças à popularização da prática fotográfica na cidade, surgem os primeiros registros; no intervalo entre as décadas de 1940 e 1950, momento em que se prenuncia uma mudança no padrão de representação do parque por aqueles que o frequentavam em consonância com o que ocorre com as imagens construídas por outros suportes visuais, como os cartões-postais; e, por fim, na década de 1960, quando há uma intensa produção de registros fotográficos, pertencentes aos alunos do Colégio São Paulo. Na segunda frente, verificam-se as diferentes camadas de imaginário construídas pelos antigos usuários do espaço entrevistados. Por fim, faz-se um paralelo entre as imagens criadas pelo poder público e aquelas provenientes dos usuários, a fim de constatar a dinâmica das representações dos grupos sociais envolvidos com o espaço do parque Dom Pedro II.

Quarenta das fotografias foram produzidas no período das décadas de 1920 e 1930. As tomadas pontuais ocorrem em cerca de 90% delas. As demais adotam as tomadas parciais. É emblemático que todos esses registros pertençam ao padrão *figurista*, isto é, aquele que prioriza a representação da figura humana em relação aos demais elementos da cena fotografada.

Entre as atividades fotografadas, predominam aquelas relacionadas ao lazer, em cerca de 90% das imagens. Nas demais, registram-se atividades religiosas, o ateliê de um escultor italiano no interior do Palácio das Indústrias e o alagamento de uma rua próxima à Hospedaria dos Imigrantes.

O principal evento fotografado é o carnaval, presente em 67% do material, especialmente o corso carnavalesco, desfile de caminhonetes e caminhões enfeitados com flores de papel, arcos de bambu, bandeirinhas coloridas, recobertos com colchas e tapeçarias, nos quais iam famílias numerosas, grupos de amigos, colegas de trabalho ou vizinhos. O passeio começava às seis horas da tarde no parque Dom Pedro II e se estendia pela avenida Rangel Pestana até o largo da Concórdia, de onde os carros retornavam pela mesma avenida até o início do trajeto, que começava novamente. Nas décadas de 1920 e 1930, período de auge desse folguedo, que passou a atrair também foliões de pontos mais distantes da cidade, como Lapa, Pinheiros e Pirituba, o percurso foi estendido até o largo São José do Belém, por meio da rua Celso Garcia, para dar conta do grande afluxo de veículos e de foliões[17].

Os funcionários da San Paulo Gas Company, especificamente aqueles que trabalhavam na oficina de medidores, mantinham um bloco carnavalesco que se organizava para participar do desfile do corso. Na figura 13, vê-se esse grupo, intitulado Mão Zôio. É interessante observar que todos os funcionários da oficina trajam a mesma fantasia, terno claro listrado, lenço no pescoço e chapéu de palha, a fim de assegurar unidade ao grupo. Verifica-se ao redor do veículo a presença de familiares, criança e moças, e provavelmente de funcionários de outros setores da empresa. No interior do automóvel, figuram apenas os trabalhadores da oficina, que exibem orgulhosamente instrumentos musicais e sombrinhas.

Também figuram entre os eventos fotografados nesse período o futebol (15%), as procissões e festas religiosas (7%), os passeios pelo parque Dom Pedro II (3%) e festas de confraternização dos funcionários da San Paulo Gas Co. (3%).

A prática do futebol ocorria tanto em campos organizados como em terrenos próximos à várzea do rio. Os funcionários da companhia de gás também mantinham um time de futebol, o Clube Atlético San Paulo

figura 13, p. 356

Gas Co., fundado em maio de 1928. A prática do futebol entre os funcionários das fábricas instaladas à margem do Tamanduateí ocorria desde meados de 1890, quando Charles Miller promoveu uma partida entre os funcionários da São Paulo Railway Company e da San Paulo Gas Company, nas proximidades das ruas do Gasômetro e Santa Rosa.

No final da década de 1920, a disputa entre os times operários começa a ser incentivada pelos dirigentes das indústrias – que passam a patrocinar seus atletas, seja pela distribuição de uniformes e pela locação de transportes para deslocamento dos times, seja pela construção de campos organizados para substituir o chamado "terrão" improvisado na várzea do Tamanduateí. Este foi o caso do Clube Atlético San Paulo Gas Co., que tinha como presidente de honra o gerente geral da companhia, Norman Bidell. Em reportagem publicada pela *Revista Light* em 1929, verifica-se que essa empresa anglo-canadense, que recentemente incorporara a companhia de gás, construía um campo de futebol organizado, com direito a vestiários para os jogadores, a fim de que estes representassem a empresa nas competições promovidas pela Liga Esportiva do Comércio e da Indústria (figura 14). Participavam dessa liga times de futebol de outras indústrias localizadas na região da várzea do Carmo, como as equipes da Companhia de Máquinas Piratininga e das Empresas Matarazzo Reunidas.

figura 14, p. 357

As fotografias sobre procissões e festas religiosas registram festividades organizadas pela paróquia de Nossa Senhora da Casaluce, santa cultuada na região de Nápoles, na Itália. A procissão saía da rua Caetano Pinto, seguia pela avenida Rangel Pestana, rua Piratininga, rua Paraná, rua Visconde de Parnaíba e beirava o parque Dom Pedro II junto à rua da Figueira. Desta, retornava à avenida Rangel Pestana, terminando na rua Caetano Pinto, onde fica a sede da paróquia de Nossa Senhora da Casaluce.

Na figura 15, vê-se no centro da fotografia um andor em que se carrega uma imagem, provavelmente de Santa Terezinha, cultuada pela ordem das carmelitas, que deve pertencer ao grupo de religiosas capturado na foto. Entre os tipos humanos fotografados, predomina o gênero feminino. Os descritores icônicos vão ao encontro do que foi ouvido nas entrevistas: os entrevistados unanimemente caracterizaram o culto à Nossa Senhora da Casaluce como austero e triste, atraindo sobretudo a devoção de mulheres.

figura 15, p. 358

Em todas as fotografias de usuários produzidas nesse período, há elementos móveis. Quanto ao gênero e à idade, predominam as crianças (43%), seguidas pelos homens (33%) e pelas mulheres (23%). É emblemático que o transeunte, que figura significativamente nos registros contemporâneos do poder público e nos cartões-postais, esteja representado em apenas 1% dos registros. O principal personagem detectado é o folião, em 34% das imagens. Na sequência, aparecem a família (25%), os colegas de trabalho (14%), os vizinhos (8%) e os usuários (7%). Em número bem mais reduzido, aparecem o policial, o músico, o escultor, o religioso e o empregado. Já os transportes estão ausentes na grande maioria das fotografias, com exceção dos automóveis enfeitados que participavam do corso carnavalesco do Brás.

Os enquadramentos predominantes são o *close* e o ponto de vista central. O principal efeito utilizado é o repouso – isto é, a pose. Em cerca de metade das imagens, representam-se os indivíduos em pé. Ainda há registros de pessoas sentadas (38%) e algumas imagens de pessoas ajoelhadas e deitadas.

Há uma quantidade maior de registros das décadas de 1940 e 1950 (73 fotografias). Ainda prevalecem as tomadas pontuais (78%), seguidas pelas vistas parciais (21%) e panorâmicas (1%). Nessas décadas, predominam as imagens do padrão *figurista*, em 70% do total, mas também estão presentes outros padrões: *mercadoria* (15%), *coexistência* (7%), *retrato* (5%) e *aglomeração* (3%)[18]. Esses outros padrões de representação foram criados por suportes visuais intensamente difundidos, como os cartões-postais, os álbuns dedicados às vistas da cidade de São Paulo e as revistas ilustradas.

Todas as fotografias do padrão *mercadoria* foram produzidas pelos proprietários do Parque Shangai. Assim como as fotografias publicadas pela revista *A Cigarra*, que registram os mostruários e as mercadorias exibidas nas exposições realizadas no Palácio das Indústrias no final da década de 1910, os registros das atrações do parque de diversões privilegiam as tomadas que singularizam o produto fotografado. Na figura 16, por exemplo, fotografa-se um brinquedo na ausência dos frequentadores do parque. O contraste de escala entre o brinquedo, no centro da fotografia, e os postes de iluminação, ao seu redor, e sobretudo o contraste com as árvores do parque Dom Pedro II, dispostas ao longo

figura 16, p. 358

figura 17, p. 359

figura 18, p. 359

figura 19, p. 360

figura 20, p. 360

figura 21, p. 361

do último plano, tornam a atração ainda mais excepcional. O uso do formato retângulo vertical confere dinamismo ao registro, mesmo com a ausência de usuários na fotografia do brinquedo em ação.

O padrão *retrato* identificado nas fotografias dos particulares certamente foi influenciado pelo consumo de cartões-postais, cujas imagens, amplamente difundidas, cristalizaram o modo de enxergar o parque Dom Pedro II como um lugar excepcional.

Nesse sentido, comparemos uma fotografia do álbum de família de Carlos Chiappetta, um proprietário de uma banca de secos e molhados do Mercado Municipal (figura 17), a um cartão-postal fotográfico editado por Theodoro Preising (figura 18). O enquadramento dos dois suportes visuais é muito semelhante, ainda que na fotografia do álbum a edificação do Palácio das Indústrias esteja mais próxima de quem a observa. Em ambos os registros, o contraste de tom entre a edificação e as árvores confere certa dramaticidade à cena, além de enfatizar a monumentalidade do Palácio das Indústrias. Embora o cartão-postal de Preising tenha sido produzido na década de 1920, a imagem do Palácio das Indústrias por ele difundida subsiste, em menor quantidade, nos postais editados nas décadas de 1940 e 1950.

As fotografias do padrão *coexistência* também são exemplos de imagens construídas no âmbito dos suportes visuais de intensa circulação e exposição, como cartões-postais e álbuns da cidade, que constituem o repertório visual dos usuários do parque. Novamente compararemos uma fotografia do álbum de família do comerciante do Mercado Municipal (figura 19), mas desta vez a um postal fotográfico produzido na mesma década pela editora Foto Postal Colombo (figura 20).

Tanto na fotografia do álbum quanto no cartão-postal o enquadramento ocorre a partir de um ponto de vista diagonal, mais acentuado no postal. A escala da escultura *O semeador* é contrastada com a dos arranha-céus, dispostos no último plano em ambos os suportes. Finalmente, as linhas diagonais que entrecortam o gramado e a repetição de edifícios mais altos conferem um efeito rítmico aos dois suportes visuais.

Outra fotografia, tirada na mesma ocasião em que produziu a fotografia de *O semeador* contrastado com os arranha-céus, indica a mudança do olhar do fotógrafo quando se trata de registrar sua família com sua câmera leica (figura 21). Nessa segunda fotografia, a escultura *O semeador* está de costas para quem observa o registro. Além disso, opta-se por contrastar a altura da criança e da mulher agachada à altura do monumento. Nesse segundo registro, a tomada do parque não é feita em direção ao centro da cidade, onde se concentram os arranha-céus das instituições financeiras públicas; ao contrário, o parque é registrado em direção ao bairro do Brás, local onde a família residia. O olhar que rege a fotografia nesse segundo registro é o olhar do pai, preocupado em registrar sua família. Por isso, não importa mais registrar a cidade tal qual nos cartões-postais e nos álbuns fotográficos comemorativos do IV Centenário de São Paulo.

Nas décadas de 1940 e 1950, há uma mudança significativa nas atividades registradas, com a redução das atividades ligadas ao lazer para 55% das imagens. Há também muitas imagens registrando atividades comerciais, como as bancas do Mercado Municipal, a Farmácia Droga Fujii e o Parque Shangai (39%). Em alguns registros figuram membros de uma família de imigrantes japoneses residente no edifício Guarany (4%)[19]. Na figura 22, o alfaiate japonês Ainosuke Uchikawa posa com seus três filhos na varanda do prédio, de onde se pode avistar o parque Dom Pedro II (no último plano da imagem). Segundo relatos de Haruo Uchikawa, o menino retratado na fotografia, sua família residiu no edifício logo após a chegada ao Brasil, durante o período de 1958 a 1959. A família residiu pouco tempo no edifício, já que, assim que o pai do informante se consolidou profissionalmente com uma oficina de alfaiataria localizada no edifício da antiga loja Mappin (próximo ao Viaduto do Chá), optou por construir uma casa própria na região do aeroporto de Congonhas. Ainda que o pai trabalhasse na região central e os filhos estudassem no parque Dom Pedro II, os terrenos eram mais baratos na região sul da cidade.

Entre os eventos mais registrados nas imagens desse período estão os passeios no parque Dom Pedro II (35%) e o trabalho no Mercado Municipal, na farmácia e no parque de diversões (36%). Na sequência, registram-se visitas ao Parque Shangai (20%), a prática do futebol (3%) e o carnaval (em apenas 1,6% das imagens)[20].

O passeio pelo parque Dom Pedro II era uma prática corriqueira entre aqueles que moravam nas regiões do Brás e da Mooca. Normalmente ocorria aos finais de semana, ou, durante a semana, no período noturno, quando os moradores da região, sobretudo operários das fábricas e

figura 22, p. 362

figura 23, p. 363

figura 24, p. 364

figura 25, p. 364

trabalhadores do Mercado Municipal, encerravam sua jornada de trabalho. Os jovens operários e trabalhadores costumavam ir ao parque em grupos, e os passeios pelas pontes e alamedas eram uma maneira de ver e ser visto. Na figura 23, fotografia cedida por Gina Labate, vê-se um grupo de amigas e vizinhas posando durante um passeio no parque. Gina, atualmente uma das *mammas* da Associação Beneficente São Vito Mártir, afirmou que os pais geralmente eram austeros na educação das moças, por isso só permitiam os passeios ao parque quando realizados em grupos, aos domingos.

Entre as fotografias produzidas por particulares nessas décadas, resta apenas um único registro de negros entre os fotografados. A fotografia também pertence ao álbum de família do imigrante Haruo Uchikawa (figura 24). No registro, o menino é a única criança japonesa, que posa com um jovem casal negro e seus filhos em frente ao monumento do leão. Uchikawa não conhecia as outras pessoas registradas na fotografia, que provavelmente passeavam por ali quando foi feita a foto. O pai de Haruo, autor do registro, incentivava-o a brincar e tirar fotografias com negros para que o menino, que não falava português quando chegou ao Brasil, perdesse o pavor de negros e os percebesse como iguais. Esse comportamento é totalmente diferente do adotado por outro descendente de imigrantes japoneses, entrevistado na pesquisa de campo, que afirmou que sua mãe não o deixava brincar sozinho no parque por causa do medo de que ele se relacionasse com estranhos.

As fotografias que trazem o Mercado Municipal, a Droga Fujii ou o Parque Shangai não representam o ato do trabalho em si: os descritores icônicos e formais desses registros são organizados para exaltar a condição social de seus produtores, geralmente imigrantes advindos de grupos sociais menos favorecidos que, justamente pelo trabalho, alcançaram uma posição social mais reconhecida em terras paulistanas em comparação à que tinham em suas cidades natais.

Nesse sentido, é emblemática a figura 25, fotografia pertencente aos Irmãos Amaro, proprietários de uma banca de frutas do mercado. No registro, feito a partir de um ponto de vista central, há uma hierarquia nítida entre aqueles que posam para o fotógrafo. Um dos proprietários da banca, Vicente Amaro, aparece sentado em cima de dois caixotes de frutas, nos quais estão gravadas as iniciais de seu irmão e sócio

– Antônio Amaro Irmão. Além de sua posição central na fotografia, o ato de se sentar em cima de dois caixotes o distingue dos demais homens sentados – que, a julgar por suas vestimentas, provavelmente também eram proprietários de bancas – e dos dois homens em pé, certamente seus subordinados – vestem uniformes e camisas de mangas curtas e estão representados mais distantes de quem observa a fotografia[21].

O passeio no Parque Shangai era uma prática tanto entre as famílias quanto entre os grupos de jovens. Para brincar nas atrações do parque, era necessário pagar uma taxa individual para cada brinquedo. Há entre os depoimentos recolhidos uma história muito interessante para se compreender o processo de transformação da diversão em mercadoria: Valdir Sanchez, atualmente voluntário na festa de San Gennaro, afirmou que brincar no Parque Shangai era um desejo compartilhado pelos jovens moradores do bairro da Mooca, porém poucos podiam pagar o ingresso para as atrações. Quando recebeu seu primeiro salário, Valdir optou por gastá-lo integralmente no parque de diversões, o que lhe rendeu uma surra, já que o "ordenado fechado" deveria ter sido entregue ao pai para custear os gastos familiares.

Retomo um trecho da crônica de Jorge Americano apresentada no capítulo anterior, no qual o autor descreve o parque de diversões Shangai:

> Deve haver alguns pelos bairros (parques de diversões), mas um "está na cara" ali no parque D. Pedro II. A área é grande e valiosíssima, nem compreendo como continua sem ser construída. Isso acontece às vezes quando o proprietário da casa demolida prefere aproveitar o terreno para estacionamento de automóveis. Assim rende mais.
>
> Os muros externos são remendados e pintados de anúncios com tinta ordinária, que logo descasca, por pintores de letras que não primam pela capacidade artística. Também alguma propaganda de eleições.
>
> Olhando de fora, vê-se a roda gigante, alguns postes de madeira ou de ferro, estaqueados para sustentar balanços e outros brinquedos. Haverá por dentro cavalinhos de pau, gangorra, João-minhoca, música, possivelmente um cimentado para patinar, refrigerantes, policiamento e Juízo de Menores, como há por fora

tabuleiros de amendoim e pé-de-moleque e alguns mendigos e crianças: "Môço! Me paga uma entrada".

Que imensa distância vai entre isso que aí está e os paraísos de crianças e de gente grande, do tipo "Luna Park" de Paris ou "Tivoli" de Copenhagem. Como são atraentes, e, principalmente, limpos[22]!

No primeiro parágrafo transcrito, identifica-se a problemática do automóvel, que naquele período já se tornara um dos ícones da modernidade paulistana. Porém, como o cronista deixa transparecer, a presença massiva de automóveis cria uma nova prática para a cidade; o uso de grandes lotes como estacionamento às vezes era mais rentável e preferido à edificação. Nessa época, o parque Dom Pedro II passa a abrigar essa atividade transitória, a de estacionamento de veículos.

No segundo parágrafo, há outro indício da consolidação da capital paulistana como sociedade capitalista de massas: a presença intensa de publicidade nos muros do parque de diversões.

No terceiro, estão os personagens que frequentavam a região: vendedores ambulantes, mendigos e crianças, vistos como indesejáveis pelo cronista, como se confirma no quarto parágrafo, quando ele compara os parques de diversões europeus ao Parque Shangai. Provavelmente os termos "paraísos" e "limpo", empregados para descrever os parques estrangeiros, não se referem apenas ao local, mas também aos tipos humanos que por lá circulavam.

figura 26, p. 365

Uma fotografia tirada pelos proprietários do Parque Shangai demonstra a intensa presença de automóveis estacionados ao redor do parque público – no último plano do registro. Já no primeiro plano, aparece o João-Minhoca. No interior do brinquedo, crianças acenam para o fotógrafo, provavelmente algum conhecido do único adulto representado no registro (figura 26).

A acentuada redução da presença do carnaval entre as imagens registradas na região do parque Dom Pedro II – anteriormente, esse era o evento de maior representatividade entre os registros particulares – é outro indício da substituição de espaços públicos de lazer por espaços privados nas décadas de 1940 e 1950. A única fotografia dessa temática registra um baile de carnaval para crianças organizado no interior de um cinema do bairro do Brás (figura 27).

figura 27, p. 365

Nessas décadas, verifica-se uma inversão no perfil dos elementos móveis detectados: passa a predominar o gênero masculino, em 43% das imagens. As mulheres mantêm-se em uma posição intermediária (27%), seguidas pelas crianças (21%). No restante das imagens, não se registram indivíduos. Ainda que nesse período tenham sido feitos vários registros fotográficos do parque de diversões, o número de crianças decresceu consideravelmente se comparado aos das décadas de 1920 e 1930.

O personagem mais representado nas fotografias das décadas de 1940 e 1950 é o usuário do parque (25%). Na sequência, representam-se a família (17%), os proprietários das bancas do mercado e da farmácia (16%), trabalhadores (10%), transeuntes (8%), colegas de trabalho (6%), vizinhos e os moradores (ambos com 2%), e, por fim, o folião (1%). O restante dos personagens retratados divide-se entre autoridades públicas, músicos, clientes e a multidão[23]. Desses dados, vale destacar a presença considerável de transeuntes nos registros dos particulares. Essa presença indica a transitoriedade das práticas que tinham lugar no parque.

Assim como nas décadas anteriores, constata-se a ausência de transportes em cerca de 70% das imagens. O transporte mais comumente representado é o automóvel, em 18% das imagens. Em menor quantidade, aparecem os ônibus (5%), o caminhão (3%) e o bonde elétrico (2%)[24].

Como nas décadas anteriores, predominam entre os enquadramentos o ponto de vista central e o *close*. Novamente, o principal efeito utilizado é a pose – em cerca de 70% das imagens, representam-se os indivíduos em pé, mas há registros de pessoas sentadas (23%) e, em número bem menor, de pessoas ajoelhadas (9%). Constatam-se ainda entre os efeitos o contraste de tom, o contraste de escala, a inversão de escala, o exagero e a fragmentação, empregados sobretudo nas fotografias que priorizam os elementos arquitetônicos e paisagísticos.

Um total de 78 registros fotográficos representará aqui a década de 1960, momento em que o número de imagens da região cresce de modo expressivo, provavelmente em função do maior acesso dos frequentadores às câmeras fotográficas. Nessa década, predominam as tomadas parciais (62%). Todas as demais imagens são de vistas pontuais. Os enquadramentos mais utilizados são o ponto de vista diagonal (60% dos casos) e o ponto de vista central (30%). O uso intenso de tomadas parciais e do ponto de vista diagonal se deve à concentração de fotografias de grupos de estudantes da Escola Estadual São Paulo no interior de salas de aulas. A imensa maioria dos registros detectados entre os particulares pertence ao padrão *figurista* (95%); os demais enquadram-se no padrão *retrato*.

Todas as imagens do padrão *retrato* integram pequenos álbuns pertencentes aos alunos da Escola Estadual São Paulo. Esses álbuns traziam uma fotografia em grande formato da turma e registros menores das dependências do colégio e dos estudantes em espaços especializados da escola (salas temáticas, auditório, laboratórios etc.).

figura 28, p. 366

Na figura 28, por exemplo, utiliza-se o ponto de vista diagonal para enquadrar a fachada do edifício modernista que abriga a escola. O contraste de tom acentuado entre o prédio e as áreas verdes e o uso de linhas diagonais conferem monumentalidade e excepcionalidade ao motivo fotografado. Tais álbuns eram uma forma de propaganda do poder público entre as famílias dos que estudavam no colégio, considerado escola-modelo – para admissão na unidade, era necessário passar por um difícil processo seletivo. Os álbuns eram produzidos pelo estúdio fotográfico Celzar Gianvecchio & Malheiros[25] (figura 29).

figura 29, p. 366

Entre os estudantes, havia majoritariamente descendentes de orientais (japoneses, coreanos e chineses), judeus e sírio-libaneses[26]. Alguns estudantes orientais nem sequer sabiam português, porém eram excelentes alunos de matemática e física, o que por vezes lhes conferia vantagem sobre os demais no exame de admissão. Muitos dos estudantes que frequentaram o colégio na década de 1960 se tornaram engenheiros e médicos, profissões que gozavam de alto prestígio social[27]. A Escola Estadual São Paulo já não tem o prestígio que tinha naquela década. Isso se deve, por exemplo, ao gradual processo de desvalorização do ensino público frente ao privado e à própria degradação do parque urbano, que por muito tempo deixou a escola isolada em meio a canteiros de obras (dos viadutos e depois do metrô).

Na década de 1960, predomina a atividade educativa (88% das imagens). Nessas fotografias, registram-se as turmas de alunos posando nas salas de aula com seus professores, ou os docentes e profissionais administrativos também posando em seus espaços de trabalho, ou ainda estudantes em atividade nos laboratórios ou em outras salas especiais da Escola Estadual São Paulo. Há ainda alguns registros de atividades de lazer

figura 30, p. 367

e religiosas. Entre as atividades de lazer mapeadas, estão os passeios pelo parque Dom Pedro II e a prática de pingue-pongue no grêmio do Colégio São Paulo[28]. Nas entrevistas realizadas com os ex-alunos do colégio, todos mencionaram que não passeavam pelo parque urbano no momento em que lá estudaram, apenas na década anterior, quando residiam nas imediações. Um deles, que frequentou o colégio já na década de 1970, afirma que o parque então havia se transformado num canteiro de obras.

Na figura 30, o alfaiate Pedro Evangelista da Silva e um amigo posam junto da escultura do leão durante um passeio ao parque. Entre as fotos de particulares, é o único registro em que há uma clara intenção do fotógrafo de privilegiar o recurso da bicentralidade: no primeiro plano, estão posicionados os personagens fotografados, razão principal da imagem, e, no último plano, à direita, o edifício da Secretaria da Fazenda. Também são empregados os efeitos fotográficos do contraste de tom e da inversão de escala, com os homens fotografados a partir de um ângulo em que parecem ser maiores que o arranha-céu, contribuindo para a construção da ideia de sucesso da pessoa fotografada – neste caso, um recém-chegado à capital que mandava notícias à família. A fotografia foi cedida pela filha do fotografado, Iarles Fernandes Silva. Ela, a mãe e os irmãos migraram para São Paulo dois anos depois daquele registro e se instalaram no 17º andar do edifício São Vito, local em que seu pai estabeleceu uma oficina no apartamento contíguo ao que moravam.

Nas imagens da década de 1960, prevalecem os elementos móveis, com a figura humana presente em 99% das fotografias. Os meios de transporte aparecem em apenas 3% das imagens – somente os automóveis estacionados no pátio do colégio estadual. Nota-se o predomínio das mulheres entre os fotografados, inédito até então, com 35% das ocorrências. Na sequência, estão os homens (31%), os jovens (25%) e as crianças (7%). Idosos aparecem em apenas 1% das fotografias. Os personagens que figuram em maior quantidade nesse período são o estudante (44% das fotografias) e o professor (38%). Há ainda, em proporção bem menor, profissionais que atuavam na escola, transeuntes, famílias e policiais.

Nesse momento, a maioria dos registros era feita em espaços internos. Por isso, apenas em cerca de um terço das imagens se identifica a temporalidade diurna. Nas demais, é indefinida. Quanto aos efeitos empregados, aparecem em maior quantidade a pose e a atividade. Há um equilíbrio entre as poses "sentado" (52%) e "em pé" (46%)[29]. Em menor quantidade aparecem os efeitos ordenação, fragmentação, difusão, contraste de tom, contraste de escala e inversão de escala.

As memórias dos antigos usuários do parque Dom Pedro II

O perfil dos entrevistados para a realização deste livro demonstra a forte presença do imigrante entre aqueles que frequentavam ou moravam na região da várzea do Carmo. Dos treze entrevistados, onze são descendentes diretos de imigrantes. Diferente do que se esperava inicialmente, o único estrangeiro entrevistado é japonês. Os demais são filhos de italianos, espanhóis, portugueses, sírio-libaneses e japoneses. Apenas uma entrevistada não possui grau de parentesco com estrangeiros, uma ex-moradora do edifício São Vito, natural de Santa Luzia, no Maranhão. A maior parte dos entrevistados nasceu nas décadas de 1920 e 1930. Há ainda aqueles nascidos nas décadas de 1940, 1960 e 1970.

Nas entrevistas, destacaram-se algumas temáticas associadas à região do parque Dom Pedro II: a presença de descendentes de imigrantes, os cinemas, o Parque Shangai, o Parque Infantil Dom Pedro II e o carnaval. Foram ainda mencionados a desestruturação do parque público para a construção de viadutos e da avenida Radial Leste, as brincadeiras e os passeios no parque Dom Pedro II e as enchentes[30].

É interessante notar que cerca de metade dos temas abordados pelos entrevistados coincide com os eventos presentes nas fotografias produzidas por usuários do parque. Como nos registros fotográficos, citam-se como principais atividades de lazer na região o passeio pelo parque de diversões e o carnaval, seguidos por passeios e brincadeiras no parque Dom Pedro II. Os cinemas, temática de lazer predominante nas entrevistas, eram frequentemente anunciados nas propagandas dos periódicos, mas são menos presentes nas fotografias.

O universo do trabalho foi bem menos citado que as práticas de lazer. Aparecem nos depoimentos atividades comerciais – venda de verduras e jornais nas ruas, comercialização de secos e molhados nas bancas do Mercado e trabalho na farmácia – e industriais – emprego nas tecelagens e curtumes do Brás, da Mooca e do Belenzinho.

Em alguns trechos das entrevistas, apareceram novos usos do espaço, não identificados nem nos registros fotográficos particulares, nem nas representações visuais organizadas pelo poder público ou difundidas em cartões-postais, álbuns, periódicos e crônicas: o hábito de frequentar cantinas, as brincadeiras de rua[31], a pescaria com peneiras que as crianças praticavam no canal do Tamanduateí e as apresentações de fanfarras dos soldados do quartel.

É particularmente interessante comparar as coincidências entre os temas que surgiram nas entrevistas e os registros fotográficos organizados pelo poder público, por exemplo em relação ao Parque Infantil Dom Pedro II, aos cortiços, à lavagem de roupas, às enchentes e à construção da avenida Radial Leste. Antes, porém, cabe aqui explicitar as diferentes camadas da imagem mental construída pelos antigos usuários do parque, nascidos nas décadas de 1920 e 1930.

A primeira camada da imagem construída sobre o parque Dom Pedro II é comum a todos os entrevistados nascidos no período em que o parque urbano consolidou-se como equipamento público de lazer. Todos fizeram questão de descrever o parque como um local muito bonito, repleto de árvores, entrecortado por pontes e pelo canal do Tamanduateí. Esse estereótipo positivo coincide com aquele criado pelos cartões-postais. Ou seja, os termos utilizados para essa descrição, sempre acompanhados de adjetivos positivos, equivalem aos elementos mobilizados esteticamente pela fotografia nos postais. Esse dado confirma a força desses suportes visuais no processo de difusão e consolidação de paisagens – em última instância, na criação de um imaginário urbano coletivo a partir de uma imagem apaziguadora sobre determinado espaço.

É apenas no segundo momento, quando já se estabeleceu uma relativa intimidade e cumplicidade com o entrevistado, que despontam as experiências subjetivas dos antigos usuários do parque Dom Pedro II e ele passa a ser apresentado como um *lugar da experiência*. Nesse momento, o entrevistado se posiciona criticamente sobre o espaço do parque, seja devido à relação de confiança estabelecida, seja devido ao distanciamento que consegue estabelecer momentaneamente. É aí que são apresentadas as *táticas* criadas por esses antigos caminhantes do espaço para burlar as *estratégias* desenvolvidas pelo poder público[32].

A imagem construída sobre o Parque Infantil Dom Pedro II a partir das fotografias tiradas a pedido do poder público apresenta-o como um local em que se promoviam atividades físicas e assistência médica para as crianças. Já as falas dos usuários denotam outros usos desse espaço, as *táticas* dos praticantes – apenas em alguns poucos momentos, aparece a consciência da finalidade educativa sanitária daquele local.

O uniforme (camiseta branca e calção vermelho) é a primeira lembrança que os entrevistados guardam sobre o espaço. Uma das entrevistadas afirmou que era obrigatório o uso de uniforme para a prática das atividades físicas, porém, como ela era uma criança "mais gordinha", sua mãe costurava outro, com tecido semelhante ao do uniforme entregue pela prefeitura, para que ela pudesse participar das atividades sem ser censurada pelas educadoras sanitárias. Outra entrevistada afirmou que as educadoras ensinavam as crianças a falarem baixo, "a serem educadas". Um dos entrevistados confessou que as brincadeiras eram ótimas, mas que, na realidade, lembrava-se mais do lanche de goiabada com queijo servido para as crianças (este entrevistado dormia durante a semana na casa de um parente, mais próxima ao parque, para que assim pudesse frequentá-lo e fazer suas refeições). Portanto, na experiência concreta dos usuários do Parque Infantil, esse lugar é caracterizado como um equipamento de lazer, espaço em que se podia brincar; apenas uma parcela reduzida dos entrevistados tem consciência de que o local tinha uma finalidade educativa sanitária. A imagem construída pelas fotografias do poder público não prevalece na memória de seus antigos usuários.

A imagem construída sobre os cortiços é bem divergente nas fotografias do poder público e na fala dos entrevistados. Enquanto o poder público apresenta o cortiço como um local sujo, em que se acumulavam inúmeras famílias em condições precárias de higiene, os antigos moradores consideram o cortiço um espaço organizado em torno de uma rede familiar e de ajuda mútua entre imigrantes europeus. Uma das entrevistadas relatou que seu pai era proprietário de uma habitação coletiva que abrigava, além de sua família, rapazes recém-emigrados da cidade de Polignano a Mare, da Puglia, no sul da Itália. A relação estabelecida entre os habitantes do cortiço era solidária, seus moradores ajudavam os recém-emigrados a se incorporarem no mundo do trabalho e a se adaptarem aos hábitos e costumes paulistanos. Quanto aos hábitos de higiene, os informantes fizeram questão de frisar que as habitações eram limpíssimas – um deles afirmou que os lençóis de hoje não são tão brancos e engomados como eram os dos antigos cortiços do Brás.

A lavagem de roupas no Tamanduateí era uma prática coibida pelo poder público desde fins do século XIX. Aos olhos da administração pública, era um traço da indefinição entre as áreas urbanas e rurais, entre as práticas modernas e antigas. Porém, na fala de uma das entrevistadas, constatou-se a manutenção dessa prática já no princípio da década de 1940. Segundo ela, as moradoras das habitações coletivas, mesmo tendo tanques comuns, preferiam lavar as roupas às margens do rio para economizar na conta de água. Esse episódio demonstra claramente uma *tática* criada pelo praticante a fim de burlar uma *estratégia* concebida pelo poder público, isto é, traz à tona a sutileza das práticas cotidianas que escapam aos profissionais encarregados de planejar e gerir a cidade.

A descrição das enchentes feita pelos moradores da região da várzea do Carmo aproxima-se da imagem difundida pela imprensa nas décadas de 1940 e 1950. São enumerados os prejuízos materiais que esses eventos geravam para aqueles que habitavam a cidade. Ao contrário da imagem plástica que figura nas fotografias do poder público, a fala dos informantes frisa os transtornos ocasionados pelas chuvas. Uma entrevistada afirmou que perdeu todas as suas fotografias durante uma enchente em que sua casa foi invadida pelas águas, que alcançaram cerca de um metro de altura. Outra entrevistada conta que os moradores da região da Mooca Baixa, cansados das constantes perdas materiais em função das enchentes, organizaram um grupo em torno de uma paróquia para dar apoio aos atingidos pelas chuvas e para levar suas reivindicações aos representantes da administração pública. Outro informante ainda afirmou que as enchentes invadiam a farmácia de seu pai, na esquina da rua da Cantareira com a rua Comendador Assad Abdala. Para evitar a perda de mercadorias, o farmacêutico as colocava no mezanino da drogaria.

Enquanto as imagens formuladas pelo poder público e disseminadas pelos periódicos naturalizam o processo de substituição das áreas do parque Dom Pedro II por vias de circulação, as entrevistas demonstram o quanto esse processo impactou as práticas que ocorriam nesse espaço. Um dos entrevistados afirmou que o campeonato de futebol disputado entre os selecionados para representar os parques infantis da capital, que acontecia aos domingos no Parque Infantil Dom Pedro II, perdeu espaço para os campeonatos disputados entre os clubes do bairro após a construção da avenida Radial Leste. Algumas entrevistadas relataram que tiveram as casas demolidas pela prefeitura para a construção da nova avenida, e que muitas famílias que saíram dessa região optaram por morar na região da Mooca Baixa, onde vivem até a atualidade. Todos os entrevistados que comentaram sobre o impacto da construção da avenida Radial Leste afirmaram que, após a conclusão das obras, deixaram de frequentar o parque público, criando novos espaços de lazer e de sociabilidade no bairro da Mooca, como os clubes recreativos, os cinemas e as festas organizadas pelas paróquias.

Os entrevistados nascidos nas décadas de 1960 e 1970 não têm lembranças de experiências associadas ao parque Dom Pedro II caracterizado como um parque urbano. Afirmaram que brincavam próximo ao espelho d'água do Palácio das Indústrias, mas o identificaram como "pátio da Degran", onde funcionava uma delegacia, ou como "museu Catavento", função que abriga atualmente. Em outros momentos, afirmaram que não havia espaços para brincar nessa região, apenas uma área vazia entre a edificação pública e o viaduto na qual era possível andar de bicicleta e pular corda aos finais de semana, quando não havia carros estacionados por lá.

Mesmo aqueles nascidos na década de 1940 já não descrevem o parque Dom Pedro II como o estereótipo divulgado nos cartões-postais, com predomínio de características positivas. Ao contrário, apontam aspectos negativos do lugar: o "mau cheiro" do rio Tamanduateí, que já estava canalizado, e suas enchentes, que também trazem à tona lembranças do "mal odor exalado pelas melancias e outras frutas podres" que ficavam boiando próximo ao mercado; e o aspecto "assustador" debaixo do viaduto Diário Popular, que "parecia sempre em obras por conta dos tapumes de madeira". Nesses casos, também se pode afirmar que a primeira camada mental da imagem reproduzida é influenciada por um imaginário construído por terceiros - mesmo havendo os entrevistados vivenciado aquelas experiências, são influenciados por imagens criadas e disseminadas pelas notícias que circulavam nos periódicos. Novamente, em um segundo momento, quando já estão mais à vontade com o entrevistador, passam a descrever as experiências singulares e afetivas relacionadas às instalações da região, como o quartel da polícia, o Palácio das Indústrias, a Escola Estadual São Paulo, os viadutos, debaixo dos quais jogavam bola, ou mesmo a diversão de observar transeuntes em apuros em meio às enchentes.

Reflexões sobre o processo de desestruturação do parque Dom Pedro II

A partir da análise das imagens construídas visualmente e mentalmente pelos usuários da antiga região da várzea do Carmo até a década de 1960, pode-se afirmar que, definitivamente, o parque Dom Pedro II era tido como um local de lazer e sociabilidade por aqueles que por lá circularam e se fizeram fotografar.

A diversificação dos padrões de representação nas *imagens produzidas por particulares* nas décadas de 1940 e 1950 é um indício da iminência da transformação do fato urbano e, consequentemente, da transformação das relações que esses usuários mantinham com o espaço do parque Dom Pedro II.

Dito isso, cabe conjecturar a respeito das motivações para a rápida desestruturação desse território nas décadas seguintes, afinal o parque Dom Pedro II se consolidara como a principal área de lazer dos habitantes dos bairros operários além-Tamanduateí durante as décadas anteriores. A partir dos conceitos de *pedaço*, *mancha* e *circuito*, formulados pelo antropólogo José Magnani, reflitamos sobre a desagregação desse território, que não encontrou nenhuma mobilização contrária significativa por parte dos grupos que o frequentavam.

O termo "pedaço" é utilizado para designar o espaço ou um segmento dele que se torna um ponto de referência para distinguir determinado grupo de frequentadores como pertencentes a uma rede de relações. Isso ocorre por meio da presença regular de seus membros, que criam um código de reconhecimento e comunicação cujo determinante é o espaço. A "mancha" equivale a um grupo de equipamentos que, seja por competição, seja por complementação, concorrem para o mesmo efeito: constituir pontos de referência para a prática de determinadas atividades.

As marcas dessas duas formas de apropriação e uso do espaço – *pedaço* e *mancha* – na paisagem mais ampla da cidade são diferentes. No caso do pedaço, em que o fator determinante são as relações estabelecidas entre seus membros como resultado do manejo de símbolos e códigos, o espaço como ponto de referência é restrito, interessando mais a seus *habitués*. Com facilidade, muda-se de ponto, quando então migram também os *pedaços*. A *mancha*, ao contrário, sempre aglutinada em torno de um ou mais estabelecimentos, apresenta uma implantação mais estável, tanto na paisagem como no imaginário. As atividades que oferece e as práticas que propicia são resultado de uma multiplicidade de relações entre seus equipamentos, edificações e vias de acesso, o que garante uma maior continuidade, transformando a *mancha* em ponto de referência físico, visível e público para um amplo número de usuários[33].

A partir das práticas presentes nos registros fotográficos e nas falas de seus antigos usuários, podemos afirmar que o parque Dom Pedro II era um *pedaço* para aqueles que o frequentavam e se faziam representar nas fotografias. A construção da avenida Radial Leste e de um complexo de viadutos colaborou com o processo de transformação da região do Brás em uma área sobretudo comercial. Paralelamente, a mudança de boa parte das indústrias da região para terrenos mais distantes, cujo valor do lote era mais barato, fez essas populações migrarem para outros espaços, levando consigo seus *pedaços*, já que estavam organizadas em redes de trabalho, de estudo, vicinais e familiares.

Os equipamentos presentes na região do parque Dom Pedro II – o parque urbano, o Palácio das Indústrias e o Mercado Municipal – não eram singulares o bastante para seus usuários a ponto de estabelecer uma *mancha*. Talvez porque ao mercado associava-se à noção de trabalho, e não de lazer. Já o Palácio das Indústrias era apenas um elemento figurativo, plasticamente representado nas fotografias e no qual se adentrava apenas para realizar um serviço burocrático. A própria Escola Estadual São Paulo, chamada por seus antigos alunos de Cesp (Colégio Estadual de São Paulo), é vista como um equipamento associado a uma fase específica da vida, por isso transitória. Dessa forma, o parque sozinho não teve impacto suficiente para se tornar um ponto de referência. Vale dizer que, na imagem criada pelo poder público e difundida pela imprensa naquele período, esse espaço assumia uma nova função, cedendo lugar às obras da malha de transporte urbano que visavam resolver o problema da interligação dos bairros com a região central da cidade, principal preocupação do poder público e de seus representantes a partir da década de 1950.

A noção de *circuito* designa um uso do espaço e de equipamentos urbanos que possibilita o exercício da sociabilidade por meio de encontros, comunicação e manejo de códigos. Porém, diferentemente da *mancha* e do *pedaço*, essa sociabilidade não está atrelada à contiguidade espacial, ainda que possa ser levantada, descrita e mapeada. A brusca redução da representação do carnaval no conjunto fotográfico referente ao período de 1940 a 1950 pode ser compreendida em função da consolidação de um *circuito* carnavalesco na cidade de São Paulo nesse período.

O carnaval, evento intensamente representado nas fotografias particulares durante as décadas de 1920 e 1930, já no final dessa última década passa por um processo de homogeneização cultural, resultante de sua incorporação pelos meios de comunicação de massa – rádio e, posteriormente, televisão –, que transformam esse fato cultural em uma mercadoria amplamente veiculada e consumida por todas as camadas sociais urbanas[34]. Assim, cria-se na cidade um *circuito* carnavalesco que tem como modelo o carnaval carioca, organizado pelas escolas de samba dos folguedos negros – estes devidamente estilizados a fim de se tornarem um produto de massas. Com isso, o corso do Brás, divertimento pontual e frequentado pelos *habitués* do espaço, formado sobretudo por grupos brancos, operários imigrantes e seus descendentes, vai pouco a pouco enfraquecendo, já que os comerciantes e as rádios que o patrocinavam gradualmente passam a se desinteressar por esse evento, preferindo o carnaval das escolas de samba, que atingia um número maior de consumidores e ouvintes.

Partindo-se do princípio de que a cidade e suas representações são um produto do jogo de forças entre diferentes agentes sociais, pode-se afirmar que a memória dos usuários do parque Dom Pedro II foi superposta por aquela construída pelos representantes da administração pública e disseminada pela imprensa. A imagem que subsiste no imaginário coletivo contemporâneo, sondado parcialmente por meio destas entrevistas, é a de um espaço em que constantemente se realizam intervenções, um espaço de transitoriedade – vide a instalação de um dos maiores terminais de ônibus da capital no parque Dom Pedro II[35]. Hoje se soma a essa imagem a ideia de abandono, construída em função das novas lógicas do planejamento urbano, que buscam "requalificar" a área e alardeiam seu abandono e esvaziamento, ignorando os grupos sociais que lá habitam.

A imagem da região como área de lazer permanece apenas nos registros fotográficos e nas lembranças dos antigos usuários que ainda residem nas proximidades da região e que se referem ao tempo de outrora saudosamente, caracterizando-o como um momento em que se podia passear no parque e brincar o carnaval nas ruas, situação que seus descendentes, filhos e netos, não viveram e muitas vezes nem conseguem imaginar. O saudosismo presente na fala dos antigos usuários desse espaço pode ser entendido como uma resposta à situação vivida por eles no presente, em que os espaços públicos de lazer da cidade foram, em sua maioria, substituídos pelos espaços "público-privados", como os *shopping centers*, e a diversão muitas vezes depende de tecnologias como a televisão e a internet. Esses espaços contemporâneos privilegiam o individualismo e as relações organizadas em prol do consumo, por isso geralmente vão de encontro às experiências de parentesco e de vizinhança dos grupos que circulavam pelo parque público.

A maior parte desses entrevistados ainda participa de redes de solidariedade, só que não mais organizadas em função do parque Dom Pedro II. Esses antigos usuários mudaram-se, levando consigo seu *pedaço*, e se organizam em comunidades de descendentes de imigrantes, responsáveis pelas festividades em homenagem a San Gennaro e a São Vito. Na contramão dessa tendência estão aqueles que apenas recentemente passaram a se interessar pela região, em função da criação, em 2013, de uma associação de ex-alunos do Colégio Estadual de São Paulo, que funciona como uma "antiga/nova" rede de sociabilidade: por meio dela, mobilizam-se para contribuir com melhorias para a escola, para realizar confraternizações e jantares anuais e pela criação de grupos em redes sociais, onde compartilham lembranças e registros fotográficos dos tempos de outrora.

Notas

1. Os valores do cristianismo eram disseminados por meio da realização de autos natalinos, em que as crianças do Parque Infantil Dom Pedro II encenavam cenas relacionadas à natividade, e também nas festas juninas homenageando São João, São Pedro e Santo Antônio. Nestas últimas, também se exaltavam aspectos da brasilidade, por meio do repertório das canções dançadas pelas crianças (como no caso de "Tico-tico no fubá", interpretada por Carmem Miranda), ou pela execução de quadrilhas, em que as crianças, trajadas com vestidos de chita e chapéu de palha, celebravam a cultura caipira paulista. Por fim, a educação sanitária foi celebrada nesse período em uma grande festa, na qual as crianças se apresentaram asseadas aos técnicos de educação sanitária uruguaios que visitaram o parque infantil. Há ainda algumas fotografias que mostram a prática de exercícios físicos pelas crianças, mas em quantidade muito menor do que na década de 1930.

2. Boris Kossoy, *Dicionário histórico-fotográfico brasileiro: fotógrafos e ofício da fotografia no Brasil (1833-1910)*, São Paulo: Instituto Moreira Sales, 2002.

3. Cf. Angela Celia Garcia, São *Paulo em prata: a capital paulista nas fotografias de Aurélio Becherini (anos 1910-1920)*, dissertação (mestrado em Arquitetura e Urbanismo), São Paulo: FAU-USP, 2008.

4. A realização de fotografias para produção de relatórios sobre as condições de higiene era incentivada por Horácio de Paula Souza. Quando esteve à frente do Serviço Sanitário do Estado de São Paulo, função que acumulava com a de diretor do Instituto de Higiene, contratou o serviço de um fotógrafo, do qual se sabe apenas o sobrenome, Vasconcellos. Este, ao produzir um relatório sobre o serviço fotográfico prestado desde a fundação do instituto, em 1918, até o mês de dezembro de 1925, indicou ter disponibilizado cerca de 1.550 cópias àquela instituição, precursora da cadeira de Higiene da Faculdade de Medicina (que se transformaria na Faculdade de Saúde Pública da Universidade de São Paulo). Também em um esquema de inspeção sanitária de município e vila, formulado em 1926 por Paula Souza para que seus alunos aplicassem durante as visitas de campo, indicava-se que deveriam constar nos relatórios: a coleta de dados e a exposição dos fatos observados, a interpretação e a crítica dos mesmos e, tanto quanto possível, fotografias.

5. Outras tipologias urbanas detectadas nessas décadas em quantidades menos expressivas são *avenida*, 5% e *viaduto*, 3%. Nota-se a ausência de tipologias urbanas em 23% dos registros. Tratam-se aqui das fotografias tiradas no Parque Infantil Dom Pedro II, nas quais se privilegiam o registro da figura humana.

6. Trata-se de um conjunto de fotografias do escritório de arquitetura de Ramos de Azevedo que retrata as obras de edificação do Mercado Municipal.

7. Também aparecem nas fotografias das décadas de 1920 e 1930 outros processos, mas com frequência muito menor: desvios de águas do Tamanduateí para fins industriais, ajardinamento, abastecimento de água e retificação do rio, entre outros.

8. Entre as fotografias, há dois panoramas da várzea do Carmo, um panorama do largo do Paissandu, cinco vistas parciais do vale do Anhangabaú, além de uma fotografia da Usina de Cubatão, uma fotografia da Usina Elevatória de Pedreira, no rio Pinheiros, e uma do edifício Alexandre Mackenzie, no viaduto do Chá.

9. Em uma comunicação apresentada por Horácio de Paula Souza no ano de 1923, durante o 1º Congresso de Higiene realizado no Rio de Janeiro, o diretor geral do Serviço Sanitário do Estado de São Paulo afirmava a importância da difusão da educação sanitária, sobretudo entre as crianças: "É fator de primeira importância na solução do problema saneamento (a educação sanitária). Por meio de conferências públicas e escolares, palestras particulares, demonstrações microscópicas, projeções fixas e animadas, afixamento de cartazes, distribuição de folhetos, publicações nos jornais, enfim, por todos os meios possíveis de propaganda, o posto municipal permanente procurará divulgar sistemática e ininterruptamente no seio da população os preceitos elementares de higiene. Esta propaganda intensa deverá visar especialmente às crianças, devendo ser organizado em

cada grupo ou escola verdadeiras aulas de higiene, de acordo com a mentalidade dos ouvintes e um programa pré-estabelecido" (documentos avulsos, Fundo Geraldo Horácio de Paula Souza, Centro de Memória da Saúde Pública da Universidade de São Paulo, 1923).

10 Por meio da lei municipal n. 7.199, promulgada em 1968.

11 Em apenas 1% dos registros, ocorre a ausência de tipologias urbanas. Nas décadas de 1920 e 1930, quando as imagens produzidas pelo poder público privilegiaram a representação do parque urbano e os tipos humanos que o frequentavam, as tipologias urbanas estavam ausentes em cerca de um quarto dos registros.

12 Atualmente o viaduto Mercúrio denomina-se Diário Popular e o viaduto Rangel Pestana teve seu nome alterado para Antônio Nakashima, a fim de homenagear o oficial militar.

13 Também conhecida como *Monumento ao Trabalho*. Foi inaugurada no parque Dom Pedro II em 1º de maio de 1945.

14 Yi-Fu Tuan, *Espaço e lugar: a perspectiva da experiência*, São Paulo: Difel, 1983.

15 São exemplos dessas iniciativas a transformação do edifício do Palácio das Indústrias no Catavento, museu de ciências da natureza e humanas, em 2009, e, recentemente, a demolição de um grande lote nas proximidades da praça São Vito, em que se encontravam edifícios residenciais que abrigavam inúmeras famílias, entre os quais o edifício São Vito, famigerado cortiço vertical. Para essa área, há um projeto que prevê a construção de um centro gastronômico, ligado às entidades do sistema S, e uma praça com estacionamento subterrâneo que a integraria ao Mercado Municipal. Em 2011, foi elaborado um grande projeto urbanístico para o parque Dom Pedro II pelos escritórios de arquitetura Una Arquitetos, H+F Arquitetos, Metrópole Arquitetos, pelo Laboratório de Urbanismo da Metrópole da Faculdade de Arquitetura e Urbanismo da Universidade de São Paulo (FAU-USP) e pela Fundação para Pesquisa Ambiental, ligada à FAU-USP. O projeto prevê três eixos de intervenção, a saber: mudanças no sistema viário e criação de uma estação de transportes intermodal, construção de uma lagoa de retenção junto ao rio Tamanduateí e reintegração do setor norte do parque entre os próprios equipamentos lá existentes e o núcleo central da cidade. Entre as mudanças do sistema viário, indica-se o rebaixamento da avenida do Estado até o final do parque, próximo à estação do metrô, possibilitando a demolição de quatro viadutos que cruzam o local. Dessa forma, amplia-se a permeabilidade do parque, com a criação de novas travessias de pedestres e a melhoria significativa da acessibilidade à região.

16 Para saber mais sobre a relação entre a lógica de *cidade global* e o processo de gentrificação, consultar David Harvey, *A condição pós-moderna*, São Paulo: Edições Loyola, 1993. Vale lembrar que dentro dessa lógica insere-se a construção de condomínios-clubes, isto é, torres residenciais em que há também uma série de áreas de lazer dentro do próprio condomínio para que seus moradores não tenham que circular pela vizinhança, em que permanecem áreas industriais e terrenos contíguos às ferrovias, subutilizados ou transformados em galpões de empresas de logística, ou mesmo ligados às atividades da zona cerealista.

17 Olga Rodrigues de Moraes von Simson. *Carnaval em branco e negro: carnaval popular paulistano: 1914-1988*, Campinas/São Paulo: Editora da Unicamp/ Edusp/Imprensa Oficial, 2007.

18 As fotografias do padrão *aglomeração* são aquelas pertencentes a Yvone Martinez, discutidas no primeiro capítulo. Ver figura 70 do capítulo 1.

19 O restante das imagens, representando pequena porcentagem do total, divide-se entre as funções bélica e administrativa, em que se fotografam parcialmente os edifícios do quartel e da Assembleia Legislativa.

20 O restante das fotografias divide-se entre eventos excepcionais, tais como a inauguração das novas bancas de carne do Mercado Municipal, uma campanha para arrecadação de alimentos por ocasião da entrada do Brasil na Segunda Guerra Mundial e a inauguração da nova sede social do clube dos funcionários da fábrica de gás.

21 Essa fotografia foi cedida por Guerino Amaro, sobrinho dos proprietários da banca. Sua família já está há quatro gerações no comércio de frutas no mercado. Sua avó Antonietta De Simoni foi a pioneira na atividade, obtendo uma concessão em 1910 para comercializar frutas no antigo mercado da várzea do Carmo.

22 Jorge Americano, *São Paulo atual-1935-1962*, São Paulo: Melhoramentos, 1963, p. 100.

23 Detectou-se a ausência de personagens em 8% das imagens.

24 Os veículos sobre pneus frequentemente aparecem estacionados nas ruas que circundam o parque público.

25 O laboratório do estúdio se situava em Marília, interior de São Paulo, e o escritório ficava na capital, à rua Barão de Itapetininga, 88, segundo andar.

26 Também se menciona uma presença significativa de descendentes de italianos, residentes no bairro do Brás e nas imediações do Mercado Municipal, e de descendentes de portugueses, que residiam no Belém, mas não foram apontados como parte dos alunos que tinham as notas mais altas. Boa parcela dos descendentes de japoneses morava em Itaquera, já que seus pais, agricultores, trabalhavam no cinturão verde ao redor dessa região. Os judeus geralmente residiam no Bom Retiro, e os sírio-libaneses inicialmente habitavam a região próxima ao mercado e depois migraram em direção ao Paraíso e à Vila Mariana. Os descendentes de chineses e coreanos habitavam a baixada do Glicério.

27 Em muitos casos, há um elevado padrão de renda entre os ex-alunos, que atualmente mantêm uma associação beneficente de auxílio ao colégio.

28 Note-se que o passeio no parque foi detectado apenas nos registros fotográficos pertencentes a Pedro Evangelista da Silva, alfaiate maranhense.

29 Há apenas 2% de pessoas agachadas.

30 Nos depoimentos, foram citadas ainda outras temáticas, de passagem ou com menor nível de detalhe: brincadeiras de rua, trabalho no comércio, frequência aos colégios estaduais Romão Puiggari e São Paulo, cortiços, procissões, compras no mercado e zona cerealista, frequência às cantinas do bairro do Brás, apresentações de fanfarra do quartel, lembranças do edifício São Vito, lavagem de roupas e pescaria no rio Tamanduateí.

31 Entre as brincadeiras, apontaram-se o esconde-esconde, a queimada, a mãe de rua, o carrinho de rolimã, as partidas de futebol embaixo do viaduto e a boca de forno (similar ao esconde-esconde, com a diferença de que os locais usados como esconderijo eram os vãos dos porões das casas e cortiços; o formato destes compartimentos assemelha-se aos fornos a carvão, por isso o nome "boca de forno").

32 As *táticas* são as práticas desenvolvidas pelos caminhantes do espaço. Por meio delas é que o utilizam, alteram e constituem relações cotidianas que escapam ao olhar totalizante das estratégias. As *estratégias* são capazes de produzir, mapear e impor uma forma ao espaço. São desenvolvidas por aqueles que estão em posição privilegiada, de poder, distantes do espaço. Assim, as estratégias são ações que elaboram lugares teóricos, capazes de articular um conjunto de lugares físicos onde as forças se distribuem. As táticas são uma resposta hábil às estratégias, pois jogam criativamente no espaço moldado pelo poder público (cf. Michel de Certeau, *A invenção do cotidiano*, v. 1., 16 ed., trad. Ephraim Ferreira Alvez, Petrópolis: Vozes, 2009).

33 Cf. José Guilherme Magnani, *Na metrópole: textos de antropologia urbana*, São Paulo: Edusp, 2000, e De perto e de dentro: notas para uma antropologia urbana, *RCBS*, v. 17, n. 49, jun. 2002.

34 Olga Rodrigues de Moraes von Simson, *Carnaval em branco e negro: carnaval popular paulistano: 1914-1988*, Campinas/São Paulo: Editora da Unicamp/Edusp/Imprensa Oficial, 2007.

35 Projetado na década de 1980 pelo arquiteto Paulo Mendes da Rocha, o atual terminal urbano do parque Dom Pedro II foi inaugurado apenas em 1996. Nas palavras do arquiteto, a grande inovação arquitetônica do projeto estava na horizontalidade do piso do terminal, capaz de criar uma topografia que gera menos impacto para o pneu do ônibus, ao passo que permite o fácil acesso do usuário ao veículo. Para a eficácia do sistema, foi desenvolvido um sistema de drenagem a fim de evitar possíveis alagamentos

a partir da implantação de um piso permeável e da criação de marquises com ângulo ligeiramente invertido para captação da água pluvial, estruturadas em pilastras e situadas em uma distância que não comprometa a visão do transeunte; no sistema, a água captada é lançada gradualmente no solo. Ainda segundo o arquiteto, a transitoriedade do terminal de ônibus foi prevista não em função da superação do projeto executivo implantado, mas sob a perspectiva de complementação do sistema de transporte. Acreditava-se que, com a inauguração da estação do metrô Pedro II, a concentração de ônibus no local seria minimizada, o que permitiria a redução do número de plataformas ali instaladas. Entretanto, nas primeiras décadas do século XXI, com a concretização do Expresso Tiradentes, percebe-se a consolidação do parque Dom Pedro II como uma área em que predomina a lógica do deslocamento via transporte individual ou coletivo.

Várzea, parque, viaduto, pedaço

A DISPUTA PELO TERRITÓRIO EM IMAGENS

Vimos que a transformação da várzea do Carmo no parque público Dom Pedro II ocorreu mutuamente no campo material-espacial e no campo do imaginário, o que demonstra o papel ativo das representações visuais na construção e difusão de sentidos.

Os produtores das imagens, o tempo e os diferentes suportes materiais são as variáveis que influenciam na construção desse imaginário, isto é, na criação de narrativas sobre essa região.

Partindo do pressuposto de que a cidade é resultado de uma disputa de forças em que atuam diversos agentes sociais com força política diferente, a análise das imagens construídas pelo poder público e pelos antigos usuários do parque apresentou as *estratégias* e *táticas* empregadas no uso e na difusão das práticas desse espaço.

A imagem construída pelo poder público naturalizou o processo de transformação da várzea do Carmo, ora por meio da metamorfose do atributo natural, a várzea, em um artefato, o parque, ora pela substituição do parque pelas vias de transporte. A imprensa foi o espaço discursivo responsável pela disseminação dessa narrativa que naturalizava as mudanças. A partir do final do século XIX, essa narrativa foi construída textualmente por meio da associação da condição natural da várzea do Carmo a uma série de inconvenientes causados à saúde e à moral dos habitantes da cidade. Esse discurso apoiava-se de um lado nas teorias miasmáticas oriundas de discussões europeias, organizadas pelos profissionais encarregados das transformações da cidade, e de outro em ideias do recém-criado regime republicano, que buscou disciplinar antigos hábitos associados ao período colonial-imperial – muitos dos quais se praticavam na várzea, como a lavagem de roupas nos rios, o banhar-se nu e o despejo de dejetos no Tamanduateí. Na metade do século XX, também foi a imprensa que se encarregou de difundir textual e visualmente uma narrativa que conduziu à banalização do processo de transformação do fato urbano. Esses veículos de comunicação, que se autoproclamam neutros e supostamente apenas informativos, valeram-se muitas vezes da técnica fotográfica para construir uma realidade conveniente, difundindo-a enquanto um duplo do real. A imagem teleológica disseminada por esses suportes pressupõe a transformação dos atributos materiais da cidade como parte de um "processo natural" da "evolução" urbana. A fim de assegurar o progresso da capital paulista, foi disseminada a imagem do parque como uma área substituível por vias de transporte. Ou seja, a imprensa naturalizava as imagens. Nesse caso, a naturalização da transformação do fato urbano implica o esvaziamento dos conteúdos políticos e sociais das ações sobre a cidade, colocando o tempo como agente das transformações, no lugar dos grupos sociais responsáveis pelo processo e interessados nas mudanças.

Já a imagem do parque Dom Pedro II construída por seus antigos usuários trouxe à tona práticas que eram invisíveis em representações do espaço veiculadas em suportes como cartões-postais, álbuns de fotografias da cidade, jornais e fotografias produzidas pela administração pública e por empresas a seu serviço. Como se viu, as práticas descritas pelos usuários eram organizadas em torno de redes familiares, vicinais, de trabalho e de estudo: o futebol, o corso carnavalesco, o passeio pelo parque público e pelo parque de diversões, as brincadeiras de rua, as festividades.

A invisibilidade dos usuários do espaço nesses suportes visuais de veiculação mais ampla, especialmente aqueles produzidos pelo poder público, é explicada por dois fatores: as formas heterogêneas de apropriação do espaço pelos diferentes agentes sociais e o circuito das representações visuais produzidas. Os usuários do parque são aqueles que transformam o local em *pedaço*, que o tornam um *lugar da experiência*. Já os demais grupos experienciam o espaço da Várzea de forma conceitual ou como paisagem, considerando o lugar de fora, de maneira estereotipada, o que implica muitas vezes o desconhecimento das práticas realizadas cotidianamente no espaço.

Quanto ao circuito das representações visuais, a imagem dos antigos usuários do parque restringe-se à esfera pessoal, às fotografias dos álbuns de família e às lembranças dos antigos *habitués* do lugar. Esses antigos usuários mantêm com os registros fotográficos uma relação de posse vicária de uma pessoa ou lugar querido. Por outro lado, a imagem construída pelo poder público necessita de visibilidade, de publicidade, a fim de assegurar sua permanência e sua força. Sendo assim, as fotografias dos periódicos, cartões-postais e álbuns da cidade dão conta de disseminar essa imagem, ou seja, permitem que ela ultrapasse o restrito circuito técnico-documental em que foi produzida, alcançando uma intensa circulação e exposição, característica própria desses suportes.

Neste livro, exploramos os modos como as crônicas e obras de memorialistas da cidade, as pinturas, as fotografias e artigos de periódicos, os cartões-postais e os álbuns do IV Centenário de São Paulo contribuíram para a formação do imaginário sobre a região da Várzea do Carmo. Retomemos brevemente agora as diferentes funções e circuitos que ocuparam esses suportes.

As crônicas e as obras de memorialistas da cidade foram os suportes materiais pioneiros na criação de uma imagem sobre a Várzea. Foi justamente com o auxílio desses suportes que o diretor do Museu Paulista, Affonso Taunay, reconstruiu a imagem da antiga Várzea do Carmo a partir da década de 1920, por meio de encomendas de pinturas aos artistas acadêmicos.

As pinturas, expostas no museu – espaço discursivo privilegiado para eleger, difundir e salvaguardar a memória –, garantiram a preservação da paisagem pitoresca da Várzea no imaginário. A imagem reconstruída da várzea do Carmo, exibida em uma sala dedicada à iconografia da antiga cidade de São Paulo, assumiu uma função compensatória, isto é, tratou-se de preservar no campo do imaginário a paisagem que materialmente desaparecera.

Os cartões-postais, por sua vez, foram responsáveis pela criação de uma imagem ícone daquela região. A fotografia do cartão-postal produz uma informação dissociada da experiência concreta, ou seja, permite que aqueles que o consomem construam narrativas particulares a partir do olhar do fotógrafo.

Entender a cidade como paisagem integrava a condição moderna do morador urbano, seja no circuito público, pela observação das pinturas do Museu Paulista e pelo próprio ato de caminhar pelas ruas, seja no circuito doméstico, pelo consumo de cartões-postais e álbuns da cidade. Os postais e os álbuns, juntamente com as fotografias dos jornais e das revistas ilustradas, foram os responsáveis pela divulgação e consolidação de uma imagem da várzea do Carmo e, posteriormente, do parque Dom Pedro II.

Como se viu, a imprensa foi um espaço discursivo privilegiado para a disseminação e consolidação da imagem da várzea do Carmo como um local predestinado às transformações urbanísticas. Tal imagem, construída pelas fotografias do poder público e de seus agentes, além de naturalizar o processo de transformação do local, esvaziando os conteúdos políticos e sociais das ações sobre a cidade, construiu uma imagem, uma narrativa teleológica sobre esse logradouro, associada à noção de "progresso". Essa tarefa foi ajudada em grande medida pelo tom eufórico utilizado pela imprensa para exaltar as transformações que a várzea deveria sofrer ou sofrera. Esse tom eufórico de celebração do progresso também foi encontrado nos álbuns comemorativos do IV Centenário, cujas fotografias retrataram o parque Dom Pedro II como ornamento da metrópole, não raro associando-o, por meio da mobilização de recursos formais da fotografia ou por pequenas frases, às cidades de Nova York e Londres.

Durante a análise das representações visuais feitas na região da várzea do Carmo, pudemos delinear quatro imagens distintas criadas sobre o local: uma *paisagem natural* a ser transformada (1890-1910), o *atributo natural* transformado em artefato por meio da consolidação do espaço público do parque Dom Pedro II (1920-1930), o parque como um *ornamento da metrópole* (1940-1950) e o parque como uma *sinédoque dos conflitos metropolitanos* (1960) – isto é, como uma área da cidade que começa a ser desestruturada em prol de seu crescimento, na qual sintomaticamente se acumulam os problemas decorrentes dessa opção urbanística, em que se perde a escala humana.

No final do século XIX e início do XX, a várzea do Carmo era uma das mais célebres paisagens da cidade de São Paulo, local que encantava os viajantes justamente por conta de sua irregularidade topográfica. As cheias do rio Tamanduateí eram tidas como um embelezador natural da paisagem, tanto pela imagem construída a partir das fotografias feitas pelo poder público como pela imagem disseminada pelas pinturas.

No período de 1920 a 1930, a condição natural desse espaço, que já ganhara conotações negativas por parte daqueles que se manifestavam nos periódicos nas décadas anteriores, tornou-se um obstáculo ao crescimento da cidade e à saúde de seus moradores. As condições sanitárias da várzea do Carmo passaram a representar uma ameaça não só aos moradores da cidade, mas também à continuidade do fluxo imigratório, uma vez que, por conta da repercussão das teorias miasmáticas no cenário nacional, passou-se a associar as áreas pantanosas à proliferação de doenças e epidemias. A imagem difundida pelos postais desse período fez questão de enfatizar a domesticação da várzea, isto é, o parque público, com sua conotação de melhoramento higiênico e embelezador. A representação da várzea como atributo natural desapareceu, ou melhor, restringiu-se às pinturas do Museu Paulista. O poder público, por sua vez, exibiu imagens que demonstravam não só o controle do espaço, mas também de seus usuários – os filhos dos operários das fábricas dos bairros do Brás e da Mooca, que eram educados física e moralmente no Parque Infantil Dom Pedro II.

Nessas décadas já despontavam as primeiras imagens com indícios de um novo padrão visual de representação do parque, que se consolidou nas décadas de 1940 e 1950. Nesse período, o parque Dom Pedro II deixou de ser uma *vista* para se tornar um local de onde se descortinava uma bela vista. A transformação de sua condição natural primária tornou-o um elemento ornamental, isto é, não se tratava mais de ver o parque, mas sim de o parque ser um ponto privilegiado para se observar os arranha-céus da metrópole: suas árvores e esculturas passaram a emoldurar os altos edifícios da região do triângulo inicial, ícones do processo de metropolização.

Finalmente, as imagens produzidas pelo poder público na década de 1960 concretizam o modelo de cidade do qual ainda somos herdeiros, em que se privilegia a opção de circulação de mercadorias e pessoas a partir de uma ótica em que o indivíduo se sobrepõe ao coletivo. Houve supervalorização do sistema de transporte individual sobre pneus, que se impôs sobre as áreas do parque – que foram descontinuadas e se tornaram inacessíveis ao pedestre, aquele que circula pela cidade seja no ritmo acelerado do transeunte, tipo citadino por excelência ou seja no caminhante que vagarosamente anda pelo lugar criando suas próprias táticas para vencer as estratégias, traçadas pelo poder público para esse espaço.

É notável, portanto, o quanto a característica geomorfológica e a localização geográfica da várzea do Carmo foram motores das divergências entre os discursos produzidos sobre ela. Muito provavelmente, o desaparecimento dessa condição natural de paisagem é o que atualmente provoca a invisibilidade de suas imagens anteriores, como parque ou ornamento da metrópole. Em outras palavras, justamente aquilo que o poder público buscou modificar era o que conferia singularidade a esse espaço, hoje tido como uma área de vazio urbano em que se desenvolvem projetos de "requalificação" no âmbito da cultura e, em última instância, no âmbito do capital, a fim de reincorporá-la ao centro da cidade.

Para concluir, espera-se que esta reflexão sobre o imaginário construído sobre a várzea do Carmo contribua para se pensar a cidade e, especificamente, essa região, como um campo de forças no qual as imagens integram o fato urbano, como vetores ativos de formas de organização, reprodução e mudança sociais. Em um momento em que cada vez mais o indivíduo se sobrepõe ao coletivo, essa reflexão sobre o imaginário construído sobre a várzea do Carmo busca contribuir para as discussões sobre o direito à cidade. Ainda que a cidade seja um espaço de disputas, o dar voz e visibilidade aos seus diversos agentes permite a compreensão da multiplicidade das experiências e das sensibilidades daqueles que nela habitam.

ANEXO I

Cronologia da Várzea do Carmo/ parque Dom Pedro II

A partir do século XVI O rio passa a ser chamado de Tamanduateí. Até então, era denominado Piratininga ("peixe seco" ou "peixe que fica preso nas margens de um rio, secando ao sol depois de um transbordo"). Tais peixes atraíam formigas, que por sua vez atraíam tamanduás, por isso o nome Tamanduateí[1].

1728 Formação da Irmandade de Nossa Senhora da Boa Morte, que admitia pessoas de diferentes classes sociais. No século seguinte, essa irmandade construirá a igreja de mesmo nome na rua do Carmo[2].

1764 Uma vereança proíbe a venda de peixes nas estradas, instruindo que as vendas fossem realizadas na Lapa e no Carmo[3].

1766 Uma carta de Morgado de Matheus endereçada ao Marquês de Pombal indica que as inundações da várzea do Carmo fertilizavam a terra para bons pastos: "está edificada a cidade de São Paulo, no meio de uma grande campina em sítio um pouco elevado, que a descobre toda em roda [...] por uma parte é regada da Ribeira Tamanduathey, que com repetidas voltas a circula e com as suas enchentes inunda a maior parte da campanha, fertilizando-a de bons pastos"[4].

1773 Termo de Vereança 30/janeiro: "Fomos novamente fazer vistoria no dito logar, e achamos e concordamos que em semelhante paragem não devia ser admitida tal obra, não só por ser no logradouro público desta cidade e o único recreio e divertimento do povo desta cidade, além de ser logar onde se costuma tirar saibro para todas as obras desta cidade"[5]. ■ Atas da Câmara diziam que a várzea era local de recreio do povo da cidade, que por ali se divertia de dia e de noite[6].

1782-1786 Primeira tentativa de enxugo e aformoseamento das várzeas do Carmo e São Bento: abriu-se uma vala para retificar a curva do rio (largo do Hospício). Tal intervenção fez com que o Tamanduateí marginasse a faixa de terreno onde se desenhou a rua Figueira[7].

A partir de 1780 Construção de três novas pontes sobre o rio Tamanduateí (pontes do Carmo, do Meio e do Ferrão)[8].

1783 Inundação da região da Várzea[9].

Início do século XIX O porto fluvial mais movimentado do início do século XIX era o porto Geral. Além deste, existiam os portos da Figueira, Coronel Paulo Gomes e Tabatinguera[10]. ■ Notícias de que muitos aguadeiros, boa parte deles de nacionalidade portuguesa, enchiam suas pipas com águas consideradas impuras do Tamanduateí e que alguns danificavam propositalmente os chafarizes ou furavam a fila da coleta para obter em primeiro lugar a água desejada[11].

1802 A Irmandade da Boa Morte adquire de Joaquim de Sousa Ferreira o terreno na rua do Carmo, onde construiu sua própria igreja[12].

1802-1811 Período de construção do aterrado do Brás[13].

1810 Abre-se uma segunda vala pelo centro da várzea, ao mesmo tempo que se construía o aterro em continuação da ladeira do Carmo[14]. ■ Construção de uma vala no centro da várzea do Carmo a fim de conter as enchentes do Tamanduateí[15]. ■ Nova vala no centro da várzea e construção de um aterrado de 400 passos (328 metros) como continuação da ladeira do Carmo, o que prejudicou o transporte fluvial nos quatro portos da várzea do Carmo[16]. ■ No dia 14 de agosto de 1810, é inaugurada a igreja da Boa Morte[17].

De 1820 em diante Representações junto à Câmara e aos governadores da capitania exigindo solução para as águas estagnadas na várzea[18].

1821 Elaboração de projeto para desaguamento da várzea do Carmo a partir da abertura de um canal de 40 palmos de largura – não executado por falta de verbas[19]. ■ Projeto de retificação do Tamanduateí pelo major de engenheiros Pedro Arbues Moreira (não executado)[20].

Início do Império Debate intenso sobre as águas municipais mal canalizadas em função do perigo de desabamento da ladeira do Carmo (ou "buracão do Carmo", conforme era chamado o local em que se encontrava a ladeira de mesmo nome, ameaçando muros e moradias vizinhas)[21].

1822 Registro Geral da Câmara diz que a várzea estava reduzida a um pântano contínuo, "devido a ter consentido que certas pessoas atendendo apenas às suas conveniências tivessem desviado o leito natural das águas do Tamanduateí. Em outros tempos ela fora enxuta, sendo mesmo um dos pontos preferidos para o passeio dos moradores da cidade"[22].

1823 Ofício do governador da província enviado à Câmara Municipal critica as tentativas de intervir no rio Tamanduateí para modificar seu traçado. Muitas das tentativas foram feitas pela própria população, que abria valas na tentativa de conter inundações[23]. ■ Registro geral da Câmara de São Paulo indica que entre as motivações das constantes epidemias estava a estagnação das águas do Tamanduateí e suas várzeas[24].

1824 Representação encaminhada pelos proprietários da rua do Carmo ao presidente da província – queixa de alagamentos em função do assoreamento de terras desabadas do morro do Carmo e intervenções no curso do rio[25]. ■ Moradores da rua do Carmo exigiam do presidente da província melhorias no local, alegando que aquela era uma área de passeio na época de estiagem, lugar onde o povo assistia aos treinamentos de militares[26]. ■ O brigadeiro Pinto envia um requerimento às autoridades municipais em que reclama o direito de usufruir de uma várzea em melhor estado. Lembra as autoridades do tempo em que a várzea era seca e, por conseguinte, faziam-se ali passeios divertidos, recreios de dia e de noite. Segundo ele, essas comodidades não existiam mais, pois haviam sido abertas valas, e elas provocavam desabamentos; para ele, desde que, em 1805, o governador Antônio José de Franca e Horta alterou a corrente do rio Tamanduateí, as inundações se tornaram uma constante. Nem mais os exercícios físicos dos soldados do Segundo Regimento da Cavalaria da cidade puderam acontecer sobre o solo varzeano[27].

1826 O brigadeiro Joaquim José Pinto de Morais Leme foi acusado de obstruir a passagem de pessoas pelo beco aberto ao lado de sua residência. Tratava-se de uma passagem estreita chamada de beco do Colégio, até hoje conhecida como beco do Pinto, devido ao brigadeiro. O beco era utilíssimo para ir da parte alta da cidade ao rio Tamanduateí e vice--versa, oferecendo passagem principalmente a lavadeiras, pescadores e carregadores de água[28].

1827 Projeto de drenagem do rio Tamanduateí contratado aos engenheiros pela província não sai do papel[29].

1829 Eram guardados porcos nas imediações da várzea do Carmo. Nesse ano, a Câmara Municipal discute uma maneira de manter os porcos em locais fechados, construindo cercas para os animais na própria várzea, tentando assim evitar a dispersão dos lucros[30]. ■ Os galés (presos) guardavam suas ferramentas em um quarto existente na ladeira do Carmo, também ocupado por quitandeiras que residiam longe do núcleo urbano e preparavam os quitutes naquele local. A fim de evitar quaisquer contatos entre os galés e as mulheres, os vereadores optam pela guarda das ferramentas no andar abaixo da sala da Câmara[31].

1830 Uma enchente do rio Tamanduateí carregou a ponte Pequena, e o trânsito, durante algum tempo, teve de ser feito por uma pinguela. A tendência foi manter a pinguela até que outra chuva forte a destruísse, levando a população a reivindicar à Câmara alguma ajuda para a construção de uma nova ponte[32].

1835 Atas da Câmara citam o encanamento do rio como solução para estagnação das águas[33]. ■ Construção da ponte do Carmo, feita em pedra sobre o rio Tamanduateí – também conhecida como ponte do Franca. A ponte servia de divisa entre as freguesias da Sé e do Brás[34].

1837 Foi apresentado à Câmara um orçamento para a limpeza do Tamanduateí e aumento de suas margens[35].

1839 Estava sendo construída uma ponte com cabeceira de pedra sobre o rio Tamanduateí, no local em que hoje se situa parte da avenida Rangel Pestana, a fim de substituir uma pinguela, pela qual transitavam apenas bípedes[36].

Até a década de 1840 O rio Tamanduateí era utilizado para navegação. Permitia a ligação de São Paulo a São Caetano e São

Bernardo. E, ao norte, desembocava no rio Tietê, sendo navegável até Nossa Senhora do Ó (a oeste) e Conceição de Guarulhos, São Miguel e Itaquaquecetuba (a leste)[37].

Administração do presidente da província Pires da Mota (1848-1851)

Canalização de um pequeno trecho do rio Tamanduateí, nas vizinhanças da fazenda do próprio presidente da província, Pires da Mota[38].

1849 Retificação do trecho Sete Voltas – projeto C. A. Bresser (liberação da área da rua 25 de Março)[39]. ■ Primeira intervenção de grande porte no rio Tamanduateí: retificação das sete voltas, o que o afasta da colina central e assegura a ocupação da várzea a oeste pela rua 25 de Março[40]. ■ Uma parte da retificação do Tamanduateí foi concluída, a correnteza foi afastada do sopé, e foram cortadas as sete curvas[41]. ■ Cessa a navegação no rio Tamanduateí, ainda que sua retificação, elaborada pelo engenheiro alemão Carlos Abraão Bresser, fosse concluída em 1855[42].

1850 Por ocasião de um temporal, transbordaram tanques e subiram as águas do Tamanduateí, provocando inundações, destruição de moradias e até mesmo afogamentos[43].

15 jan. 1850 A Câmara Municipal institui o despejo de lixo nos seguintes locais: embaixo da ponte do Acu, junto ao rio; o lado direito do porto Geral; nas ladeiras do Carmo e da Tabatinguera; o beco da Marquesa de Santos, no fundo de um quintal; o beco Sujo, em frente a uma chácara; a rua do Cemitério; e o beco de Santa Cruz. Não era a primeira vez que os lugares de depósito eram remanejados para becos, já considerados de pouco asseio, ou para regiões cobertas por mato e à beira de rios, então consideradas distantes das aglomerações habitacionais e, sobretudo, pouco afeitas aos ventos que levariam os odores para o centro da cidade[44].

1851 Críticas nas atas da Câmara Municipal de São Paulo sobre a tapagem de uma embocadura do Tamanduateí, realizada com madeira podre[45].

1852 Processo-crime referente ao assassinato de um homem conhecido pelo nome de "Pai Chico" inclui versões diferentes sobre como esse morador das margens do Tamanduateí foi assassinado e jogado no rio de mesmo nome. Algumas testemunhas declararam que Chico foi atacado por dois homens enquanto pescava; outras afirmaram estar ele na venda próxima ao rio, de propriedade de um tal Juca Alemão, e que, no final do dia, depois de se dirigir para a beira das águas, foi abordado por dois jovens, conhecidos de algumas testemunhas e desconhecidos de outras. As divergências, contudo, centraram-se mais em torno do local da morte do que sobre sua causa verdadeira: para algumas testemunhas, Chico morrera dentro do barco; para outras, sua morte ocorreu dentro do rio[46].

20 set. 1854 Foi publicado um edital na imprensa que objetivava a contratação de uma empresa para limpeza do Tamanduateí, desde o porto denominado dos Ingleses até o porto dos Lázaros[47].

Até meados do séc. XIX Navegação possível no rio Tamanduateí[48].

Década de 1860 80% da água coletada pelos moradores pobres da capital não vinha dos chafarizes, e sim da coleta direta dos rios e da venda dessas águas feita pelos aguadeiros, que percorriam a cidade com uma carroça e uma ou duas pipas repletas de água – proveniente, em geral, do Tamanduateí e do Lavapés[49]. ■ Os chafarizes e as bicas existentes possibilitavam 20 mil medidas de água (336 mil litros em 24 horas), cerca de 12,4 litros por pessoa. Porém, para Afonso Freitas, o montante fornecido deveria ser de 100 mil medidas, concluindo que as 80 mil medidas faltantes eram retiradas de cisternas abertas ao longo das margens do rio Tamanduateí e do córrego Lavapés e vendidas em pipas ambulantes[50]. ■ Passa a ser difundido na imprensa o problema de infecção das águas do Tamanduateí[51]. ■ As fortes chuvas carregavam dejetos e pedregulhos para o final das ladeiras da Tabatinguera e do Carmo, impedindo o trânsito de carroças e pedestres[52].

1860 Aprovação dos estatutos para construção da ferrovia Santos-Jundiaí (São Paulo Railway ou Inglesa) nas terras da várzea do Carmo[53].

1862 Castro Alves fere-se no pé, em função de um tiro acidental, ao caçar perdizes na várzea do Carmo[54]. ■ O poeta Castro Alves, desgostoso, ao saltar para dentro da água, próximo à ponte do Ferrão, sem querer, devido a um movimento brusco, engatilhando e disparando a arma que portava, feriu-se no pé esquerdo[55].

1862-1903 Durante esse período, o edifício-sede da chácara do Fonseca, que havia funcionado como seminário de educandas, passou a abrigar o Hospício dos Alienados. O edifício feito em taipa de pilão e alvenaria de tijolos, cuja área mais antiga data de 1842, passaria a abrigar o quartel do Segundo Batalhão de Guardas[56].

1863 Foi proposto o *Plano geral de melhoramentos da cidade*. Entre suas recomendações, estavam a edificação de praças e bulevares até o Cambuci, a canalização retilínea do rio Tamanduateí e a abertura de bulevares ao longo do canal com a construção de pontes (propostas não implantadas)[57]. ■ Proposta de mandar fazer pelos galés (presos) um porto novo no rio Tamanduateí, nos fundos da chácara da Glória, pondo-o de maneira que se prestasse à lavagem de roupa e ao bebedouro de animais, visto que o de então não se prestava com vantagem ao público[58].

1864 Postura municipal proíbe "lavar-se alguém nu, durante o dia, nos rios que cercavam a cidade"[59].

1866 A pedido do presidente da província, João Alfredo Corrêa de Oliveira, o engenheiro Jules Revy, auxiliado por João Rudge, começou novos trabalhos de saneamento da várzea do Carmo e Tietê a fim de torná-la "salubre e útil'[60].

Desde 1866 Parte da várzea do rio Tamanduateí começa a ser ocupada pela construção da estrada de ferro Santos-Jundiaí, a antiga São Paulo Railway[61].

1867 Inauguração da São Paulo Railway[62]. ■ Parte da várzea foi aterrada e criou-se um mercado municipal no cruzamento das ruas 25 de Março e General Carneiro, onde se estabeleceram mascates e vendedores que ofereciam suas mercadorias ao público[63]. ■ Inauguração da São Paulo Railway Company, atual ferrovia Santos-Jundiaí, nos terraços fluviais do Tamanduateí e Tietê[64]. ■ A chácara do Ferrão, localizada além do rio Tamanduateí, passa a ser denominada chácara da Figueira em função de seu desmembramento[65]. ■ Construção do antigo Mercado Municipal, aproveitando-se áreas ganhas com a retificação do rio Tamanduateí. Tal função estava em consonância com as atividades de entreposto comercial que caracterizavam a várzea até então. O mercado ficou conhecido como "mercado dos caipiras"[66].

1868 Até essa data, havia o predomínio de chácaras no Brás; porém, com a inauguração da São Paulo Railway, a urbanização avançou para o leste[67].

1870 A Câmara Municipal designa a várzea do Carmo para o despejo da cidade[68]. ■ O engenheiro inglês William Ramsey, a serviço da San Paulo Gas Company, escolhe o local para a instalação do complexo do gasômetro: a chácara do Ferrão, de propriedade da Marquesa de Santos[69]. ■ O senhor Pacheco de Toledo demanda à Câmara a construção de esgotos na rua 25 de Março para dar saída às águas estagnadas[70].

1872 Novas modificações na várzea do Carmo, aterrando-se os pântanos do Carmo e formando-se o lugar de recreio "Ilha dos Amores"[71]. ■ Inauguração da fábrica de gás nas margens do Tamanduateí pela São Paulo Gas Company e construção de reservatórios de gás (gasômetros) que viabilizam a iluminação pública das ruas[72]. ■ Concessão do governo à Companhia Carris de Ferro de São Paulo para implantação e operação do sistema de bondes a tração animal[73].

1873 O código publicado nesse ano, em seu artigo 10, declara que todos que fossem encontrados tomando banho nos rios em plena nudez incorreriam na multa de 10$000. Essa prática era frequente no rio Tamanduateí[74].

Gestão João Theodoro (1872-1875)
Executa-se o aterramento do Gasômetro, a ligação da ladeira General Carneiro à rua do Gasômetro, e a construção da rua Nova, atual João Theodoro, ligação dos bairros da Luz e do Bom Retiro ao Brás, e rua Conde D'Eu, ligação da rua Tabatinguera à rua Lavapés[75].

1873-1874 Construção da Ilha dos Amores, jardim na parte da várzea do Carmo em frente ao Mercado[76].

1874 Com a instalação de um parque de diversões, a Ilha dos Amores, o número de mascates, mendigos e do povo em geral aumenta na região da várzea do Carmo[77]. ■ Criação da Ilha dos Amores em terrenos alagadiços na região da várzea do Carmo por ordem do presidente da província João Theodoro. Situada em frente à praça do Mercado, tinha como zelador o senhor Joaquim Marcellino Alvarenga. Segundo o cronista Antônio de Almeida Prado, seu nome era um eufemismo roubado aos Lusíadas para designar os barrancos ajardinados que circundavam o morro do Carmo, às margens do Tamanduateí, porção de terra conquistada ao charco e saneada. Era frequentada sobretudo por estudantes da Faculdade de Direito[78].

1875 Inauguração e abertura de um *chalet* com banhos na Ilha dos Amores ao som de uma banda de música e do canto do Hino Nacional pelos Aprendizes Artífices do Corpo de Permanentes (7 mar. 1875)[79]. ■ Construção da Sorocabana, ferrovia que liga São Paulo a Sorocaba (estação do Norte-Brás)[80]. ■ Inauguração da Estrada de Ferro do Norte, ligação entre São Paulo e Cachoeira Paulista[81]. ■ Construção de linha de bonde desde a ponte do mercado até a chácara de Júlio Joly, no caminho da Penha[82].

12 jun. 1875 Notícia publicada no jornal *Correio Paulistano* alerta: "Em respeito à moralidade pública. Comunicam-nos que alguns indivíduos desabusados, entre eles algumas praças de linha, costumam ir banhar-se em pleno dia no rio Tamanduateí nas proximidades da rua Conde D'Eu. Ora estando esta rua atualmente bastante frequentada, acontece que muitas pessoas decentes e mesmo famílias sentem-se em posição embaraçosa ao toparem com semelhante espetáculo muito impróprio de uma cidade civilizada, pois aqueles intrépidos apreciadores dos banhos ao ar livre apresentam-se sem o necessário recato exigido pela moralidade pública. Convém que sejam dadas as providências no sentido de ser reprimido tal abuso"[83].

1877 Construção da Estrada de Ferro do Norte que liga São Paulo ao Rio de Janeiro pela Companhia São Paulo e Rio de Janeiro[84]. ■ Complementação da Estrada de Ferro do Norte até chegar ao Rio de Janeiro[85].

27 fev. 1878 Crítica do jornal *Correio Paulistano* ao fechamento ao público do *chalet* da Ilha dos Amores por causa da visita do novo presidente da província, João Baptista Pereira, que lá banhou-se[86].

24 ago. 1878 Anúncio no jornal *Correio Paulistano* em que se divulga o valor de banhos de nado e de chuva no *chalet* da Ilha dos Amores, a saber: por pessoa, até 15 minutos (100 réis), até 20 minutos (200 réis), até 30 minutos (500 réis) e até uma hora (1$000 réis). Também se anunciava o serviço de aluguel de lençóis e toalhas. O horário de funcionamento do *chalet* era das 6 horas da manhã às 6 horas da tarde[87].

5 fev. 1878 O jornal *Correio Paulistano* noticia a reclamação dos banhistas do *chalet* da Ilha dos Amores que tiveram suas entradas recusadas pelo fato de o presidente da província, João Theodoro, decidir-se banhar-se por lá para se refrescar do verão[88].

23 jul. 1881 Lei municipal que autorizava a divisão em lotes e venda dos terrenos de propriedade municipal, compreendidos entre o aterrado do Gasômetro e da estrada de ferro Santos-Jundiaí, indicando que a verba arrecadada seria empregada para o aterro, dessecamento e arborização da várzea do Carmo, porém não executada[89].

1881 Fundação do Serviço de Imigração Estrangeira custeado pela Província de São Paulo[90]. ■ O Inspetor Geral de Obras Públicas, Antônio Bernardo Quartim, edifica uma espécie de canalização de esgotos na Ilha dos Amores, alegando a construção de dois canais para o despejo das águas servidas a fim de evitar a contaminação das águas limpas, destinadas sobretudo aos banhos[91].

1883 O *cricket*, esporte tipicamente inglês, era praticado desde 1883 por representantes da colônia inglesa local, especialmente os funcionários da empresa concessionária de transportes São Paulo Railway. Segundo consta, era praticado na então várzea do Carmo, em terreno cedido pela família Dulley e que viria, mais tarde, a sediar o São Paulo Atlethic Club[92]. ■ Passagem do Registro Geral da Câmara – queixa de propagação de insetos e epidemias em função dos alagamentos do rio e vargeados e consequente estagnação das águas[93].

1885 Foi apresentado à Câmara um projeto datado de 1883 que visava embelezar a várzea do Carmo, concebido por João Rudge, que oferecia seus serviços gratuitamente à cidade. O projeto previa, além de jardins, pavilhões e cascatas, a criação de um grande lago, com 1 metro de profundidade e 500 metros de extensão para que as crianças pudessem nadar sem perigo[94]. ■ O governo encarrega o engenheiro Revy de elaborar plano para preservar de inundações as planícies próximas à cidade. Como solução para as inundações do Tamanduateí, dois reservatórios deveriam ser construídos no vale superior – um no rio dos Meninos e outro no próprio Tamanduateí, de modo a represar parte da água da chuva; o rio correria por um canal com nível inferior ao das planícies. O plano do engenheiro Revy foi julgado muito ambicioso pelo Barão de Parnaíba que, embora considerasse o saneamento e o embelezamento da várzea do Carmo uma das obras mais importantes para a capital, não a considerou prioritária, além de achar que deveria ser realizada a expensas dos cofres municipais, e não estaduais[95]. ■ Havia um pequeno núcleo de mascates sírios e libaneses trabalhando na parca do mercado. Solteiros e pobres residiam em pensões baratas e cortiços localizados em suas imediações, na maioria das vezes nos porões de velhos sobrados dessa antiga zona da cidade[96].

18 jan. 1886 Cinco rapazes foram detidos por afronta ao decoro público ao banharem-se no Tamanduateí no começo da tarde. Os infratores foram recolhidos na estação do Brás e postos em liberdade algumas horas mais tarde. Geralmente eram do sexo masculino e tinham entre 8 e 15 anos aqueles que se banhavam no rio[97].

27 set. 1886 Registro da alta frequência da Ilha dos Amores, que, segundo dados de seu administrador, chegou a receber anteontem quarenta pessoas[98]. ■ Havia três encarregados de sanear os locais de banho e despejar as águas servidas na Ilha dos Amores, incluindo um zelador que trabalhava como vigia do morro do Carmo e do jardim do Palácio do Governo[99]. ■ Chega a São Paulo o engenheiro francês Jules Revy, comissionado pelo Ministério da Agricultura, a pedido do governador da província para proceder ao trabalho de saneamento da várzea do Carmo[100]. ■ O engenheiro francês Jules Revy, comissionado pelo Ministério da Agricultura, estabeleceu-se em São Paulo, à requisição do presidente da província para proceder a trabalhos de saneamento da várzea do Carmo e margens do Tietê nas imediações da capital[101].

1886-1888 Inauguração da Hospedaria dos Imigrantes nas proximidades da estação de trem do Brás, a fim de instalar os imigrantes que trabalhariam na lavoura cafeeira[102].

1887 São inauguradas, a leste do Tamanduateí, três fábricas de tecido de algodão, uma de fósforos e duas de chapéus[103]. ■ Solicitação enviada à Câmara expressava a necessidade de construir um espaço para a lavagem de roupas às margens do Tamanduateí, incluindo o lugar para quarar peças brancas, entre as pontes do Carmo e do Mercado[104].

1888 Conclusão da construção da Hospedaria dos Imigrantes no Brás (rua Visconde de Parnaíba)[105]. ■ Registro nas Atas da Câmara, segundo o qual o comandante da Companhia da Cavalaria enterrou um cavalo na várzea do Carmo, hábito veementemente criticado dada a adoção das noções de higiene emergentes no final do século[106]. ■ O sineiro da ladeira Porto Geral foi acusado de atordoar a vizinhança com o badalar dos sinos[107]. ■ Primeiro jogo de futebol de São Paulo realizado na várzea junto à rua Santa Rosa – funcionários da São Paulo Railway *versus* funcionários da Companhia de Gás[108]. ■ Abandono da Ilha dos Amores (construída no governo de João Teodoro) em função da obstrução do canal da rua 25 de Março para a construção do Mercado de Peixe. Tratou-se de aterrar o canal que separava a Ilha dos Amores da rua 25 de Março[109]. ■ Ilha dos Amores desaparece, com a edificação do Mercado de Peixe e de Verduras em seu lugar[110].

1889 Miranda Azevedo e Samuel Malfatti fazem uma proposta de saneamento e aproveitamento da várzea do Carmo, que consistia na construção de um canal que permitiria a navegação de pequenas embarcações, duas avenidas arborizadas ao longo do canal e o aterro das demais áreas (não realizada)[111]. ■ Inauguração da Casa das Retortas para dar conta do aumento da demanda e do consumo de gás[112]. ■ Fusão das diversas companhias de bonde para a criação da Companhia Viação Paulista. Grande parte dessas linhas partia da região da várzea do Carmo[113]. ■ Proposta de um senhor chamado Carmilo à Câmara solicitando ao engenheiro da Câmara o orçamento de duas ou três lavanderias na várzea do Carmo sem prejuízo de qualquer melhoramento que porventura se fizesse naquele lugar[114]. ■ Aprovação pela Câmara da realização de uma concorrência pública para implantação de melhoramentos na várzea do Carmo[115].

21 jan. 1889 Faleceu na ocasião em que se banhava no rio Tamanduateí, junto à ponte Pequena, no comércio da Luz, o sr. José Soares, empregado na padaria Romana, um homem de pouca conversa que parecia desgostoso com a vida; mas não se sabia ao certo se sua morte havia sido voluntária[116].

21 out. 1889 "Anteontem, cerca de uma hora da tarde, Antonio de tal, que estava banhando-se no rio Tamanduateí, várzea do Carmo, e como se não soubesse nada pereceu afogado. O cadáver foi logo retirado da água por um menor que se achava na ocasião. A autoridade policial tomou providências e o cadáver foi examinado pelo dr. Rudge, médico da polícia."[117].

Até 1889 Acreditava-se que as águas do Chafariz do Miguel Carlos, nas imediações do que hoje é a rua 25 de Março, eram curativas. Alguns diziam que isso se devia a seus componentes radioativos, outros insistiam na força quase divina, latente naquela região, mas que julgavam ter perdido seus poderes com a canalização ocorrida nesse ano[118]. ■ Estudantes da Faculdade de Direito costumavam buscar água no local, durante a noite, alguns em "traje de Adão", outros em fraldas de camisa ou de ceroulas e cartolas[119].

1890 Ainda existia o antigo mercado próximo à Ilha dos Amores[120]. ■ Polêmica em função de um projeto apresentado à Câmara que visava acabar com as enchentes na várzea. O jornal *Correio Paulistano* critica a doação de terrenos à empreiteira que realizaria a obra, Cia de Nothmann; já a Cia contrata especialistas (engenheiros, médicos, jurisconsultos etc.) para defender a intervenção[121]. ■ O Governador Prudente de Moraes, depois de anular deliberação da Câmara Municipal que aprovara projeto de saneamento da várzea do Carmo assentado na alienação de terrenos em favor de particulares, nomeia comissão para elaborar projeto de saneamento das várzeas. A comissão era formada pelos engenheiros doutores A. F. de Paula Souza, diretor da Superintendência de Obras Públicas, e Theodoro F. Sampaio, da Comissão Geográfica e Geológica do Estado. Incluía também os auxiliares necessários retirados daquela repartição[122]. ■ A principal concentração de imigrantes corresponde à zona de urbanização compacta entre a várzea do Carmo, que inclui os bairros do Brás, Pari e Mooca. Só o Brás abriga 39% dos estrangeiros recenseados na cidade de São Paulo[123].

1890 Primeiro projeto de canalização do rio Tamanduateí previu uma vazão de 30 m³/s[124].

1890-1892 São realizados estudos que mostram a necessidade de retificação completa do leito do rio[125].

1891 Inauguração do Pátio Ferroviário do Pari, que servia para o estacionamento de vagões, depósito de mercadorias e ponto de carga e descarga[126]. ■ A constituição incumbiu os estados das obras relacionadas ao saneamento, ou seja, o tratamento da várzea do Tamanduateí passa a recair sobre o poder público estadual (Superintendência de Serviços e Obras), e não mais municipal[127]. ■ Os funcionários da Companhia de Gás, quase todos ingleses, formaram alguns quadros de futebol que se exercitavam na várzea do Carmo[128].

22 mar. 1892 Grande enchente da várzea do Carmo provoca mortes, além de prejuízos materiais[129].

1892 Criação da Comissão Estadual de Saneamento, a cargo do engenheiro João Pereira Ferraz, que refaz os estudos iniciais de Paula Souza e Teodoro Sampaio sobre a vazão do rio Tamanduateí, reduzida de 120 m³/s para 30 m³/s[130].

Último quartel do século XIX Desenvolvimento dos esportes náuticos paralelamente à proibição de banhos no rio[131].

1893 Início efetivo da canalização do Tamanduateí e epidemia de cólera na cidade[132]. ■ No *Almanaque*, aparecem as primeiras referências a casas de comércio (seis lojas de armarinho e uma mercearia) de propriedade de sírios e libaneses na região da rua 25 de Março[133]. ■ A lei n. 60, promulgada em 16 nov. 1893, autoriza a construção do Mercado de Peixe, anexo ao Mercado 25 de Março[134].

1894 Charles Miller, paulista, filho de imigrantes ingleses, retornando de seus estudos na Banister Court School de Southampton, Inglaterra, com bola e uniforme na bagagem, organiza o primeiro jogo de futebol disputado por brasileiros, entre as equipes da Gas Company e São Paulo Railway, na várzea do Carmo[135]. ■ Várzea do Carmo era um dos locais preferidos para a prática de futebol – havia vários times organizados por moradores do Brás[136]. ■ Promulgação do Código Sanitário do Estado, que preconizava o desaparecimento de cortiços e a instalação de novas residências – os quais, contudo, jamais deixaram de existir, e, juntamente com as vilas operárias e conjuntos residenciais, atendiam aos trabalhadores do setor industrial concentrados na região do Brás[137].

1895 Drenagem das várzeas do Carmo e do Brás. O Brás é o bairro que abriga a maior concentração de imigrantes[138].

1896 Construção das pontes de cantaria nos aterros do Brás e do Gasômetro. Obras de retificação do canal do Tamanduateí, desde a confluência do Ipiranga com o Tietê (gestão do presidente do estado Bernardino de Campos)[139].

1896-1915 Trabalhos de intervenção no rio Tamanduateí e suas várzeas. A ideia era canalizar o rio desde a foz do Ipiranga, seu afluente, até sua própria foz, na altura da ponte Pequena, no rio Tietê, perfazendo sete quilômetros de canal. Nos 60 metros de cada lado das margens, declarados de utilidade pública, a ideia era construir avenidas marginais ladeadas por um largo bosque arborizado, projeto inspirado nas *parkways* de F. L. Olmstead e Barry Parker. O canal concluído apresentava vazão de 30 m³/s, com seção de 23 metros de largura e com duas avenidas de 18,5 metros ao longo do seu leito. Na região da várzea do Carmo, as margens do rio foram aterradas com o intuito de acabar com as inundações, tendo sido elevadas em dois metros a partir do desmonte hidráulico do morro Vermelho, no Cambuci[140].

1897 A Superintendência de Obras Públicas apresenta plano de canalização do rio assinado pelo engenheiro Carlos Escobar, cujo desenho corresponde às obras que foram implementadas nas gestões de Bernardino de Campos (1902-1904) e Jorge Tibiriçá (1904--1908)[141]. ■ As obras de canalização e drenagem do Tamanduateí são interrompidas sob a alegação de falta de recursos[142].

1899 Reclamações na *Folha do Brás* sobre banhar-se nu[143].

Fins do século XIX Eram frequentes as breves notícias sobre afogamentos no rio Tamanduateí nos jornais, sobretudo no *Correio Paulistano* e no *Diário Popular*[144]. ■ O aumento de edificações nas várzeas diminui o número de terrenos livres para esticar as roupas para quarar[145]. ■ A Câmara embarga a construção de um moinho pelo italiano Palhiarini Venerio, acusado de turvar as águas do Tamanduateí e, ainda, de atrapalhar seu curso[146].

1900 É inaugurada a linha de bonde que liga o centro ao Brás[147]. ■ A várzea do Carmo recebeu caudalosas enxurradas no verão, que desciam pelas encostas do morro, atropelando pequenas plantas, inundando quintais e destruindo calçamentos, galinheiros, varais de bambu e cercas de madeira[148]. ■ O cronista Antônio de Almeida Prado refere-se à várzea do Carmo como os canais de Veneza: "As águas que corriam da zona do Glicério vinham serpenteando pela várzea do Carmo, dando--nos a impressão de nos acharmos diante dos canais da cidade de Veneza, a velha terra de Marco Polo"[149]. ■ Pedido dos moradores do Brás enviado ao jornal *Diário Popular* para que os lampiões da avenida Intendência e adjacências das estações do Norte e Inglesa ficassem acesos até um pouco mais tarde, pois, sendo apagados às 4 horas da manhã, eram registrados assaltos devido à escuridão[150].

Depois de 1900 Seria difícil navegar o Tamanduateí, por causa de bancos de areia e entulho que o obstruíam em vários trechos. Havia, ainda, jatos ou descargas de esgoto que, com o avançar dos anos, tornaram-se numerosos[151].

Virada do século XIX para o século XX Praticamente todos os sírio-libaneses residiam nas imediações da rua 25 de Março[152].

Início do século XX Poluição do rio Tamanduateí em função do lançamento de resíduos industriais (significativas quantidades de alcatrão) e resíduos vindos da Companhia de Gás, o que ocasionou a matança de centenas de peixes, que podiam ser vistos por quem passasse pela várzea do Carmo, estendidos sobre a lama, exalando o odor característico da putrefação[153]. ■ Até o início do século XX, havia pesca e caça de rãs em toda região do vale do Anhangabaú e ao longo do rio Tamanduateí. O principal centro de pesca foi, durante décadas, a várzea localizada entre o Tietê e o Tamanduateí, hoje bairro do Pari – nome que lembrava uma antiga maneira de pescar, herdada de tradições indígenas. Naquelas águas, havia um número significativo de peixes, incluindo lambaris, bagres e jurupocas[154]. ■ Presença de pescadores profissionais em São Paulo – em particular, nas freguesias da Santa Ifigênia, do Brás e do Ó[155].

1901 É autorizada a retomada das obras de canalização e drenagem do Tamanduateí[156]. ■ A São Paulo Tramway, Light and Power Co. arremata em leilão a Companhia Viação Paulista, substituindo a tração animal pela elétrica. A várzea do Carmo era um ponto de partida de diversas linhas[157]. ■ É registrado um *boom* de estabelecimentos cujos proprietários eram sírios e libaneses (mais de quinhentos), e a maioria se concentrava nas imediações da rua 25 Março[158].

1902 É inaugurada a linha de bonde que liga o centro à Mooca[159].

1904 A prefeitura manda solevar grande extensão da várzea para evitar os catastróficos transbordamentos do Tamanduateí entre as planícies do Brás e do planalto Central[160].

1905 Leito do rio é regularizado e suas margens são gramadas e arborizadas[161]. ■ Segundo o álbum de Jules Martin, a ponte sobre o Tamanduateí, na várzea do Carmo, deixara de ser o ponto predileto das lavadeiras[162].

1907 Silva Teles critica a existência de habitações pouco higiênicas no coração da cidade, referindo-se ao parque Dom Pedro II[163]. ■ Os livros de lançamento de impostos apontam que, das 315 empresas sírias ou libanesas em São Paulo, cerca de 80% (219) eram lojas de tecidos a varejo ou lojas de tecido e armarinhos, localizadas sobretudo na rua 25 de Março[164].

1908 Light retira argila do morro do Piolho para solevamento (região da várzea do Mercado)[165].

18 fev. 1909 Abaixo-assinado encaminhado por Levy Santos Dummond propõe a conclusão do canal do Tamanduatehy e do aterro e aformoseamento da várzea do Carmo[166].

14 abr. 1909 Projeto dos Campos Santa Rosa e Cantareira – seções transversais projetadas pelo engenheiro Leocadio Freire[167].

15 abr. 1909 Projeto de aterramento da várzea do Carmo e do Gasômetro, planta feita pelo engenheiro Leocadio Freire[168].

1 dez. 1909 Lei n. 1.267. Art. 1º: Fica o prefeito (Antônio da Silva Prado) autorizado a abrir concorrência para os melhoramentos da várzea do Carmo, com o prazo e as formalidades da lei, podendo fazer as operações de crédito que se tornarem necessárias, *"ad referendum"* Câmara. Art. 2º: Revogam-se as disposições em contrário[169].

7 jan. 1910 Abertura de concorrência pública para o enchimento e nivelamento das várzeas do Carmo e do Gasômetro[170].

Início da década de 1910 Demolição do primeiro Gasômetro para abrigar uma nova instalação mais ampla[171].

1910-1911 Plano de Vitor da Silva Freira para ajardinamento da várzea do Carmo e do Anhangabaú[172].

1911-1924 Construção do Palácio das Indústrias, projetado por Domiziano Rossi[173].

1911 O prefeito Raimundo Duprat convida o engenheiro-paisagista Joseph-Antoine Bouvard (que já havia orientado plano semelhante para Buenos Aires) para avaliar os planos de melhoramentos urbanos e viários da cidade. Ele prescreve a criação de um grande parque na várzea do Carmo[174]. ■ No relatório do prefeito de São Paulo, Raimundo Duprat, consta o relatório de Bouvard sobre os melhoramentos de São Paulo. As estampas 6 e 7 do relatório apresentam o projeto para criação do parque na várzea do Carmo[175]. ■ Obras: desapropriação de prédios na travessa do Brás e nas ruas Monsenhor de Andrade e Gasômetro para ser feito um jardim no largo do Brás (engenheiro: L. M. Rodrigues); conclusão de terraplenagem e nivelamento das várzeas do Carmo e do Gasômetro (engenheiro: L. Freire; contractante: M & Wysard); aquisição de uma bomba hydraulica para a construção da galeria junto ao canal do Tamanduatehy (engenheiro fiscal: M. Rosa; contractante: administração)[176]. ■ "No anno findo começaram a ser emittidas as letras do empréstimo de 1.000:000$000, auctorizado pela lei n. 1.279, de 31 de março de 1909, para o pagamento das obras da várzea do Carmo, ao typo de 95, juros de 7% e amortização em 40 annos. Foram emittidas 2.104, do valor nominal de 100$000, e entregues ao Sr. Antonio C. Melchert e à Société Financière Franco Brésilienne em pagamento dos serviços de aterro da Várzea, executados em 1911"[177]. ■ Obras executadas por contratos: terraplenagem e nivelamento das várzeas do Carmo e do Gasômetro, desde a rua Paula Souza até o aterrado da Mooca (engenheiro fiscal: Ribeiro da Silva; contratante: A. Melcherke Wysard)[178]. ■ Gastos da Diretoria de Obras: pago a Souquières A. Daniel, hospedagem do engenheiro Bouvard 957$200; viagem do dr. Victor Freire ao Rio para receber o Sr. Bouvard 232$000[179]. ■ Projeto para Construção do Grupo Escolar do Carmo (rua da Boa Morte); solicitação de alinhamento do terreno pelo engenheiro Alexandre de Albuquerque; informe da construção de uma ponte provisória sobre o canal do Tamanduatehy, na rua da Mooca, pela Light (29 de dezembro de 1911); pedido do engenheiro Antônio C. Melchert e da Société Financière Commerciale Franco Brésilenne, contratante das obras de melhoramento das várzeas do Carmo e do Gazômetro para adiamento do prazo contratual da entrega da obra feita com a prefeitura[180].

16 mar. 1911 É lavrado um contrato entre a prefeitura e Antonio C. Melchert e a Société Financière Franco Brésilienne para o serviço de aterro e nivelamento da várzea do Carmo. As três propostas apresentadas eram do dr. Antonio Melchert e Société Comerciale Financière Franco Brésilienne, do dr. Flávio de Mendonça Uchoa e do dr. Frederico Marques de Sá[181].

3 abr. 1911 Actos expedidos: n. 679 – dá o nome de avenida do Estado à avenida que margeia o canal do Tamanduateí de ambos os lados[182].

2 maio 1911 É lavrado um contrato pelo primeiro procurador do Estado para a ocupação de uma área do terreno municipal na várzea do Carmo[183].

7 maio 1911 Lei e resoluções promulgadas: n. 1.780 – regulamenta as construções de prédios nas avenidas marginais ao canal do rio Tamanduateí[184].

10 maio 1911 É lavrado um contrato pelo arquiteto Joseph-Antoine Bouvard para organização do projeto de melhoramentos da capital[185].

15 maio 1911 Relatório Bouvard: "Foi para tal fim que independentemente dos passeios interiores, de que apresento a collocação nos estudos, tendo em vista o encanto e attração da cidade, aconselho três grandes parques, logares de passeio para os habitantes, focos de hygiene e de bem-estar, necessários à saúde pública, tanto moral como physica"[186].

28 maio 1911 Leis e resoluções promulgadas: n. 1.788 – divide em três perímetros o município de São Paulo: urbano, suburbano e rural[187].

12 jun. 1911 Aprova o projeto para formação de um parque na várzea do Carmo[188].

1912 Projeto de construção de um pontal junto às instalações da Empreza de Limpeza Pública, na ponte Pequena (rio Tamanduateí). ■ Levantamento do calçamento da rua do Gasômetro em função da desobstrução urgente de esgotos (24 de janeiro de 1912)[189]. ■ A Light assume a empresa San Paulo Gas

Company e promove a modernização dos equipamentos do complexo do Gasômetro[190].

29 mar. 1912 Pedido para o calçamento de ruas na avenida Tamanduatehy (avenida do Estado), onde foi construída uma vila operária com 250 casas[191].

21 jun. 1912 Solicitação de plantas para o assentamento de tubos para a tomada de água do rio Tamanduatehy para o resfriamento de transformadores da São Paulo Tramway Light and Power Company Ltd[192].

8 ago. 1912 Concedido o alvará de alinhamento para a construção do Grupo Escolar do Carmo[193].

25 out. 1912 Elevação das águas do Tamanduatehy para irrigação e lavagem de vias públicas[194].

11 nov. 1912 O projeto para a construção da casa de bombas para o serviço de irrigação das ruas do 1º Distrito (Tamanduatehy) diz observar as disposições do Projeto Bouvard[195].

31 mar. 1913 Foi instalada a Escola Normal do Brás, que funcionou como escola normal até 1920[196].

16 jul. 1913 Medição final da terraplanagem da várzea do Carmo pelos empreiteiros contratantes dr. Antonio Melchert e a Societé Financière Commerciale Franco Brésilienne.

Administração Washington Luís (1914-1917) Regularização do leito do Tamanduateí, com a criação da Companhia de Melhoramentos da Várzea do Carmo e do Banco Português do Brasil, que financiou as obras do parque Dom Pedro II e da área vendida na região do Mercado Central[198].

1914-1922 Urbanização da várzea do Carmo pela criação do parque Dom Pedro II[199].

1914 Rio Tamanduateí encontrava-se canalizado desde o Tietê até a altura do Cambuci. Porém, problemas de inundação ressurgem com a ocupação mais intensa da área[200]. ■ Na administração do prefeito Washington Luís (1914-1918), o arquiteto paisagista E. F. Cochet dá início à implantação de uma das duas propostas apresentadas por Bouvard para a criação de um parque na várzea do Carmo[201]. ■ Discurso de Washington Luís defende a criação do parque na várzea do Carmo[202]. ■ Em relatório, o prefeito Washington Luís discorre sobre a entrega do projeto da avenida do Estado pelo governo de São Paulo à municipalidade, margeando o rio Tamanduateí, com 1.850 metros de cada lado, vindo do Ipiranga até a rua Paula Souza, saindo do parque do Ipiranga, atravessando a várzea do Carmo. Incluía a transformação da várzea em um parque e a proposta pelo prosseguimento dessa avenida, margeando o Tamanduateí, até a floresta Cantareira, estabelecendo a conexão entre sul e norte da cidade[203]. ■ O projeto aprovado previa a alienação de parte dos terrenos da própria várzea em pagamento à empresa contratada – a Companhia Parque da Várzea[204]. ■ Orçamento n. 274 do engenheiro Armando de Castro para alargamento e retificação do alinhamento do aterrado da Mooca (planta ladeira da Tabatinguera à rua Coronel Bento Pires/rua da Mooca)[205].

12 jun. 1914 Promulgação da lei municipal n. 1.793, que aprova o projeto n. 2 de Bouvard para formação do parque na várzea do Carmo. Esta lei ainda prevê a divisão em lotes dos terrenos situados na várzea pelo prefeito, que devia submeter à Câmara a planta e as bases da concorrência pública para a comercialização das áreas[206].

1915 Reclamação sobre as águas estagnadas na avenida Tamanduatehy feita pelo Diretor Geral do Serviço Sanitário do Estado de São Paulo; aterro dos alagados existentes à rua Glycerio, junto à ponte dos Ingleses e adjacências; fechamento de casa na rua Santa Rosa (interessado: Diretoria do Serviço Sanitário)[207]. ■ N. 1.374C – sobre o aterro do antigo leito do rio Tamanduatehy sob a ponte da rua Glycerio, próximo à rua São Paulo, e nivelamento da rua Casemiro de Abreu entre as ruas Oriente e Silva Teles (interessado: Diretoria do Serviço Sanitário). N. 1005E – sobre o aterro do antigo canal do Tamanduateí (interessado: Diretoria de Limpeza Pública) – alegam-se águas estagnadas, mau cheiro, mosquitos, interrupção do trânsito à rua Lavapés[208]. ■ Vistoria – Circo de Cavalinhos na avenida Rangel Pestana[209].

1916 Aterramento do antigo leito do rio Tamanduatehy, no trecho compreendido entre as ruas dos Estudantes e Conde de Sarzedas, onde existem águas estagnadas (obra realizada pela Diretoria de Limpeza Pública). Requerimento da The São Paulo Tramway, Light and Power Company Limited para encomendar o material necessário à mudança das linhas de condução de energia elétrica de alta tensão (27 de julho de 1916). Junto com o requerimento, há uma planta do projeto de locação de torres no canal do Tamanduateí entre a rua Paula Souza e bairro do Ipiranga e canalização subterrânea no parque da várzea do Carmo; apresentam-se os espaços do parque (*girls playground, stadium, boys playground, roller skating ring, football, hokey base, fronton basque, tennis court*, jogos diversos, banhos públicos, café, lago, pontes e ilhas)[210]. ■ A retificação do rio Tamanduateí foi praticamente concluída. O processo de sua segunda retificação transforma-o em um canal e a rua 25 de Março passa a ocupar parte de seu antigo percurso[211]. ■ Levantamento do patrimônio da prefeitura na várzea do Carmo é encaminhado por Washington Luís: área pública 639.143,50 m², 451.800 m² (implantação do parque), 96.443,50 m² (arruamento do sistema viário), 90.899,95 m² (lotes a serem comercializados)[212]. ■ Relação dos Bens Imóveis Patrimoniais do Município da Capital de São Paulo: várzea do Carmo dividida em 25 áreas de terreno (554.146,07 m²); 25ª área (45.800,00 m²) destinada ao parque; 90.899,95 m² de área para ser comercializada, o restante destinada a usos públicos[213]. ■ Inauguração do leito artificial do rio Tamanduateí (conclusão das obras de solevamento de toda faixa alagadiça: várzea do Cambuci, pasto do Meneses, pasto do Osório, várzea do Glicério – entre as ruas da Mooca e Lavapés, várzea do Carmo, várzea do Mercado, várzea do Gasômetro, várzea do Pari, várzea do Seminário ou dos Lázaros – região do seminário episcopal até o Tietê[214]. ■ Conclusão da última seção do leito artificial do Tamanduateí[215]. ■ A Escola Profissional Masculina, que possuía 587 alunos, irá receber seu prédio novo, situado na rua Piratininga, onde, com novas e mais amplas instalações, terá possibilidade de, com suas novas oficinas, receber maior número de alunos, fato muito auspicioso para a indústria[216].

1916-1918 Francisque Couchet desenvolve o projeto do parque da várzea do Carmo, semelhante à proposta de Bouvard, com percursos sinuosos e lagos, mesclada a elementos simétricos. Também propunha um complexo diversificado de áreas para recreação e jogos infantis e áreas de esportes para adultos (não implantados)[217].

1917 O presidente da república visita a Escola Profissional Masculina, convidando seu diretor para um curso nos Estados Unidos da América do Norte[218]. ■ Pedido de alinhamento da avenida Tamanduatehy (avenida do Estado) pela Repartição de Águas e Esgotos da Capital[219]. ■ Abertura de uma torrefação de café na avenida Rangel Pestana, 254[220]. ■ *Correspondência*. assumpto: sobre impossibilidade de ligação de esgotos em virtude

da pouca profundidade do collector Villa Barreto, av. Rangel Pestana, entre 110 e 112 consta uma planta da vila operária "Villa dr. Mello Barreto"; assumpto: parte sobre obras sem licença: coreto na rua Tabatinguera[221]. ■ "A concorrência aberta para a execução de um grande parque na várzea do Carmo fechou-se com uma só proposta, que não pode ser aceita. Abriremos nova, e tenho certeza de que essa grande extensão, encravada entre os bairros industriais e commercial da cidade, se transformará completamente em serviço de hygiene, da saúde, da decência, da segurança e da belleza de São Paulo, e sem que a Municipalidade despenda dinheiro" (Washington Luís)[222]. ■ *Projetos de alinhamento e embellezamento*: avenida do Estado (primeira parte), entre João Theodoro e Tietê, executado pela 1ª Divisão – projeto de prolongamento da ladeira do Carmo à esplanada da Sé. Responsável: João F. Ulhôa Cintra[223]. ■ Inauguração do Palácio das Indústrias, ainda em obras, no parque da várzea do Carmo, com a realização da 1ª Exposição Industrial[224].

3 mar. 1917 Aberta concorrência pública para a construção do parque da várzea do Carmo (lei n. 2.057) – obra orçada em 2.276:705$386. Segundo cálculos da prefeitura, a comercialização dos terrenos renderia 2.726:998$500[225]. ■ Lei n. 2.057 – Auctoriza a Prefeitura a abrir concorrência pública para a construção do parque da várzea do Carmo[226].

27 mar. 1917 Embargada construção de prédio na avenida Rangel Pestana[227].

26 maio 1917 A Light apresenta uma planta para canalização subterrânea na rua Cruz Branca e avenida Rangel Pestana[228].

16 jun. 1917 Assumpto: Proposta da "Companhia Mechanica e Importadora de São Paulo" para construcção de um parque na várzea do Carmo. Interessado: Administração. "São Paulo, 14 de junho de 1917. Snr. Director da Directoria de Obras e Viação. Para os fins previstos no art. 22 do Acto n. 899, remetemos-vos a proposta apresentada, em concorrência pública, pela Companhia Mechanica e Importadora de São Paulo, para a construcção de um parque na várzea do Carmo, nos termos do edital de 13 de abril do corrente ano, bem como cópia do termo da abertura da proposta acima referida. Saudações, O Director Geral, Arnaldo Cintra"[229].

23 jun. 1917 Director Geral – DOV: "Da minha informação anterior resulta a clara impossibilidade de acceitar a única proposta apresentada. De facto, a lei 2.2057 autoriza a Prefeitura a despender 2.276:705$386 com as obras do Parque, e os preços da Companhia, somente com a parte prevista (excluindo os eventuais, que são inevitáveis sempre, mormente como typo de orçamento adaptado, a que se refere o chefe da 1ª Secção, montam a importância superior, a de 2.600:712$320. (...)"[230].

21 jul. 1917 "Não estando a única proposta apresentada no termo do edital de concorrência e excedendo a autorização legal (?) a concorrência (?) outra offerta (?)"[231].

9 set. 1918 Diretoria de Obras e Viação da prefeitura assina contrato com o engenheiro Antônio de Almeida Braga, onde estipula o prazo de vinte meses para entrega das obras que seriam pagas com lotes dos terrenos lindeiros ao parque; obras começadas e logo interrompidas em função de uma epidemia de gripe que se abate sobre a cidade[232].

1919 Atendendo a pedido da Secretaria do Interior, o prefeito manda reservar a quadra n. 24 do parque, com 2.696,75 m², para a construção de um prédio destinado ao Grupo Escolar do Carmo. Também se reserva uma quadra para nova estação do Tramway da Cantareira. Ao mesmo tempo, são iniciados, no parque, fora do contrato, os serviços de construção de restaurantes, cafés, pavilhão de festas, além da ponte da avenida exterior[233].

1920-1925 Durante a gestão de Firminiano de Moraes Pinto, continuam as obras do parque da várzea. São plantados jacarandás, ipês, alecrins, primaveras, hibiscos e outras espécies, num total de 551 novas plantas. No aterrado do Gasômetro, plantam-se 73 jacarandás[234].

Década de 1920 Proposta de um perímetro de irradiação pelo engenheiro João Florence de Ulhôa Cintra, em que a ligação entre a colina e o parque Dom Pedro II se daria por meio do eixo Carmo/Rangel Pestana, com o alargamento da rua Garibaldi. Solução que tinha como consequência o seccionamento da área do parque por uma larga avenida separando a porção norte, onde se encontravam o Palácio das Indústrias e o Mercadão da porção sul[235]. ■ Sírios e libaneses passam a ter uma posição mais favorável no comércio atacadista de fazendas e armarinhos e na indústria de confecções na região da rua 25 de Março por causa dos lucros auferidos durante a Primeira Guerra Mundial, quando a importação havia sido suspensa[236].

1920 Solicitação de informações sobre os terrenos municipais existentes na proximidade da várzea do Carmo, para que fosse depositada a terra a ser retirada do grande morro existente à rua Bonita[237]. ■ Assumpto: Requerimento n. 1041, da Light, solicitando approvação de planta, para supprimir e modificar a locação de diversos postes existentes no antigo aterrado do Gasômetro e assentar outros na nova rua que liga a praça em frente à ladeira João Alfredo à ponte do aterrado. Interessado: Light and Power Company Limited. Planta: Projecto de locação de postes no parque da várzea do Carmo (entre o mercado e o canal). Projeto aprovado[238]. ■ Escola Profissional Masculina tem 883 alunos no curso diurno e 434 no noturno[239]. ■ O prefeito Firmiano de Morais Pinto, em relatório, anuncia a retomada das obras e a construção de restaurantes, cafés e um pavilhão de festas que não constavam do contrato inicial do parque[240]. ■ Ampliação das áreas do Vetor Leste do Centro em função da consolidação dos setores tradicionais da indústria (têxtil, calçados, chapéus, moagem de trigo, cerveja e fósforos)[241]. ■ Realização da 3ª Exposição Industrial de São Paulo no

Palácio das Indústrias, agora com iluminação elétrica interna e externa do edifício até então iluminado por lampiões a gás. A exposição foi visitada por mais de 100 mil pessoas[242].

9 fev. 1920 Assumpto: Requisitando autorização para collocar annuncios na várzea do Carmo. Interessado: Bernardo Doutel. "O abaixo assignado, Bernardo Doutel, desejando collocar dez annuncios na várzea do Carmo, somente durante os trabalhos da construcção do Parque e, nos locaes designados nos "croquis" junto, com as dimensões de 5 a 10 metros quadrados pede a V. excia. se digne conceder-lhe autorização. São Paulo, 9 de fevereiro de 1920. E.R.M."[243].

27 fev. 1920 "Não há inconveniente na collocação dos annuncios, desde que não haja opposição por parte da Companhia do Parque da várzea do Carmo. Saudações, Ruy L. de Vergueiro"[244].

9 mar. 1920 O prefeito pergunta como serão afixados os annuncios na várzea do Carmo[245].

30 set. 1920 Inauguração solene do Palácio das Indústrias pelo então presidente do estado Washington Luís. A exposição foi visitada pelo presidente da República Epitácio Pessoa e pelos reis belgas que estavam no Brasil[246].

4 fev. 1921 De acordo com a lei municipal n. 2.360, o parque recebe a denominação oficial de parque Dom Pedro II[247].

1921 Relatório da prefeitura indica que os trabalhos de plantação estavam em andamento – inclui listagem das 1.748 mudas fornecidas pela Administração dos Jardins[248]. ▪ Mais de cem armazéns funcionavam em torno da rua Santa Rosa, na zona cerealista, área que compreende um polígono formado por treze ruas, delimitado ao norte pelo Pátio do Pari[249]. ▪ Conclusão do aprofundamento do canal do Tamanduateí[250].

1922 O parque foi entregue à municipalidade pela empreiteira sem que as obras estivessem concluídas, sobretudo o ajardinamento, cuja finalização ficaria a cargo da Administração dos Jardins, órgão municipal dirigido na época por Antônio Etzel[251]. ▪ Inauguração do parque Dom Pedro II[252]. ▪ Foram contratados vinte guardas e 37 operários para completar as falhas na área ajardinada e para conservá-la. Três estátuas alegóricas foram colocadas no centro do parque[253]. ▪ Relatório do prefeito de 1922, Antônio Etzel, faz uma crítica ao gerenciamento das obras pela Diretoria de Obras e aponta os reparos necessários. Lista das 17.608 mudas de plantas fornecidas ao parque neste ano[254].

1924 O parque Pedro II foi extremamente danificado em virtude de sua posição estratégica durante a Revolução de 1924[255]. ▪ Realiza-se no Palácio das Indústrias a II Exposição de Automobilismo e Rodoviação do Brasil, na qual a Ford exibiu ao vivo uma linha de montagem, da qual saíam montados em poucos minutos os "fordecos de bigode"[256].

1928-1932 Período de construção do Mercado Central, projetado pelo escritório de Ramos de Azevedo[257].

1927 Projeto Light, elaborado pelo engenheiro de tráfego e urbanista canadense Norman Wilson, previa a requalificação do serviço de transporte com a implantação de um sistema de conjunto de bondes, trens de alta velocidade e ônibus, além da construção de três linhas radiais, das quais uma seria na zona leste. Não implantado devido à oposição da prefeitura e da Câmara Municipal, que privilegiaram interesses rodoviaristas (ônibus e transporte individual)[258].

1928 Os maiores expoentes da colônia sírio-libanesa inauguram no parque Dom Pedro II um monumento oferecido pela colônia em comemoração ao Centenário da Independência. Estavam no local representantes de altas autoridades civis e militares; federais, estaduais e municipais; e o próprio presidente da república se fez representar por Basílio Jafet. Outro Jafet (Nagib), em nome da comissão promotora da construção do monumento, enalteceu as origens fenícias do povo sírio e o acolhimento fraternal do Brasil e de seus habitantes[259].

1929 Construção de um *playground* no parque Dom Pedro II. Seguira-se o plano Cochet – somente no que se referia ao traçado dos caminhos e ao alargamento do rio, conformando um lago com ilha; os equipamentos esportivos não foram implantados[260]. ▪ Versão preliminar do Plano de Avenidas foi apresentada ao prefeito Pires do Rio, em resposta ao Plano Light. O Plano de Avenidas previa a reestruturação urbana por meio da circulação viária[261].

A partir da década de 1930 Ampliação de estabelecimentos de comércio especializado no Brás (lojas de calçados, roupas, móveis e máquinas, estabelecimento do ramo de couros e madeiras)[262].

Década de 1930 Plano de Avenidas de Prestes Maia aponta a construção do perímetro de irradiação por meio da ligação entre a colina e a várzea através da rua Tabatinguera. Essa solução não implantada teria garantido que a totalidade da área do parque Dom Pedro II permanecesse do lado de dentro do perímetro de avenidas[263]. ■ Construção da igreja da Paz, localizada na baixada do Glicério, a partir do projeto do arquiteto italiano Leopoldo Pettini. A igreja foi decorada com afrescos de Fulvio Pennacchi e esculturas de Galileo Emendabili[264].

1930 Primeira versão do Plano de Avenidas (1924-1930), elaborada pelos engenheiros Ulhoa Cintra e Francisco Prestes Maia, é publicada. Essa versão "continha uma série de propostas de intervenção na área do parque Dom Pedro II, tais como: alargamento do sistema viário nos três eixos correspondentes aos antigos aterros (da Mooca ou Tabatinguera, do Carmo e do Gasômetro) e sua transformação em amplas avenidas radiais, alargamento de todo sistema viário perimetral ao parque e intervenção nas duas praças semicirculares que ligavam o parque à ladeira General Carneiro"[265].

1930-1931 Durante a curta gestão do prefeito Anhaia Mello (1930-1931), inicia-se a construção de um parque de jogos (posteriormente conhecido como Parque Infantil) no parque Dom Pedro II[266].

1932 O mercado foi utilizado como depósito de armas e munição durante a Revolução Constitucionalista, antes de sua conclusão[267].

25 jan. 1933 Inauguração do Mercado Municipal Paulistano[268].

1934 Mais de um terço dos sírio-libaneses que se estabeleceram em São Paulo residiam na capital, a maior parte ao norte do distrito da Sé e ao sul do distrito de Santa Ifigênia, num triângulo cujos lados são as ruas 25 de Março e Cantareira e a avenida do Estado[269].

1935 (provavelmente) No início da gestão do prefeito Fábio Prado (1934-1938), é inaugurado o Parque Infantil Dom Pedro II[270].

1936 Foi inaugurado o mercado municipal Kinjo Yamato. Criado para dar suporte ao Mercado Municipal Paulistano, ele abriga uma feira livre[271].

1937-1943 Período de concepção e construção do edifício Guarany, localizado na avenida Exterior, esquina da avenida Rangel Pestana. Projetado pelo arquiteto Rino Levi, o prédio de apartamentos era de propriedade dos senhores Italo Bellandi, Ampelo Zocchi e Zulimo Bellandi[272].

1937 É realizada no Palácio das Indústrias a Exposição Comemorativa do Cinquentenário da Imigração Oficial no Estado de São Paulo, que, além de apresentar à população conhecimentos abrangentes relacionados ao universo agrícola-industrial e artístico-histórico do estado, organizou a instalação de pavilhões oficiais dos governos federal, estadual e municipal, das colônias italiana e japonesa, além de pavilhões particulares, fontes luminosas, cinema, bar, restaurante e parque de diversões e um *music hall*. O evento ocupou áreas do parque, estendendo-se da rua do Gasômetro até a avenida Rangel Pestana[273].

1938 Prestes Maia torna-se prefeito e dá início a um extenso programa de obras baseado em seu Plano de Avenidas, que prioriza o sistema viário. "Implantação do Perímetro de Irradiação, constituído por anel de largas avenidas (35 a 45 metros de largura) que envolvia toda a área central, inclusive parte do centro novo e o parque Dom Pedro II. Assim, partindo da praça Clóvis Beviláqua, o perímetro seguia pela avenida Rangel Pestana (no seu trecho inicial), rua Santa Rosa, avenida Mercúrio, rua Senador Queirós, avenida Ipiranga e rua São Luís. Daí, unia-se de novo ao ponto inicial através de três viadutos que começaram a ser construídos: viaduto 9 de Julho, viaduto Jacareí, trecho da rua Maria Paula e viaduto Dona Paulina, atingindo a praça João Mendes, contígua à praça Clóvis Beviláqua. O alargamento da avenida Rangel Pestana, no trecho em que ela corta o parque, e da rua Santa Rosa, rouba áreas do parque,

destruindo o traçado do projeto original. Parte da área que envolvia o Palácio das Indústrias também é engolida pela ampliação do sistema viário e se constrói uma ponte de 40 metros de largura sobre o Tamanduateí no prolongamento da avenida Mercúrio"[274]. ■ O Parque Infantil Dom Pedro II registra uma afluência diária no período noturno de cerca de trezentos jovens trabalhadores, que a este se dirigiam em seu tempo livre em busca de lazer. No período diurno, os parques infantis atendiam crianças de 3 a 12 anos; já no noturno, recebiam as demais faixas etárias (até 21 anos), sendo denominados "Clubes de Menores Operários" e/ou "Centros de Moças"[275].

Gestão Prestes Maia (1939 a 1945)

Começa a ser instituído o Perímetro de Irradiação, cujas alterações no parque Dom Pedro II iniciam-se na área do entorno do Palácio das Indústrias para implantação do sistema viário e a construção de uma ponte de 40 metros sobre o rio Tamanduateí no prolongamento da avenida Mercúrio[276]. ■ Ocorrem as primeiras alterações no parque Dom Pedro II decorrentes da implantação do Perímetro de Irradiação, durante a primeira gestão do prefeito Prestes Maia. A saber: alargamento de trechos da avenida Rangel Pestana e da rua Santa Rosa (atual avenida Mercúrio) atravessando o parque; subtração de área junto ao Palácio das Indústrias para ampliação do sistema viário e construção de ponte de 40 metros de largura sobre o rio Tamanduateí no prolongamento da avenida Mercúrio, ao lado do Mercado Municipal[277].

Década de 1940 Abandono dos bairros além-Tamanduateí por empresários em busca de bairros mais prestigiados do outro lado da cidade. Exclusão dos bairros de trabalhadores, que vão se instalar na então periferia da Zona Leste em busca de aluguéis mais baratos[278]. ▪ Obras do Perímetro de Irradiação não estavam totalmente concluídas, mas cogitam-se a construção de um perímetro mais abrangente e a complementação do sistema de avenidas radiais, com a criação de um eixo leste-oeste que, começando na praça João Mendes, estendia-se para leste, paralelamente à estrada de ferro Central do Brasil. Essa proposta constava das recomendações feitas no relatório preparado por Robert Moses, urbanista norte-americano contratado pelo prefeito Lineu Prestes em 1950[279]. ▪ Cinco empresas estrangeiras (três norte-americanas e duas francesas) procuram a prefeitura para oferecer serviços de trens subterrâneos. Entre elas, a Compagnie du Chemin de Fer Métropolitain de Paris, responsável pela construção do metrô parisiense (projeto logo descartado pela prefeitura)[280]. ▪ Inauguração do Cine Piratininga, projeto do arquiteto Rino Levi com a maior sala de cinema do país[281]. ▪ Construção do conjunto habitacional do Instituto de Aposentadorias e Pensões dos Industriários (Iapi) na várzea do Carmo a partir de projeto do arquiteto e urbanista Attilio Corrêa Lima, caracterizado por uma tipologia de ocupação do solo em que blocos de edifícios isolados se intercalam a espaços livres, dos quais apenas se construíram aqueles destinados a uso residencial[282].

1940 Relatos de Oscar Egídio Araújo indicam a extrema concentração de sírios e libaneses na região da rua 25 de Março, na qual, segundo suas palavras, "o amendoim torrado cede lugar à semente de abóbora e ao quibe, sob todas as formas, sobrepuja o típico feijão com arroz brasileiro. [...] O ambiente é francamente sírio. Há livrarias que só vendem livros escritos em árabe. Ouve-se, constantemente, música típica e canções dolentes e sentimentais pelas melhores vozes do Oriente. Nas confeitarias e nos cafés, os rádios, em geral, estão ligados para as estações que irradiam músicas árabes e os fregueses falam mais em língua estrangeira do que na língua do país"[283].

1942 Conclusão do edifício Guarany, projetado por Rino Levi[284].

1943 Construção do conjunto residencial da várzea do Carmo, de autoria do arquiteto e urbanista Attilio Corrêa Lima, produzido pelo Iapi. Foi uma tipologia inovadora de ocupação do espaço urbano, pois abandonou a ideia de superaproveitamento do lote ao propor composições geométricas de edifícios de moradia associados aos equipamentos sociais e áreas de lazer[285]. ▪ Inaugurada a escola técnica Roberto Simonsen do Senai, uma das mais antigas da capital, localizada na rua Monsenhor de Andrade, no Brás[286].

1944 Mário Lopes Leão apresenta a monografia *O Metropolitano* em São Paulo, que reuniu estudos para o transporte na cidade em coerência com o Plano de Avenidas. Lopes

Leão fazia parte da Comissão de Estudos de Transportes Coletivos criada na administração Prestes Maia. A proposta da monografia consistia em uma linha circular subterrânea em torno do centro conectada a linhas radiais, a fim de adequar a necessidade de circulação à preservação do patrimônio arquitetônico, ciente de que a área central era a primeira vítima da circulação excessiva[287].

1945 Fotografia área demonstra o impacto das intervenções viárias no parque: reforço do eixo da avenida Rangel Pestana, gerando uma divisão entre o setor norte – dotado de equipamentos públicos e edifícios representativos (Palácio das Indústrias e Mercado Municipal) – e o setor sul, essencialmente ocupado por áreas ajardinadas, apesar da presença do antigo edifício do hospício, ocupado pelo então Segundo Batalhão de Guardas e pelo Parque Infantil[288]. ■ Havia seis travessias viárias sobre o rio Tamanduateí, três anteriores, mais a nova ponte na avenida Mercúrio e duas entre o Mercado Municipal e o Palácio das Indústrias – e uma sétima, apenas para pedestres, no interior do parque, remanescente de uma ilha executada no projeto Couchet entre as pontes do Carmo e do Gasômetro, já aterrada nessa data (área gramada)[289].

1947 A Light transfere a operação dos transportes coletivos da cidade à Companhia Municipal de Transportes (CMTC), que passa a investir em linhas bairro a bairro[290]. ■ A prefeitura, no mandato de Paulo Lauro, contrata a Cia Geral de Engenharia (CGE) para elaborar um projeto de sistema de trânsito rápido, visando ao descongestionamento do perímetro central, cuja execução foi considerada inviável por seus altos custos[291]. ■ O Palácio das Indústrias passou a abrigar a Assembleia Legislativa e foi rebatizado de Palácio 9 de Julho, o que acarretou a modificação de suas áreas internas, desconfigurando-o como pavilhão de exposições[292]. ■ O Palácio das Indústrias foi cedido à Assembleia Constituinte do Estado, e mais tarde à Assembleia Legislativa. Durante essa ocupação, o edifício foi descaracterizado por reformas[293].

1950 Robert Moses, no estudo encomendado pela prefeitura chamado Programa de Melhoramentos Públicos, alerta para a necessidade de dar continuidade às obras viárias, muitas das quais afetavam as áreas do parque Dom Pedro II[294]. ■ No estudo apresentado por Robert Moses, propõe-se dar continuidade às obras viárias de Prestes Maia. Para a áreas do parque Dom Pedro II, indicava-se a construção da rodovia Expressa da Penha, que viria a se tornar a avenida Radial Leste[295].

Primeiros anos da década de 1950

Prestes Maia, secretário de obras, dá continuidade aos estudos, reafirmando sua proposta da Radial Leste com alças sobre as áreas do parque Dom Pedro II[296].

Década de 1950 Consolidação das obras do Perímetro de Irradiação (avenidas Ipiranga e São Luís, viadutos Jacareí e Maria Paula, praça João Mendes, avenida Rangel Pestana, rua da Figueira, viaduto Mercúrio e avenida Senador Queiróz), circuito que abraça o centro[297].

Gestão Jânio Quadros (1953-1954) Prestes Maia, secretário de obras, dá continuidade aos estudos, reafirmando sua proposta da Radial Leste com alças sobre as áreas do parque Dom Pedro II[298].

1954-1959 Período de construção, pela construtora Zarzur & Kogan, do edifício São Vito, prédio residencial que contava com conjuntos comerciais no térreo[299].

1954 Inauguração do parque do Ibirapuera, que passou a abrigar a Assembleia Legislativa, até então instalada no Palácio das Indústrias. A construção desta nova área verde, bem como a desocupação do Palácio das Indústrias, colaborou para a degradação do parque Dom Pedro II[300].

1955 Promulgada a lei municipal n. 4.787/55 para a abertura de uma via expressa com o objetivo de dar vazão ao grande número de veículos na direção centro-leste da cidade (Radial Leste)[301]. ■ Iniciam-se as demolições para a construção da avenida Radial Leste, cujo trecho inicial ia do parque Dom Pedro II até a rua Piratininga. O projeto inicial previa uma via com pouco mais de 10 quilômetros de extensão, atravessando a estrada de ferro sobre um viaduto, permitindo a integração das periferias a leste do município ao centro. Duplo impacto no parque: o aumento de sua zona de influência a leste, as desapropriações de imóveis e a

interrupção da continuidade da rede viária anterior à sua construção alteraram a mobilidade de veículos e pedestres no interior dos bairros da Mooca e Brás, que foram separados[302]. ■ Instituição de uma Comissão do Metropolitano, presidida por Prestes Maia, a pedido do prefeito Juvenal Lino de Mattos[303].

1956 Foi lançado o "Anteprojeto de um sistema de transporte metropolitano", primeiro projeto que entendia o metropolitano como um indutor e estruturador do desenvolvimento urbano para além da ideia de desafogar o trânsito da região central. Foram previstas linhas diametrais, entre as quais a linha radial leste, que passaria em elevado pelo rio Tamanduateí e pelo parque Dom Pedro II e prosseguiria pela avenida Leste (atual Radial Leste) até o Tatuapé com transferência para a estrada de ferro Central do Brasil e conexão com linhas de ônibus[304].

Meados da década de 1950 Construção do primeiro trecho da avenida Radial Leste (parque Dom Pedro II à rua Piratininga)[305].

Final da década de 1950 Conclusão do primeiro trecho da avenida Radial Leste, iniciando na avenida do Estado, na altura do parque Dom Pedro II, até a rua Piratininga, nas proximidades da via férrea. A extensão prevista da avenida Radial era de 10,4 quilômetros, com dupla via e viaduto sobre as linhas de trem[306].

1956 a 1958 A Sociedade de Análises Gráficas e Mecanográficas Aplicadas aos Complexos Sociais (Sagmacs), contratada pela prefeitura, realiza um estudo em que recomenda o sistema de ligações rápidas para estabelecer conexões com o sistema viário existente[307]. ■ Entre as prescrições da Sagmacs, estava a transformação de trens de subúrbio em metrô e a constituição de três linhas na zona leste: 1) às margens dos rios Tietê e Pinheiros, ligando Penha a Santo Amaro; 2) ligação circular conectando Penha, Tatuapé, Água Rasa, Vila Prudente à zona sul; e 3) ligação da cidade com o centro administrativo proposto para São Matheus, no extremo leste e próximo ao ABC[308].

1958 O Colégio São Paulo passa a ocupar um edifício modernista construído dentro da área do parque entre o Palácio das Indústrias e a avenida Rangel Pestana. ■ Fotografia aérea demonstra a ocupação do setor sul do parque por edifícios residenciais no antigo terreno da Companhia de Bondes na rua do Glicério[309].

Década de 1960 Evidenciam-se a queda do número de moradores das áreas centrais e o aumento significativo de cortiços, consequências do projeto urbanístico que privilegia a circulação viária[310]. ■ Nesta década, inicia-se a construção de viadutos sobre a várzea do Carmo[311]. ■ Processo de esvaziamento funcional do parque Dom Pedro II desencadeado pela implantação da infraestrutura viária metropolitana[312].

Até 1960 A zona cerealista do Brás era a única área de abastecimento de grãos e hortifrutigranjeiros da cidade. Em 1960, iniciam-se os estudos para a criação do Ceagesp (Companhia de Entrepostos e Armazéns Gerais de São Paulo), inaugurado em 1969[313].

1960 Segundo dados do Denatran, Departamento Nacional de Trânsito, 415 mil veículos a motor passam a circular na cidade (ônibus, micro-ônibus, automóveis, caminhonetes, motocicletas, caminhões e tratores)[314].

15 nov. 1960 Nota de falecimento de um ferreiro, residente no parque Dom Pedro II, que será enterrado no cemitério do Araçá, publicada no jornal *O Estado de S. Paulo*[315].

3 dez. 1960 Publicada no jornal *O Estado de S. Paulo*, a programação da grande romaria motorizada e benção de carros, organizada em comemoração ao sexto aniversário de coroação papal da imagem de Nossa Senhora do Sagrado Coração da Vila Formosa, que aconteceria no dia 8 de dezembro. A concentração partiria do parque Dom Pedro II, às 15 horas, e atravessaria em fileiras fechadas o Brás, a Mooca e a Água Rasa. Poderiam participar da romaria todos os veículos com motor: automóveis, peruas, jipes, caminhões, motocicletas, lambretas e bicicletas motorizadas[316].

1961 O projeto Lodi, concebido pelo engenheiro-arquiteto Carlos Lodi, diretor do Departamento de Urbanismo da Prefeitura de São Paulo durante a gestão Adhemar de Barros, propõe um traçado para o metrô que representasse o mínimo possível de custos e a máxima satisfação da demanda atual. Construção de duas linhas diametrais prioritárias, ambas passando pela zona leste. A primeira, leste-oeste, ligaria Penha a Lapa, começando no sopé da colina da Penha e avançando sob o leito do corredor formado pelas avenidas Celso Garcia e Rangel Pestana até aflorar já nas proximidades do Tamanduateí, e a segunda, sudeste-sudoeste, ligaria Ipiranga a Pinheiros[317].

Gestão Prestes Maia (1961-1965) Em seu segundo mandato, Prestes Maia aponta a limitação de um esquema radioconcêntrico e a necessidade de um esquema diametral ligando as regiões leste e oeste, isto é, a complementação das obras da avenida Radial Leste e viadutos cruzando o parque Dom Pedro II[318].

10 jul. 1963 Uma multidão de 5 mil pessoas, formada por civis e militares, assistiu na esplanada do parque Dom Pedro II, onde está instalado o Palácio 9 de Julho, à homenagem prestada pela Assembleia Legislativa do Estado ao 31º aniversário do Movimento Constitucionalista. Na ocasião, foi entregue a "Medalha da Constituição" a personalidades civis, militares, filhos e viúvas de ex-combatentes e diversas entidades paulistanas[319].

1963 Promulgada a lei estadual n. 7.828, assinada pelo governador Adhemar de Barros, que autoriza sumariamente empréstimos para a construção do metrô paulistano, sem qualquer indicação de onde ou como fazê-lo[320].

20 jan. 1965 Em reportagem publicada no jornal *O Estado de S. Paulo*, denominada "Um panorama da enchentes", enumeram-se os prejuízos decorrentes da cheia do rio Tamanduateí: invasão do subsolo da sede do Sindicato dos Gráficos, na rua da Figueira, que impediu a realização de cursos no local, além de prejuízos na ordem de 40 milhões de cruzeiros; inundação de casas e estabelecimentos comerciais na avenida do Estado; o parque Dom Pedro II e suas adjacências tornaram-se verdadeiros lagos; interrupção do sistema de transporte coletivo para vários bairros e para o ABC; automóveis, ônibus e caminhões bloqueados pelas águas; efeito sobre o abastecimento, já que a zona do mercado ficou alagada, desta vez com uma extensão inusitada; fechamento do comércio na rua 25 de Março, completamente alagada; neste mesmo local, estabeleceu-se um comércio inusitado – a locação de botas, por 500 cruzeiros, para quem quisesse fazer sua travessia[321].

1965 Somente no Brás e na Mooca, bairros limítrofes do parque Dom Pedro II, havia 411 indústrias de vestuário, calçados e artefatos de tecido, 132 têxteis, 199 metalúrgicas, 23 químicas e 109 mecânicas[322].

9 jul. 1965 Em nota publicada no jornal *O Estado de S. Paulo*, anuncia-se uma série de homenagens que serão prestadas pela prefeitura às nações com as quais mantém relações diplomáticas. As festividades organizadas pela Secretaria de Educação e Cultura acontecerão em parques infantis e para o dia 17 desse mês se previa uma homenagem à Espanha no parque Dom Pedro II[323].

Gestão Faria Lima (1965-1969) Administração do prefeito Faria Lima: "o parque teve decretada sua sentença de morte" – ligação da Radial Leste com a praca Clóvis Beviláqua; continuação da avenida do Estado, que passava pelo centro do parque, junto ao canal[324].

1966 Modificações no sistema tributário permitem à prefeitura dar continuidade às obras viárias, entre as quais a continuidade da avenida Radial Leste[325]. ■ Faria Lima cria o Grupo Executivo do Metrô e convida dezessete empresas estrangeiras para elaborar um estudo de viabilidade econômico-financeira e o pré-projeto de engenharia de um sistema integrado de transporte coletivo rápido[326].

14 jul. 1966 Em reportagem intitulada "Mais árvores para a cidade até 1967", publicada no jornal *O Estado de S. Paulo*, indica-se que a Divisão de Parques e Jardins do Município plantou 2.341 árvores das 10 mil prometidas pelo prefeito. No parque Dom Pedro II, a divisão cuida de dois locais. A praça São Vito, situada atrás da Assembleia Legislativa, que está recebendo novas flores e remodelação do espelho d'água, onde serão colocados peixes e um tanque de areia para as crianças. Uma área situada junto à rua 25 de Março também recebe tratamento especial. O local, antes esburacado, foi cimentado, e nos espaços foram colocadas "manchas verdes", com grama e flores[327].

20 ago. 1966 Mudança de trajeto de ônibus (linha Socorro-largo São José do Belém), que não mais percorreria o parque Dom Pedro II, é anunciada no jornal *O Estado de S. Paulo*[328].

28 set. 1966 Um artigo escrito por Rodolfo Ricardo Geiser, intitulado "Situação de um parque paulista", publicado no suplemento agrícola do jornal *O Estado de S. Paulo*, discute o atual estado do parque Dom Pedro II, situado numa das áreas de maior densidade demográfica da metrópole e que infelizmente encontra-se praticamente abandonado: caminhos quase todos estragados, canteiros inexistentes, gramado descuidado e árvores doentes e maltratadas. O artigo sugere que se faça um levantamento cuidadoso das espécies vegetais, sua locação na área e seu respectivo estado sanitário, a fim de determinar a preservação dos exemplares sadios, os passíveis de recuperação e os doentes que devem ser eliminados, justificando tratar-se de um patrimônio de inestimável valor que, para atingir seu atual estado de desenvolvimento, levou várias décadas[329].

1967 São realizados estudos pelo consórcio Hochtief/Montreal/Deconsult (HMD) para construção da linha leste-oeste do metrô, que previa modificações nas áreas do parque[330]. ■ A prefeitura de São Paulo desapropria o imóvel (complexo do gasômetro) e incorpora os serviços e a companhia até então administrada pela Light. Sob o domínio da prefeitura, a empresa passa a denominar-se Comgás[331]. ■ As instalações da Companhia Paulista de Serviços de Gás foram declaradas de utilidade pública pela prefeitura e se criou a Companhia Municipal de Gás (Comgás), cujo edifício (Casa das Retortas) foi adaptado e restaurado conforme projeto do arquiteto Paulo Mendes da Rocha[332].

1º jan. 1967 Em reportagem intitulada "Restrições à perua-lotação", publicada no jornal *O Estado de S. Paulo*, indicam-se as medidas tomadas pela prefeitura para reduzir o número de peruas Kombi que circulam pela região central tanto carregando cargas quanto passageiros de maneira ilegal. Entre os trajetos recorrentes, um deles faz ligação do parque Dom Pedro II com Itaquera, outro do parque com a zona norte e ABC e, por fim, um com a Vila Manchester. A repressão do DST a esse tipo de veículo tem sido limitada, seja pelo valor baixo da multa aplicada (20 cruzeiros), seja pelo fato de serem de propriedade de sargentos e suboficiais da Força Pública, inspetores de Polícia e subinspetores da Guarda Civil, que fazem esses serviços nas horas de folga[333].

21 fev. 1967 Em reportagem publicada no jornal *O Estado de S. Paulo*, intitulada "Rótula vai bem; falham radiais", são apontadas as falhas na operação viária Bandeirantes, sobretudo na região do parque Dom Pedro II. Enfatiza-se, com o subtítulo "Parque é problema", o agravamento do congestionamento na rua do Gasômetro, agora com mão única para o trânsito de veículos que procedem da zona leste e se destinam ao parque Dom Pedro II e outros pontos da cidade. É mencionado o trabalho da Força Pública na orientação do trânsito dada a falta de sinalização. Também

se criticam os ônibus cujas linhas têm ponto inicial no parque Dom Pedro II e que impedem que os automóveis e coletivos de outras linhas convergissem para a direita, ingressando na rótula principal, bem como o DET, que não providenciou as alterações necessárias para racionalizar a circulação dos coletivos e os pontos de estacionamento, já que se destinaram os pontos iniciais de mais de oitenta linhas de ônibus a esse logradouro. Motoristas indicam o inconveniente dessa decisão, dados o mau estado de conservação e a largura das ruas, o que dificulta a manobra dos coletivos. Por fim, indica-se o inconveniente causado por um ônibus da Empresa Alto da Mooca que caiu com suas duas rodas dianteiras em um dos buracos existentes em uma rua interna do parque que dá acesso à avenida Rangel Pestana, interrompendo o tráfego por mais de trinta minutos até sua remoção por um trator da prefeitura que realizava obras de terraplanagem nas margens do Tamanduateí, nas proximidades. Na parte da tarde, o trator retirou do mesmo buraco um caminhão da Empresa Transarrumadora, que transportava 10 mil quilos de carvão destinados à Companhia Paulista de Gás e que ali atolara, enquanto os carros trafegavam lentamente pelos passeios até a liberação da via. O desafogo do trânsito na região só se deu depois das 15 horas, quando os guardas do serviço no semáforo existente na rua do Gasômetro vetaram a entrada de carros no parque, obrigando-os a circular pela rótula principal[334].

22 fev. 1967 Em reportagem intitulada "Trânsito começa a dar prejuízo", publicada no jornal *O Estado de S. Paulo*, novamente são enumerados os problemas da Operação Bandeirantes, sobretudo no parque Dom Pedro II. Membros da Bolsa de Cereais e do Sindicato do Comércio Atacadista de Gêneros reuniram-se para examinar a implicação do novo sistema viário, que proibiu a operação de carga e descarga em torno das ruas do mercado, e consideraram que a permanência desse sistema resultaria no colapso do sistema de abastecimento de gêneros alimentícios da capital. Na hora do rush, das 17 às 19 horas, o trânsito ficou parado devido à cratera em uma das ruas de ligação com a avenida Rangel Pestana. Parte dos passageiros dos coletivos optou por desembarcar no meio do percurso no viaduto do Gasômetro e continuaram o trajeto a pé. Populares manifestaram-se apreensivos, frente à possibilidade de transbordo do rio Tamanduateí por conta de novas chuvas[335].

24 fev. 1967 Em reportagem intitulada "Novas mudanças trazem confusão", publicada no jornal *O Estado de S. Paulo*, mencionam-se os intermináveis engarrafamentos ao redor do parque Dom Pedro II, na avenida do Estado e na rua da Figueira. No parque Dom Pedro II, motoristas de caminhões que transportam aves dizem que o custo com o combustível e o fato de vários caminhões evitarem entrar na cidade será repassado ao consumidor, que deve ter um aumento no preço da carne de galinha[336].

29 abr. 1967 Em reportagem publicada no jornal *O Estado de S. Paulo*, intitulada "Linhas de ônibus voltam ao centro", indica-se o retorno dos pontos de ônibus de parte das linhas deslocados para o parque Dom Pedro II para seus locais de origem: avenida Prestes Maia, praça Pedro Lessa e praça da República. A medida foi adotada pela DET e pela CMTC em cumprimento da nova política desenvolvida pelo Departamento Estadual de Trânsito, que determina prioridade aos coletivos[337].

6 maio 1967 Em reportagem publicada no jornal *O Estado de S. Paulo*, intitulada "Avenida Liberdade teria duas mãos", indica-se o retorno da circulação de linhas pelas avenidas Rangel Pestana e Celso Garcia, com ponto final no parque Dom Pedro II[338].

1968 Procissão de Nossa Senhora da Penha - Concentração no parque Dom Pedro II, esquina da avenida Rangel Pestana, para receber a imagem, que chega de helicóptero. Saída do cortejo para a praça da Sé[339]. ■ Foi extinta a última linha de bonde em operação pela CMTC[340]. ■ O Departamento de Águas e Energia Elétrica (Daee) inicia uma programação da ampliação da calha do rio Tamanduateí, ampliação de 60 m³/s para 478 m³/s, por causa de sucessivas enchentes ocorridas em 1963, 1966 e 1968. No programa de obras, estavam previstas a extensão da retificação e canalização do rio desde a montante da foz do córrego Ipiranga até os municípios do ABC, o aterro de margens a partir do desmonte de morros vizinhos e a continuidade da avenida do Estado e da avenida dos Estados, na região do ABC[341]. ■ Criação da Companhia do

Metropolitano de São Paulo pela prefeitura e extinção do Grupo Executivo Metropolitano. O projeto da Cia e do Consórcio HMD previa a construção de dois ramais que passariam pela zona leste: 1) a linha leste-oeste, passando pela Vila Maria e Casa Verde, na zona norte, avançaria até o Tatuapé, em direção à Vila Maria pelo rio Tietê e 2) a linha sudoeste-sudeste, que ligaria o parque Dom Pedro II ao bairro de Vila Bertioga, com traçado subterrâneo pela rua da Mooca[342]. ▪ Iniciam-se as obras da linha 1 azul do metrô, logo paralisadas e retomadas apenas em 1970[343].

14 abr. 1968 Em reportagem intitulada "Novo Parque Dom Pedro II surgirá da principal obra", publicada no jornal *O Estado de S. Paulo*, anuncia-se a obra de maior vulto que a atual administração executará, orçada em 14 milhões de cruzeiros novos, e já aprovada pelo prefeito Faria Lima. Visa à urbanização do parque Dom Pedro II e ainda à integração do sistema viário que compõe naquele local a via ao longo do Tamanduateí, que ligará a ponte das Bandeiras a São Caetano, da Radial Leste-Oeste, que ligará o largo do Arouche à Radial Leste, e da ligação centro com a avenida Rangel Pestana. Dada a aprovação do projeto desenvolvido pelo escritório de arquitetura Croce, Aflalo e Gasperini em colaboração com o Departamento de Urbanismo da Prefeitura, o prefeito exige a contratação imediata de quatro dos cinco viadutos previsto para o parque Dom Pedro II e estipula o prazo de 21 dias para o fornecimento dos dados necessários para a abertura da concorrência pública[344].

27 jun. 1968 Em reportagem intitulada "Atraso irrita Faria Lima", publicada no jornal *O Estado de S. Paulo*, o prefeito cobra a imediata pavimentação das avenidas Rangel Pestana e Celso Garcia nos trechos em que há paralelepípedos. Na mesma reportagem, cobra o envio imediato ao seu gabinete de projeto urbanístico para reaproveitamento da área ocupada pelo Parque Shangai, instalado em área municipal, cuja ideia do prefeito é transformar em um centro de recreação popular[345].

9 ago. 1968 Data da aprovação pela diretoria de obras da prefeitura municipal da planta referente à construção do viaduto 25 de Março (Ramo A), executada por J. C. de Figueiredo Ferraz Engenheiros Consultores, com sede situada à avenida Paulista, 1.754, 12º andar[346].

1969 Foi entregue à prefeitura o Plano Urbanístico Básico (PUB), confeccionado por uma equipe multidisciplinar formada por um consórcio de empresas de consultoria (Montreal, Alsplan AS, brasileiras, e as norte-americanas Leo A. Daly Company e Wilbur Smith & Associates). O PUB previa a construção de três linhas no eixo leste-oeste: 1) Casa Verde-Vila Maria, prevista anteriormente pelo consórcio HMD, 2) Lapa-Brás e 3)Brás-Itaquera, a serem construídas na faixa de domínio das antigas ferrovias Central do Brasil, a leste, e Sorocabana e Santos-Jundiaí, a oeste. Paralelamente às soluções de transporte, propunha-se a implantação de conjuntos habitacionais junto a esse sistema[347]. ▪ Inaugurado o viaduto Diário Popular, com 540 metros de extensão, ligando a rua do Gasômetro ao outro lado da avenida do Estado, passando por cima do parque Dom Pedro II. Com a construção do Minhocão e da avenida Radial Leste, o acesso principal entre essas regiões deixa de ser o viaduto Diário Popular[348].

6 fev. 1969 Data da planta referente aos viadutos do setor 2 do parque Dom Pedro II: 31 de Março (Ramo B) e Rangel Pestana (Ramo C), executada por J. C. de Figueiredo Ferraz, Engenheiros Consultores[349].

20 mar. 1969 Em nota intitulada "TRT vai para velha assembleia", publicada no jornal *O Estado de S. Paulo*, indica-se o futuro encontro entre o presidente do Tribunal Regional do Trabalho, juiz Homero Diniz Gonçalves, com o ministro da justiça, professor Gama e Silva, para ratificar a preferência dos 12 mil servidores das 23 juntas de conciliação e julgamento em ocupar o Palácio das Indústrias em função de sua centralidade em detrimento de edifício do Colégio Eduardo Prado no Jardim Europa. Caso se concretize a transferência, após acordo de cessão entre prefeitura e Estado será necessária a reforma com obras suplementares no total de 7.000 metros quadrados[350].

Final da década de 1960 Retomada das obras de construção da avenida Radial Leste[351]. ■ São concluídas as obras das avenidas Radial Leste e 23 de Maio, baseadas no conceito de via expressa prescrito por Robert Moses na década anterior, criando um novo padrão de mobilidade urbana[352].

Gestão Paulo Maluf (1969-1971)
Continuidade do sistema de viadutos sobre o parque Dom Pedro II, projetados pelo escritório Aflalo e Gasperini, exceto o viaduto Diário Popular, inaugurado anteriormente (primeiro viaduto do sistema que corta o parque). Tais viadutos foram construídos na continuidade da avenida Rangel Pestana (Mercúrio e 25 de Março) e no complexo da ligação leste-oeste (avenida Radial Leste)[353]. ■ Foram desaceleradas as obras do metrô[354].

1970 O sistema de viadutos sobre o parque foi concretizado[355].

1971 Transferência dos pontos terminais de ônibus da praça Clóvis Beviláqua para o parque Dom Pedro II em função das obras do metrô[356].

1977 Oficinas centrais e canteiros de obras ocupam totalmente o pouco que havia restado de verde do parque Dom Pedro II[357].

1980 Conclusão das obras do metrô e especulação sobre a recuperação do parque Dom Pedro II[358].

Gestão Jânio Quadros (1986-1989)
A prefeitura esboça um plano de remanejamento da área do parque Dom Pedro II[359].

1992 Transferência do Gabinete do Prefeito para o Palácio das Indústrias (gestão Erundina)[360].

Notas

1 Denise Bernuzzi de Sant'Anna, *Cidade das águas*: usos de rios, córregos, bicas e chafarizes em São Paulo (1822-1901), São Paulo: Senac São Paulo, 2007, p. 28.

2 Condephaat, disponível em: <https://bit.ly/2IE-Z4gA>, acesso em: nov. 2017.

3 Denise Bernuzzi de Sant'Anna, *op. cit.*, p. 84.

4 José Paulo De Bem, *São Paulo cidade/memória e projeto*, tese (doutorado em Arquitetura) - Universidade de São Paulo, São Paulo: 2006, p. 27.

5 Rosa Grena Alembick Kliass, *Parques urbanos de São Paulo e sua evolução na cidade*, São Paulo: Pini, 1993, p. 113.

6 Maria Luiza Ferreira de Oliveira, "Os registros dos limites da cidade: imagens da Várzea do Carmo no século XIX", *In*: Anais do Museu Paulista: História e Cultura Material, São Paulo, v. 6/7, 1998-1999, nova série editada em 2003, p. 53.

7 Ernani da Silva Bruno, *Histórias e tradições da cidade de São Paulo*, v. 3, São Paulo: Hucitec, 1991, p. 284.

8 Maria Rosana Navarro, *A história de um parque que pede socorro!!!*, São Paulo: Ed. do autor, 2011, p. 22.

9 Rosa Grena Alembick Kliass, *op. cit.*, p. 109.

10 Denise Bernuzzi de Sant'Anna, *op. cit.*, p. 19.

11 *Ibidem*, p. 103.

12 Condephaat, disponível em: <https://bit.ly/2zP9I1x>, acesso em: nov 2017.

13 José Paulo De Bem, *op. cit.*, p. 18.

14 Ernani da Silva Bruno, *op. cit.*, p. 284.

15 Denise Bernuzzi de Sant'Anna, *op. cit.*, 2007, p. 148.

16 Maria Rosana Navarro, *op. cit.*, 2011, p. 22.

17 Condephaat, disponível em: <https://bit.ly/2Pc9wi9>, acesso em: nov. 2017.

18 Rosa Grena Alembick Kliass, *op. cit.*, p. 110.

19 *Ibidem*.

20 Denise Bernuzzi de Sant'Anna, *op. cit.*, p. 32.

21 *Ibidem*, p. 91.

22 Ernani da Silva Bruno, *op. cit.*, p. 284.

23 Denise Bernuzzi de Sant'Anna, *op. cit.*, p. 32.

24 Maria Rosana Navarro, *op. cit.*, p. 25.

25 Rosa Grena Alembick Kliass, *op. cit.*, pp. 110-1.

26 Maria Luiza Ferreira de Oliveira, *op. cit.*, p. 53.

27 Denise Bernuzzi de Sant'Anna, *op. cit.*, 2007, pp. 261-2.

28 *Ibidem*, p. 93.

29 *Ibidem*, p. 148.

30 *Ibidem*, p. 19.

31 *Ibidem*, p. 46.

32 *Ibidem*, p. 44.

33 Rosa Grena Alembick Kliass, *op. cit.*, p. 111.

34 Denise Bernuzzi de Sant'Anna, *op. cit.*, p. 41.

35 *Ibidem*, p. 148.

36 *Ibidem*, p. 38.

37 Regina Meyer e Marta Grostein, *A leste do centro*: territórios do urbanismo, São Paulo: Imprensa Oficial do Estado de São Paulo, 2010, p. 89.

38 Denise Bernuzzi de Sant'Anna, *op. cit.*, p. 33.

39 Rosa Grena Alembick Kliass, *op. cit.*, p. 111; Tomás André Rebollo, *Urbanismo e mobilidade na metrópole paulistana*: estudo de caso o Parque Dom Pedro II, dissertação (mestrado em Arquitetura e Urbanismo) - Universidade de São Paulo, São Paulo: 2012, p. 32.

40 Regina Meyer e Marta Grostein, *op. cit.*, p. 89.

41 Denise Bernuzzi de Sant'Anna, *op. cit.*, p. 149.

42 Maria Rosana Navarro, *op. cit.*, p. 25.

43 Denise Bernuzzi de Sant'Anna, *op. cit.*, 2007, p. 149.

44 *Ibidem*, p. 128.

45 *Ibidem*, p. 43.

46 *Diário Popular apud* Denise Bernuzzi de Sant'Anna, *op. cit.*, p. 70.

47 Denise Bernuzzi de Sant'Anna, *op. cit.*, p. 142.

48 Rosa Grena Alembick Kliass, *op. cit.*, p. 109.

49 Denise Bernuzzi de Sant'Anna, *op. cit.*, p. 35.

50 *Ibidem*, p. 102.

51 *Ibidem*, p. 117.

52 *Ibidem*, p. 120.

53 Margarida Maria de Andrade, *Bairros além Tamanduateí*: o imigrante e a fábrica no Brás, Mooca e Belenzinho, tese (doutorado em Geografia) - Universidade de São Paulo, São Paulo: 1991.

54 Ernani da Silva Bruno, *Memórias da cidade de São Paulo. Depoimentos de moradores e visitantes*, São Paulo: Prefeitura Municipal de São Paulo/Secretaria da Cultura, 1981.

55 *Diário Popular apud* Denise Bernuzzi de Sant'Anna, *op. cit.*, p. 70.

56 Condephaat, disponível em: <http://condephaat.sp.gov.br/benstombados/quartel-do-segundo-batalhao-de-guardas>, acesso em: nov 2017.

57 Regina Meyer e Marta Grostein, *op. cit.*, p. 90.

58 Denise Bernuzzi de Sant'Anna, *op. cit.*, p. 45.

59 Rosa Grena Alembick Kliass, *op. cit.*, p. 113.

60 Denise Bernuzzi de Sant'Anna, *op. cit.*, p. 33.

61 Maria Rosana Navarro, *op. cit.*, p. 26.

62 Margarida Maria de Andrade, *op. cit.*

63 Oswaldo Mário Serra Truzzi, *Patrícios*: sírios e libaneses em São Paulo, São Paulo: Unesp, 2009, p. 57.

64 Regina Meyer e Marta Grostein, *op. cit.*, p. 90.

65 *Ibidem*, p. 84.

66 *Ibidem*, p. 90; Tomás André Rebollo, *op. cit.*, p. 32.

67 Margarida Maria de Andrade, *op. cit.*

68 *Ibidem*.

69 Condephaat, disponível em: <http://condephaat.sp.gov.br/benstombados/copia-modelo-nome-do-bem-tombado-copia>, acesso em: nov. 2017.

70 Denise Bernuzzi de Sant'Anna, *op. cit.*, p. 154.

71 Ernani da Silva Bruno, *op. cit.*, p. 1054.

72 Regina Meyer e Marta Grostein, *op. cit.*, p. 93.

73 *Ibidem*, p. 94.

74 Denise Bernuzzi de Sant'Anna, *op. cit.*, p. 162.

75 Regina Meyer e Marta Grostein, *op. cit.*, p. 93.

76 Margarida Maria de Andrade, *op. cit.*

77 Oswaldo Mário Serra Truzzi, *op. cit.*, p. 57.

78 Denise Bernuzzi de Sant'Anna, *op. cit.*, pp. 158-9.

79 *Ibidem*, p. 159.

80 Margarida Maria de Andrade, *op. cit.*

81 Regina Meyer e Marta Grostein, *op. cit.*, p. 90.

82 *Ibidem*, p. 94.

83 Denise Bernuzzi de Sant'Anna, *op. cit.*, pp. 161-2.

84 Margarida Maria de Andrade, *op. cit.*

85 Regina Meyer e Marta Grostein, *op. cit.*, p. 90.

86 Denise Bernuzzi de Sant'Anna, *op. cit.*, p. 165.

87 *Ibidem*, p. 160.

88 *Ibidem*.

89 Maria Rosana Navarro, *op. cit.*, p. 31.

90 Margarida Maria de Andrade, *op. cit.*

91 Denise Bernuzzi de Sant'Anna, *op. cit.*, p. 164.

92 Carlos Augusto da Costa Niemeyer, *Parques infantis de São Paulo*: lazer como expressão de cidadania, São Paulo: Annablume/Fapesp, 2002, p. 50.

93 Rosa Grena Alembick Kliass, *op. cit.*, p. 110.

94 *Ibidem*, p. 114.

95 Margarida Maria de Andrade, *op. cit.*

96 Oswaldo Mário Serra Truzzi, *op. cit.*, p. 57.

97 Denise Bernuzzi de Sant'Anna, *op. cit.*, p. 162.

98 *Ibidem*, p. 163.

99 *Ibidem*, p. 165.

100 José Jacinto Ribeiro *apud* Ernani da Silva Bruno, *op. cit.*, pp. 1085-6.

101 Denise Bernuzzi de Sant'Anna, *op. cit.*, p. 29.

102 Regina Meyer e Marta Grostein, *op. cit.*, p. 101.

103 *Ibidem*, p. 92.

104 Denise Bernuzzi de Sant'Anna, *op. cit.*, pp. 269-70.

105 Margarida Maria de Andrade, *op. cit.*

106 Denise Bernuzzi de Sant'Anna, *op. cit.*, p. 264.

107 *Ibidem*, p. 289.

108 Rosa Grena Alembick Kliass, *op. cit.*, p. 114.

109 *Ibidem*, p. 112; Tomás André Rebollo, *op. cit.*, p. 46.

110 Denise Bernuzzi de Sant'Anna, *op. cit.*, p. 159.

111 Rosa Grena Alembick Kliass, *op. cit.*, p. 113.

112 Regina Meyer e Marta Grostein, *op. cit.*, p. 93.

113 *Ibidem*, p. 94.

114 Denise Bernuzzi de Sant'Anna, *op. cit.*, p. 270.

115 Maria Rosana Navarro, *op. cit.*, p. 31.

116 *Diário Popular apud* Denise Bernuzzi de Sant'Anna, *op. cit.*, p. 68.

117 *Ibidem*, p. 69.

118 Denise Bernuzzi de Sant'Anna, *op. cit.*, p. 62.

119 *Ibidem*, p. 62.

120 Ernani da Silva Bruno, *op. cit.*, p. 1144.

121 Maria Luiza Ferreira de Oliveira, *op. cit.*, p. 55.

122 Margarida Maria de Andrade, *op. cit.*

123 *Ibidem*.

124 Regina Meyer e Marta Grostein, *op. cit.*, p. 170.

125 Afonso Freitas *apud* Ernani da Silva Bruno, *op. cit.*, pp. 1085-6.

126 Regina Meyer e Marta Grostein, *op. cit.*, p. 70.

127 *Ibidem*, p. 105.

128 Denise Bernuzzi de Sant'Anna, *op. cit.*, p. 264.

129 *Correio Paulistano*.

130 Regina Meyer e Marta Grostein, *op. cit.*, p. 105.

131 Ernani da Silva Bruno, *op. cit.*, p. 1217.

132 Margarida Maria de Andrade, *op. cit.*

133 Oswaldo Mário Serra Truzzi, *op. cit.*, p. 58.

134 Denise Bernuzzi de Sant'Anna, *op. cit.*, p. 87.

135 Carlos Augusto da Costa Niemeyer, *op. cit.*, p. 50.

136 Rosa Grena Alembick Kliass, *op. cit.*, p. 114.

137 Regina Meyer e Marta Grostein, *op. cit.*, p. 102.

138 Margarida Maria de Andrade, *op. cit.*

139 Maria Celestina Teixeira Mendes Torres, *Brás*, São Paulo: Prefeitura Municipal/Departamento de Cultura, 1969, p. 171.

140 Regina Meyer e Marta Grostein, *op. cit.*, p. 107.

141 Rosa Grena Alembick Kliass, *op. cit.*, p. 113.

142 Margarida Maria de Andrade, *op. cit.*

143 Rosa Grena Alembick Kliass, *op. cit.*, p. 114.

144 *Diário Popular apud* Denise Bernuzzi de Sant'Anna, *op. cit.*, p. 69.

145 Denise Bernuzzi de Sant'Anna, *op. cit.*, p. 269.

146 *Ibidem*, p. 271.

147 Regina Meyer e Marta Grostein, *op. cit.*, p. 94.

148 Denise Bernuzzi de Sant'Anna, *op. cit.*, p. 148.

149 *Ibidem*, p. 148.

150 *Ibidem*, p. 290.

151 *Ibidem*, p. 288.

152 Oswaldo Mário Serra Truzzi, *op. cit.*, p. 103.

153 Denise Bernuzzi de Sant'Anna, *op. cit.*, p. 36.

154 *Ibidem*, p. 85.

155 *Ibidem*, p. 86.

156 Margarida Maria de Andrade, *op. cit.*

157 Regina Meyer e Marta Grostein, *op. cit.*, p. 94.

158 Oswaldo Mário Serra Truzzi, *op. cit.*, p. 58.

159 Regina Meyer e Marta Grostein, *op. cit.*, p. 94.

160 Maria Celestina Teixeira Mendes Torres, *op. cit.*, p. 171.

161 Jules Martin *apud* Ernani da Silva Bruno, *op. cit.*, pp. 1089-91.

162 *Ibidem*, p. 1095.

163 Silva Teles *apud* Ernani da Silva Bruno, *op. cit.*, p. 952.

164 Oswaldo Mário Serra Truzzi, *op. cit.*, p. 58.

165 Afonso Freitas *apud* Ernani da Silva Bruno, *op. cit.*, pp. 1089-91.

166 FPMSP/DOV/Obras Públicas/AHM (este fundo documental infelizmente não apresenta uma organização mais precisa para referenciação).

167 *Ibidem*.

168 *Ibidem*.

169 *Ibidem*.

170 *Ibidem*.

171 Maria Rosana Navarro, *op. cit.*, p. 29.

172 Ernani da Silva Bruno, *op. cit.*, p. 1007.

173 Regina Meyer e Marta Grostein, *op. cit.*, p. 111.

174 Rosa Grena Alembick Kliass, *op. cit.*, p. 114.

175 Raimundo da Silva Duprat. *Relatório de 1911 apresentado à Câmara Municipal de São Paulo*. São Paulo: Prefeitura, 1911.

176 *Ibidem*.

177 *Ibidem*.

178 *Ibidem*.

179 *Ibidem*.

180 FPMSP/DOV/Obras Públicas/AHM.

181 Raimundo da Silva Duprat, *op. cit.*

182 *Ibidem*.

183 *Ibidem*.

184 *Ibidem*.

185 *Ibidem*.

186 Rosa Grena Alembick Kliass, *op. cit.*, p. 114.

187 Raimundo da Silva Duprat, *op. cit.*

188 *Ibidem*.

189 FPMSP/DOV/Obras Públicas/AHM.

190 Condephaat, disponível em: <https://bit.ly/2NkPHn1>, acesso em: out 2018.

191 FPMSP/DOV/Obras Públicas/AHM.

192 *Ibidem*.

193 *Ibidem*.

194 *Ibidem*.

195 *Ibidem*.

196 Maria Celestina Teixeira Mendes Torres, *op. cit.*, p. 204.

197 FPMSP/DOV/Obras Públicas/AHM.

198 Denise Bernuzzi de Sant'Anna, *op. cit.*, p. 34.

199 Rosa Grena Alembick Kliass, *op. cit.*, p. 109.

200 *Ibidem*, p. 113.

201 *Ibidem*, p. 114.

202 *Ibidem*, p. 115.

203 Maria Rosana Navarro, *op. cit.*, p. 36.

204 Margarida Maria de Andrade, *op. cit.*

205 FPMSP/DOV/Obras Públicas/AHM.

206 Rosa Grena Alembick Kliass, *op. cit.*, p. 116.

207 FPMSP/DOV/Obras Públicas/AHM.

208 *Ibidem.*

209 *Ibidem.*

210 *Ibidem.*

211 Denise Bernuzzi de Sant'Anna, *op. cit.*, p. 33.

212 Rosa Grena Alembick Kliass, *op. cit.*, p. 119.

213 *Ibidem*, p. 120.

214 Afonso Freitas *apud* Ernani da Silva Bruno, *op. cit.*, pp. 1089-91.

215 Ernani da Silva Bruno, *op. cit.*, p. 1054.

216 Maria Celestina Teixeira Mendes Torres, *op. cit.*, p. 203.

217 Regina Meyer e Marta Grostein, *op. cit.*, p. 109.

218 Maria Celestina Teixeira Mendes Torres, *op. cit.*, p. 203.

219 FPMSP/DOV/Obras Públicas/AHM.

220 *Ibidem.*

221 *Ibidem.*

222 Washington Luís, *Relatório de 1917 apresentado à Câmara Municipal de São Paulo*, São Paulo: Prefeitura, 1917.

223 *Ibidem.*

224 Maria Rosana Navarro, *op. cit.*, p. 38.

225 Rosa Grena Alembick Kliass, *op. cit.*, p. 120.

226 Washington Luís, *op. cit.*

227 FPMSP/DOV/Obras Públicas/AHM.

228 *Ibidem.*

229 *Ibidem.*

230 *Ibidem.*

231 *Ibidem.*

232 Rosa Grena Alembick Kliass, *op. cit.*, p. 120.

233 Maria Celestina Teixeira Mendes Torres, *op. cit.*, p. 188.

234 *Ibidem.*

235 Tomás André Rebollo, *op. cit.*, p. 56.

236 Oswaldo Mário Serra Truzzi, *op. cit.*, p. 59.

237 FPMSP/DOV/Obras Públicas/AHM.

238 *Ibidem.*

239 Maria Celestina Teixeira Mendes Torres, *op. cit.*, p. 203.

240 Rosa Grena Alembick Kliass, *op. cit.*, p. 120.

241 Regina Meyer e Marta Grostein, *op. cit.*, p. 92.

242 Maria Rosana Navarro, *op. cit.*, p. 38.

243 FPMSP/DOV/Obras Públicas/AHM.

244 *Ibidem.*

245 *Ibidem.*

246 Maria Celestina Teixeira Mendes Torres, *op. cit.*, p. 189.

247 Rosa Grena Alembick Kliass, *op. cit.*, p. 120.

248 *Ibidem.*

249 Regina Meyer e Marta Grostein, *op. cit.*, p. 70.

250 Maria Rosana Navarro, *op. cit.*, p. 39.

251 Rosa Grena Alembick Kliass, *op. cit.*, p. 120.

252 Regina Meyer e Marta Grostein, *op. cit.*, p. 111.

253 Maria Celestina Teixeira Mendes Torres, *op. cit.*, p. 189.

254 Rosa Grena Alembick Kliass, *op. cit.*, p. 120.

255 Maria Celestina Teixeira Mendes Torres, *op. cit.*, p. 207.

256 Maria Rosana Navarro, *op. cit.*, p. 39.

257 Regina Meyer e Marta Grostein, *op. cit.*, p. 111.

258 Wellington Ramalhoso, *Destino Itaquera*: o metrô rumo aos conjuntos habitacionais da COHAB-SP, dissertação (mestrado em Arquitetura e Urbanismo) – Universidade de São Paulo, São Carlos: 2013, p. 18.

259 Oswaldo Mário Serra Truzzi, *op. cit.*, p. 124.

260 Rosa Grena Alembick Kliass, *op. cit.*, p. 125.

261 Wellington Ramalhoso, *op. cit.*, p. 19.

262 Regina Meyer e Marta Grostein, *op. cit.*, p. 111.

263 Tomás André Rebollo, *op. cit.*, p. 56.

264 *Ibidem*, p. 96.

265 Rosa Grena Alembick Kliass, *op. cit.*, p. 129.

266 Carlos Augusto da Costa Niemeyer, *op. cit.*, pp. 86-7; p. 102.

267 Maria Rosana Navarro, *op. cit.*, p. 40.

268 *Ibidem*, p. 39.

269 Oswaldo Mário Serra Truzzi, *op. cit.*, p. 48.

270 Carlos Augusto da Costa Niemeyer, *op. cit.*, pp. 86-7.

271 Condephaat, disponível em: <https://bit.ly/2NnlVxI>, acesso em: out. 2018.

272 Arquivo Rino Levi/FAU-USP.

273 Maria Rosana Navarro, *op. cit.*, p. 41.

274 Rosa Grena Alembick Kliass, *op. cit.*, p. 129.

275 Carlos Augusto da Costa Niemeyer, *op. cit.*, p. 108.

276 Regina Meyer e Marta Grostein, *op. cit.*, p. 115.

277 Maria Rosana Navarro, *op. cit.*, p. 47.

278 Margarida Maria de Andrade, *op. cit.*

279 Rosa Grena Alembick Kliass, *op. cit.*, p. 129.

280 Wellington Ramalhoso, *op. cit.*, p. 22.

281 Tomás André Rebollo, *op. cit.*, p. 102.

282 *Ibidem*, p. 98.

283 Oscar Egídio Araújo *apud* Oswaldo Mário Serra Truzzi, *op. cit.*, pp. 48-9.

284 Tomás André Rebollo, *op. cit.*, p. 63.

285 Regina Meyer e Marta Grostein, *op. cit.*, p. 104.

286 Tomás André Rebollo, *op. cit.*, p. 104.

287 Wellington Ramalhoso, *op. cit.*, pp. 19-20.

288 Tomás André Rebollo, *op. cit.*, p. 56.

289 *Ibidem*, pp. 56 e 63.

290 Regina Meyer e Marta Grostein, *op. cit.*, p. 97.

291 Wellington Ramalhoso, *op. cit.*, p. 22.

292 Maria Rosana Navarro, *op. cit.*, p. 47.

293 Condephaat, disponível em: <https://bit.ly/2yd2It5>, acesso em: out. 2018.

294 Regina Meyer e Marta Grostein, *op. cit.*, p. 115.

295 Tomás André Rebollo, *op. cit.*, p. 64.

296 Rosa Grena Alembick Kliass, *op. cit.*, p. 130.

297 Regina Meyer e Marta Grostein, *op. cit.*, p. 43.

298 Rosa Grena Alembick Kliass, *op. cit.*, p. 130.

299 Tomás André Rebollo, *op. cit.*, p. 64.

300 Maria Rosana Navarro, *op. cit.*, p. 47.

301 Regina Meyer e Marta Grostein, *op. cit.*, p. 119.

302 Tomás André Rebollo, *op. cit.*, p. 64.

303 Wellington Ramalhoso, *op. cit.*, p. 24.

304 *Ibidem*, p. 24.

305 Regina Meyer e Marta Grostein, *op. cit.*, p. 268.

306 *Ibidem*, p. 119.

307 *Ibidem*, p. 120.

308 Wellington Ramalhoso, *op. cit.*, p. 25-6.

309 Tomás André Rebollo, *op. cit.*, p. 64.

310 Regina Meyer e Marta Grostein, *op. cit.*, p. 41.

311 *Ibidem*, p. 84.

312 Tomás André Rebollo, *op. cit.*, p. 18.

313 Regina Meyer e Marta Grostein, *op. cit.*, p. 111.

314 *Ibidem*, p. 34.

315 *O Estado de S. Paulo*, 15 nov. 1960, p. 14, disponível

em: <https://bit.ly/2O2jhCF>, acesso em: out. 2018.

316 *Ibidem*, 3 dez. 1960, p. 6, disponível em: <https://bit.ly/2Qq7qes>, acesso em: out. 2018.

317 Wellington Ramalhoso, *op. cit.*, p. 28.

318 Regina Meyer e Marta Grostein, *op. cit.*, p. 120; Tomás André Rebollo, *op. cit.*, p. 65.

319 *O Estado de S. Paulo*, 10 jul. 1963, p. 11, disponível em: <https://bit.ly/2IAogSl>, acesso em: out. 2018.

320 Wellington Ramalhoso, *op. cit.*, p. 31.

321 *O Estado de S. Paulo*, 20 jan. 1965, p. 11.

322 Regina Meyer e Marta Grostein, *op. cit.*, p. 179.

323 *O Estado de S. Paulo*, 9 jul. 1965, p. 11, disponível em: <https://bit.ly/2QudSRS>, acesso em: out. 2018.

324 Rosa Grena Alembick Kliass, *op. cit.*, p. 130.

325 *Ibidem*, p. 121.

326 Wellington Ramalhoso, *op. cit.*, p. 32.

327 *O Estado de S. Paulo*, 14 jul. 1966, p. 9, disponível em: <https://bit.ly/2ICkOcG>, acesso em: out. 2018.

328 *Idem*, 20 ago. 1966, p. 18, disponível em: <https://bit.ly/2NfBhEB>, acesso em: out. 2018.

329 *Idem*, 28 set. 1966, p. 44, disponível em: <https://bit.ly/2RluV9P>, acesso em: out. 2018.

330 Regina Meyer e Marta Grostein, *op. cit.*, 2010, p. 126.

331 Condephaat, disponível em: <https://bit.ly/2P6v7Z2>, acesso em: out. 2018.

332 Maria Rosana Navarro, *op. cit.*, 2011, p. 49.

333 *O Estado de S. Paulo*, 1º jan. 1967, p. 18, disponível em: <https://bit.ly/2Qt8hv3>, acesso em: out. 2018.

334 *Idem*, 21 fev. 1967, p. 13, disponível em: <https://bit.ly/2IzOh75>, acesso em: out. 2018.

335 *Idem*, 22 fev. 1967, p. 26, disponível em: <https://bit.ly/2yeUwZA>, acesso em: out. 2018.

336 *Idem*, 24 fev. 1967, p. 11, disponível em: <https://bit.ly/2DTMbk3>, acesso em: out. 2018.

337 *Idem*, 29 abr. 1967, p. 32, disponível em: <https://bit.ly/2Rn3U63>, acesso em: out. 2018.

338 *Idem*, 6 maio 1967, p. 10, disponível em: <https://bit.ly/2NlZ2dZ>, acesso em: out. 2018.

339 Maria Celestina Teixeira Mendes Torres, *op. cit.*, p. 200.

340 Regina Meyer e Marta Grostein, *op. cit.*, p. 97.

341 *Ibidem*, p. 124.

342 Wellington Ramalhoso, *op. cit.*, p. 13.

343 Tomás André Rebollo, *op. cit.*, p. 230.

344 *O Estado de S. Paulo*, 14 abr. 1968, p. 21.

345 *Idem*, 27 jun. 1968.

346 Emurb, Caixa n. 10865.

347 Wellington Ramalhoso, *op. cit.*, p. 40 e 44.

348 Maria Rosana Navarro, *op. cit.*, p. 49.

349 Emurb, Caixa n. 10865.

350 *O Estado de S. Paulo*, 20 mar. 1969, p. 22, disponível em: <https://bit.ly/2DTNXS7>, acesso em: out. 2018.

351 Regina Meyer e Marta Grostein, *op. cit.*, p. 268.

352 *Ibidem*, p. 26.

353 *Ibidem*, p. 121.

354 Tomás André Rebollo, *op. cit.*, p. 65.

355 Wellington Ramalhoso, *op. cit.*, p. 48.

356 Rosa Grena Alembick Kliass, *op. cit.*, p. 130.

357 *Ibidem*.

358 *Ibidem*.

359 *Ibidem*.

360 *Ibidem*.

361 *Ibidem*, p. 132.

ANEXO II
Relação de descritores icônicos e formais aplicados

Descritores icônicos

Cena
Externa
Interna

Tipologia urbana (logradouro)
Parque
Praça/Largo
Rua
Esquina
Avenida
Viaduto
Limite urbano
Ausente

Abrangência espacial
Vista pontual
Vista parcial
Vista panorâmica
Vista aérea

Acidentes naturais/vegetação
Rio
Várzea
Serra
Arborização nativa
Ausente

Infraestrutura

Processos e serviços
Construção
Demolição
Pavimentação
Retificação de rio
Corte de árvores
Iluminação
Chão batido
Processamento e transporte de coque
Desvio de curso d'água de rio para fins industriais
Ajardinamento
Calçamento de passeio público
Instalação de rede de água e esgoto
Obras em geral
Ausente

Comunicações
Traçado urbano
Ponte
Canal fluvial
Viaduto
Trilho
Caminho delineado para pedestres
Escadaria
Estação ferroviária
Parada de ônibus
Faixa de pedestres
Ausente

Mobiliário urbano
Banco
Coreto
Quiosque
Equipamento para prática esportiva (Piscina/Balanço/Gangorra/Escorregador etc.)
Banheiro público
Bebedouro
Mesa/Cadeira
Publicidade (*Outdoor*)
Relógio

Bomba de gasolina
Arquibancada
Placas de sinalização de trânsito
Arquibancada removível
Ausente

Paisagismo
Arborização urbana
Gramado
Caminho delineado para pedestres
Cerca viva
Espelho d'água
Fonte
Rochedo
Ausente

Estruturas e funções arquiteturais
Parque urbano
Praça
Parque de diversões
Edificação pública
Edificação residencial
Edificação comercial
Edificação religiosa
Edificação industrial/chaminé
Edificação alto gabarito
Edificação baixo gabarito
Edificação sobrado
Edificação térrea
Monumento
Mercado
Estação ferroviária
Campo de futebol/"terrão"
Espaço interno não identificado
Sede social de clube
Posto de gasolina

Mobiliário de espaços internos
Armário/Prateleira
Expositores/Vitrines/Mostruário/Cavaletes/
    Bancadas
Esculturas
Balcão de mármore
Garrafas/Engradados
Latas/Caixotes de madeira
Embalagens de mercadorias
Objetos decorativos (Vaso/Quadro/
    Calendário/Busto/Espelho/Fotografias/
    Bandeiras/Fitas/Pôsteres/Desenhos/
    Mapas/Fotografias)
Produtos alimentícios (Embutidos/Banha/
    Queijo/Frutas/Grãos/Chocolates/Bolos)
Utensílios de cozinha (Panelas/Frigideiras/
    Bules/Copos/Filtro d'água/Xícaras/
    Bandeja/Garrafas)
Máquina de café/Balança
Caixa registradora
Publicidade
Mesa/Cadeira
Estojo/Bolsa
Cortina/Persiana/Tapete
Balaustrada/Escada/Coluna
Vitral
Tablado de madeira/Parede falsa/Cordão
    isolador de público
Instrumentos médicos
    (Cadeira de dentista/Balança)
Lousa/Carteiras escolares
Máquinas industriais
Rolos de tecido/Indumentária
Mobiliário de espaços domésticos e comerciais
Material para construção (Tijolo/Tubos/
    Arame/Corda)

Equipamentos náuticos
Equipamentos esportivos
Varal com pregadores
Instrumentos de laboratório de física,
    química e biologia
Animais taxidermizados
Caderno/Livro/Papéis/Fichário

Indumentária e objetos
Traje social
Traje esporte
Traje de gala
Fantasia
Farda/Capacete
Uniforme/Avental
Uniforme (time de futebol)
Uniforme (escolar)
Hábito religioso
Bola/Troféu
Triciclo/Bambolê
Estandarte/Andor/Cruz processional
Instrumentos musicais
Faixas de protestos

Fantasias
Cigano(a)
Caipira
Mulher
Figuras carnavalescas (Pierrô, Columbina,
    Jardineira)
Nacionalidades (Chinês/Chinesa/Cossaco/
    Tirolesa/Mexicano)
Profissões (Marinheiro/Bailarina)
Personagens históricos (trovador medieval/
    Maria Antonieta/*Cowboy*)
Outras (Borboleta/Ladrão/Soldado de

chumbo/Anjos/Uniforme de cordões
carnavalescos)

Elementos móveis

Gênero e idade
Homem
Mulher
Criança
Idoso
Jovem
Ausente

Personagens e animais
Multidão
Transeunte
Usuário
Visitante
Trabalhador/Empregado
Vendedor ambulante
Lavadeira
Tropeiro
Religioso
Policial
Professor
Estudante
Escultor
Educador sanitário/Médico
Fotógrafo
Músico
Tropa legalista
Morador
Mendigo
Vizinho
Família
Colega de trabalho

Folião
Proprietário de banca no mercado e na
    farmácia nas imediações do mercado
Consumidor
Charreteiro
Engenheiro
Proprietário de indústria
Autoridade pública
Cachorro
Galinha
Ovelha
Ausente

Transporte
Automóvel
Caminhão
Ônibus
Motocicleta
Trator/Grua
Barco
Bonde elétrico
Charrete/Carroça/Transporte animal
Trem
Tílburi
Zeppelin
Embarcação
Guindaste
Ausente

Atividades
Lazer
Comercial
Administrativa
Artística
Industrial
Religiosa

Educativa
Cívica
Saúde pública
Serviços
Infraestrutura urbana
Política
Transportes
Construção civil
Abastecimento
Alimentação
Bélica

Evento
Alagamento
Carnaval
Futebol
Procissão/Festa religiosa
Passeio pelo parque urbano/Brincadeira no
    parque urbano
Confraternização particular
Trabalho interno no Mercado/Farmácia/
    Ateliê de esculturas
Trabalho na fábrica de gás
Comércio de verduras
Solenidade pública
Campanha para arrecadação de banha para
    os pracinhas durante a Segunda Guerra
    Mundial
Sessão da Assembleia Legislativa
Missa de formatura/Colação de grau
Greve (Professores/Força Pública)
Obras no Tamanduateí
Congestionamentos
Prática de atividades físicas
Festas juninas/Auto de Natal
Desmontagem do parque de diversões

Temporalidade
Diurna
Noturna
Indefinida (cena interna)

Descritores formais

Enquadramento
Ponto de vista central
Ponto de vista diagonal
Ponto de vista ascensional
Ponto de vista descensional
Câmera alta
Close
Rotação de eixo

Arranjo
Discreto
Profusão
Atividade
Repouso
Caótico
Cadência
Rítmico
Sobreposição

Articulação dos planos
Direção horizontal
Direção vertical
Direção diagonal
Direção centrípeta
Direção curva
Contiguidade espacial
Similitude de formas
Espelhamento

Efeitos
Contextualização urbana
Descontextualização urbana
Frontalidade
Singularidade
Ordenação
Difusão
Contraste de tom
Contraste de escala
Inversão de escala
Exagero
Fragmentação
Atividade
Repouso (pose)

Pose
Em pé
Abaixado/Ajoelhado
Sentado
Deitado

Estrutura
Centralidade
Bicentralidade
Linha do horizonte
Nivelamento
Aguçamento
Nivelamento com aguçamento
Aguçamento com nivelamento

Formato
Retângulo horizontal
Retângulo vertical
Oval
Quadrado

Agradecimentos

Para realizar toda esta pesquisa, que envolveu um intenso trabalho de investigação e busca em diversos acervos e álbuns de famílias, mobilizei uma rede enorme de contatos e de amigos, aos quais gostaria de agradecer.

No Museu Paulista, conheci a historiadora Solange Ferraz de Lima, a quem agradeço por ter acolhido a ideia inicial do projeto e orientado a pesquisa de maneira atenciosa e enriquecedora. A dissertação de mestrado, apoiada pela Fundação de Amparo à Pesquisa do Estado de São Paulo (Fapesp), agora revista e ampliada, torna-se livro, gentilmente abraçado pelas Edições Sesc São Paulo.

Lembro-me também das orientações precisas e sugestões bibliográficas dos pesquisadores Beatriz Piccolotto Siqueira Bueno, José Guilherme Magnani, Paulo César Garcez Marins e Vânia Carneiro de Carvalho.

Durante essa jornada, conheci pessoas incríveis, a quem devo um enorme obrigado, meus informantes de carne e osso: Amália Cubeiro Linares, Amélia Battaglia, Apparecido Salatini, Belém Vilarino, Carlos Massakazu Fujii, Eduardo Vitasovic, Gina Labate Erriquez, Guerino Amaro, Haruo Uchikawa, Iarles Fernandes da Silva, José Jurandy França, Luiz Carlos Evangelista, Marco Antonio Loureiro, Maria Aparecida Giuliano, Maria Scoppetta, Modesto Gravina Neto, Natalina Folegatti Chiappetta, Paulo Freitas, Rogério Nunes, Valdir Sanchez e Yvone Martinez.

Por fim, agradeço a meu pai e a meus avós. Em especial, a minha avó Vilma, que me contava estórias sobre os carnavais e as caminhadas pelo parque Dom Pedro II e pelo bairro do Brás, onde nasceu. Talvez, de tanto ouvir essas histórias enquanto folheava o enorme álbum de família, eu tenha sido influenciada na escolha do meu objeto de pesquisa. E ao meu avô João e à minha avó Arminda, imigrantes portugueses que, ao chegar aqui, mantiveram um bar-residência na rua Caetano Pinto. As inúmeras peripécias nesse bar, narradas por meus avós, de certa maneira despertaram meu interesse por aqueles que moravam e frequentavam a região.

E, claro, aos amigos que, de perto ou de longe, fotografando ou pulando viadutos, deram-me força para seguir. De tão especiais que são, prefiro não os nomear, mas agradecê-los pessoalmente.

Referências

Amaral, Antonio Barreto do. *Dicionário de História de São Paulo*. São Paulo: Governo do Estado, 1980.

Amaral, Aracy. *Britânicos no Brasil: modos de ver, modos de viver*. São Paulo: Sociedade Brasileira de Cultura Inglesa de São Paulo, 2001.

Americano, Jorge. *São Paulo naquele tempo (1895-1915)*. São Paulo: Saraiva, 1957.

— *São Paulo atual - 1935-1962*. São Paulo: Melhoramentos, 1963.

Andrade, Margarida Maria de. *Bairros além Tamanduateí: o imigrante e a fábrica no Brás, Mooca e Belenzinho*. Tese (Doutorado em Geografia). São Paulo: FFLCH-USP, 1991.

Antônio, João. *Contos reunidos*. São Paulo: Cosac Naify, 2012.

— *Leão-de-chácara*. São Paulo: Cosac Naify, 2012.

Arruda, Maria Arminda do Nascimento. *Metrópole e Cultura: São Paulo no meio do século XX*. São Paulo: Edusc, 2001.

Barbuy, Heloisa. *A cidade-exposição: comércio e cosmopolitismo em São Paulo, 1860-1914*. São Paulo: Edusp, 2006.

Baschet, Jérôme. Inventivité et sérialité des images médiévales. Pour une approche iconographique élargie. *In: Annales. Histoire, Sciences Sociales*, ano 51, n. 1, 1996, pp. 93-113.

Benjamin, Walter. Paris, Capital do século XIX. *In:* Kothe, Flávio (org.). *Walter Benjamin*. São Paulo: Ática, 1985. Coleção Grandes Cientistas Sociais.

Berdoulay, Vincent. Les ideologies comme phénomènes géographiques. *In: Cahiers de Géographie du Québec*, v. 29, n. 77, septembre 1985, pp. 205-16.

Berque, Augustin. Urbs dat esse Homini! La trajectivité des formes urbaines. *In:* Salgueiro, Heliana. *Paisagem e arte - a invenção da natureza, a evolução do olhar*. São Paulo: CBHA, CNP/ Fapesp, 2000, pp. 41-7.

Braga, Theodoro. *Artistas pintores no Brasil*. São Paulo: São Paulo Editora Limitada, 1942.

Bresciani, Maria Stella M. *Londres e Paris no século XIX: o espetáculo da pobreza*. São Paulo: Brasiliense, 1982.

Bruno, Ernani da Silva. *Histórias e tradições da cidade de São Paulo. V. III - Metrópole do café (1872-1918)*. Rio de Janeiro: José Olympio, 1953-1954.

— *Memórias da cidade de São Paulo. Depoimentos de moradores e visitantes*. São Paulo: Prefeitura Municipal de São Paulo/Secretaria da Cultura, 1981.

— *Histórias e tradições da cidade de São Paulo. V. III - Metrópole do café (1872-1918)*. São Paulo: Hucitec, 1991.

Bueno, Beatriz; Salgado, Ivone. Pierre Patte e a cultura urbanística do iluminismo francês. *Cadernos do LAP*, São Paulo, n. 38, jul./dez. 2003.

Cadernos de fotografia brasileira - São Paulo, 450 anos. 2. ed. São Paulo: Instituto Moreira Salles, 2004.

Caldeira, Mário Henrique de Castro. *Arquitetura para educação: escolas públicas na cidade de São Paulo (1934-1962)*. Tese (Doutorado em Arquitetura e Urbanismo). São Paulo: FAU-USP, 2005.

Campos, Cândido Malta. *Os rumos da cidade: urbanismo e modernização em São Paulo*. São Paulo: Senac São Paulo, 2002.

Campos, Cristina de. *São Paulo pela lente da higiene: a proposta de Geraldo Horácio de Paula Souza para a cidade (1925-1945)*. São Carlos: Rima/ Fapesp, 2002.

Capelato, Maria Helena; Prado, Maria Lígia. *O Bravo Matutino: imprensa e ideologia - o jornal O Estado de S. Paulo*. São Paulo: Alfa-Ômega, 1980.

Carvalho, Vânia Carneiro de. A representação da natureza na pintura e na fotografia brasileiras do século XIX. *In:* Fabris, Annateresa (org.). *Fotografia: usos e funções no século XIX*. São Paulo: Edusp, 1991, pp. 199-231.

— *Do indivíduo ao tipo: as imagens da (des)igualdade nos álbuns fotográficos da cidade de São Paulo*. Dissertação (Mestrado em História Social). São Paulo: FFLCH-USP, 1995.

Carvalho, Vânia Carneiro de; Lima, Solange Ferraz de. *Fotografia e cidade: da razão urbana à lógica do consumo*. Campinas/São Paulo: Mercado de Letras/Fapesp, 1997.

- São Paulo Antiga, uma encomenda da modernidade: as fotografias de Militão nas pinturas do Museu Paulista. *In: Anais do Museu Paulista: História e Cultura Material*, n.1. São Paulo: Nova Série, 1993, pp. 147-74.
- Vistas urbanas, doces lembranças: O "antigo" e o "moderno" nos álbuns fotográficos comparativos. *In*: Pires, Francisco Murari (org.). *Antigos e modernos: diálogos sobre (a escrita da) História*. São Paulo: Alameda, 2009, pp. 398-426.

Carvalho, Vânia Carneiro de *et al*. Fotografia e História: ensaio bibliográfico. *In: Anais do Museu Paulista: História e Cultura Material*, n. 2. São Paulo: Nova Série, 1994, pp. 253-300.

Catálogo das Indústrias do Município da Capital. São Paulo: S.N., 1943.

Catálogo do 1º Salão Paulista de Bellas Artes. São Paulo: S.N., 1934.

Catálogo do 8º Salão Paulista de Belas Artes. São Paulo: S.N., 1942.

Certeau, Michel de. *A invenção do cotidiano – artes do fazer*. Petrópolis: Vozes, 1996.

Chartier, Roger. *A história cultural entre práticas e representações*. Lisboa: Difel, 2002.

Chiaradia, Maria Filomena Vilela. *Iconografia teatral: estudo da imagem de cena nos arquivos fotográficos de Walter Pinto (Brasil) e Eugénio Salvador (Portugal)*. Tese (Doutorado em Artes Cênicas). Rio de Janeiro: UniRio, 2010.

Costa, Helouise; Silva, Renato Rodrigues da. *A fotografia moderna no Brasil*. São Paulo: Cosac Naify, 2004.

Crary, Jonathan. *Techniques of the Observer: On Vision and Modernity in the Nineteenth Century*. Cambridge: MIT Press, 1992.

De Bem, José Paulo. *São Paulo cidade/memória e projeto*. Tese (Doutorado em Arquitetura). São Paulo: FAU-USP, 2006.

Donald, Diana. Introduction: Concepts of Order in the Eighteenth Century – Their Scope and Their Frailties. *In:* Donald, Diana; O'gorman, Frank. *Ordering the World in the Eighteenth Century*. Londres: Palgrave Macmillan, 2006, pp. 1-23.

Duprat, Raimundo da Silva. *Relatório de 1911 apresentado à Câmara Municipal de São Paulo*. São Paulo: Prefeitura de São Paulo, 1911.

Edgerton, Samuel. Brunelleschi's Mirror, Alberti's Window, and Galileo's Perspective Tube. *In: História, Ciências, Saúde – Manguinhos*, Rio de Janeiro, Casa de Oswaldo Cruz/Fiocruz, v. 13, out. 2006, pp. 151-79.

Felix, Isabel Regina (org.). *São Paulo em 200 imagens: acervo fotográfico da Fundação Energia e Saneamento*. São Paulo: Fundação Energia e Saneamento, 2015.

Fernandes Junior, Rubens; Lima, Michael Robert Alves de; Valadares, Paulo (orgs.). *B. J. Duarte: caçador de imagen*s. São Paulo: Cosac Naify, 2007.

Fernandes Junior, Rubens; Garcia, Angela; Martins, José de Souza. *Aurélio Becherini*. São Paulo: Cosac Naify, 2009.

Fonseca, Cláudia Damasceno. Irregulares ou pitorescas? Olhares sobre as paisagens urbanas mineiras. *In:* Furtado, Júnia Ferreira (org.). *Sons, formas, cores e movimentos na modernidade atlântica: Europa, Américas e África*. São Paulo: Anna Blume, 2008.

Frehse, Fraya. *O tempo das ruas na São Paulo de fins do Império*. São Paulo: Edusp, 2005.

Garcia, Angela Célia. *São Paulo em prata: a capital paulista nas fotografias de Aurélio Becherini (anos 1910-1920)*. Dissertação (mestrado em Arquitetura e Urbanismo). São Paulo: FAU-USP, 2008.

Gerodetti, João Emílio; Cornejo, Carlos. *Lembranças de São Paulo: a capital paulista nos cartões- -postais e álbuns de lembranças*. São Paulo; Studio Flash Produções Gráficas, 1999.

Gorelik, Adrián. *Miradas sobre Buenos Aires: história cultural y crítica urbana*. Buenos Aires: Siglo XXI Editores Argentina, 2004.

Guia da cidade de São Paulo do IV Congresso Eucarístico Nacional. São Paulo: Oficinas Gráficas Siqueira, 1942.

Guia do Arquivo Municipal Washington Luís. São Paulo: DPH, 2007.

Guia Turístico da Cidade de São Paulo e seus Arredores. São Paulo: Melhoramentos, 1954.

Harvey, David. *A condição pós-moderna*. São Paulo: Edições Loyola, 1993.

Kahtouni, Saide. *Cidade das águas*. São Carlos: Rima, 2004.

Kara-José, Beatriz. *Políticas culturais e negócios urbanos - a instrumentalização da cultura na revitalização do centro de São Paulo (1975-2000)*. São Paulo: Annablume/Fapesp, 2007.

Kliass, Rosa Grena Alembick. *A evolução dos parques urbanos na cidade de São Paulo*. Dissertação (Mestrado em Arquitetura e Urbanismo). São Paulo: FAU-USP, 1989.

— *Parques urbanos de São Paulo e sua evolução na cidade*. São Paulo: Pini, 1993.

Kossoy, Boris. *Dicionário histórico-fotográfico brasileiro: fotógrafos e ofício da fotografia no Brasil (1833-1910)*. São Paulo: Instituto Moreira Sales, 2002.

Krauss, Rosalind. *O fotográfico*. Barcelona: Editorial Gustavo Gili, 2002.

Le Corbusier. *A Carta de Atenas*. São Paulo: Hucitec/Edusp, 1989.

Leme, Maria Cristina da Silva. A formação do pensamento urbanístico no Brasil 1895-1965. *In:* _____ (coord.). *Urbanismo no Brasil 1895-1965*. São Paulo: Studio Nobel/Fapesp/FAU-USP/Fupam, 1999, pp. 20-38.

Lemos, José Augusto Guimarães e Vogt, Carlos. *Literatura comentada: cronistas e viajantes*. São Paulo: Abril, 1982.

Lima, Solange Ferraz de. *São Paulo na virada do século: as imagens da razão urbana, a cidade nos álbuns fotográficos de 1887-1919*. Dissertação (Mestrado em História Social). São Paulo: FFLCH-USP, 1995.

— Pátio do Colégio, Largo do Palácio. *In: Anais do Museu Paulista: História e Cultura Material*. v. 6/7 (1998-1999). São Paulo, Nova série, 2003, pp. 61-82.

— "Paisagem urbana e História". *In*: Camargo, A. M. (coord.). *São Paulo, uma longa história*. São Paulo: CIEE, 2004.

Lugli, Adalgisa. *Naturalia e Mirabilia: les cabinets de curiosités en Europe*. Paris: Adam Biro, 1998.

Luís, Washington. *Relatório de 1917 apresentado à Câmara Municipal de São Paulo*. São Paulo: Prefeitura de São Paulo, 1917.

Macedo, Silvio Soares. *Parques urbanos no Brasil*. São Paulo: Edusp, 2002.

Machado, Alcântara. *Brás, Bexiga e Barra Funda: notícias de São Paulo*. São Paulo: Imprensa Oficial, 1982.

Magnani, J. Guilherme. *Na metrópole: textos de antropologia urbana*. São Paulo: Edusp, 2000.

— De perto e de dentro: notas para uma antropologia urbana. *RCBS*, v. 17, n. 49, jun. 2002.

Marins, Paulo César Garcez. O parque do Ibirapuera e a construção da identidade paulista. *In: Anais do Museu Paulista: História e Cultura Material*. v. 6 (1998-1999). São Paulo: Nova Série, 2003, pp. 9-36.

— Nas matas com poses de reis: a representação de bandeirantes e a tradição da retratística monárquica europeia. *In: Revista do Instituto de Estudos Brasileiros*, São Paulo, v. 44, 2007, pp. 77-104.

Martins, Ana Luiza; Luca, Tania Regina de (org.). *História da imprensa no Brasil*. São Paulo: Contexto, 2008.

Martins, Ismênia de Lima; Corte, Andréa Telo da. Imigração, cidade e memória. *In:* Azevedo, Cecília (org.). *Cultura política, memória e historiografia*. Rio de Janeiro: FGV, 2009, pp. 111-32.

Mattos, Claudia Valladão. Da palavra à imagem: sobre o programa decorativo de Affonso Taunay para o Museu Paulista. *In: Anais do Museu Paulista: História e Cultura Material*. v. 6/7 (1998-1999). São Paulo: Nova Série, 2003, pp. 123-45.

Melo, Luis Correia de. *Dicionário de autores paulistas*. São Paulo: Comissão do IV Centenário da cidade de São Paulo, 1954.

Mendes, Ricardo. *Pensamento crítico em fotografia*. Campinas: Mercado de Letras, 1997.

Meneses, Ulpiano Toledo Bezerra de. Benedito Calixto como documento: sugestões para um estudo histórico. *In*: Sala, Dalton (org.). *Benedito Calixto: memória paulista*. São Paulo: Pinacoteca do Estado, 1990, pp. 37-47.

— A História, cativa da memória? Para um mapeamento da memória no campo das Ciências Sociais. *In: Revista do Instituto de Estudos Brasileiros*. São Paulo, v. 34, 1992, pp. 9-24.

— Morfologia das cidades brasileiras: introdução ao estudo histórico da iconografia urbana. *Revista USP*, São Paulo, n. 30, jun./ago. 1996, pp. 144-55.

— A problemática do imaginário urbano: reflexões para um tempo de globalização. *Revista da Biblioteca Mário de Andrade*, São Paulo, v. 55, jan./dez. 1997, pp. 11-20.

— A paisagem como fato cultural. *In*: Yázigi, Eduardo (org.). *Turismo e paisagem*. São Paulo: Contexto, 2002, pp. 29-64.

— Fontes visuais, cultura visual, história visual. Balanço provisório, propostas cautelares. *Revista Brasileira de História*. São Paulo, v. 23, n. 45, 2003, pp. 11-36.

— A fotografia como documento – Robert Capa e o miliciano abatido na Espanha: sugestões para um estudo histórico. *Tempo*. Rio de Janeiro, n. 14, jan./jun. 2003, pp. 131-51.

— Rumo a uma "história visual". *In*: Martins, J. S.; Eckert, C.; Novaes, S. N. (orgs). *O imaginário e o poético nas ciências sociais*. Bauru: Edusc, 2005, pp. 33-56.

— Os paradoxos da memória. *In*: Miranda, Danilo Santos de (org.). *Memória e cultura: a importância da memória na formação cultural humana*. São Paulo: Edições Sesc São Paulo, 2007.

Meyer, Regina Maria Prosperi. *Metrópole e urbanismo: São Paulo Anos 50*. Tese (Doutorado em Arquitetura e Urbanismo). São Paulo: FAU-USP, 1991.

Meyer, Regina; Grostein, Marta. *A leste do centro: territórios do urbanismo*. São Paulo: Imprensa Oficial do Estado de São Paulo, 2010.

Navarro, Maria Rosana. *A história de um parque que pede socorro!!!* São Paulo: Ed. do autor, 2011.

Newhall, Beaumount. *The History of Photography: from 1839 to Present*. Nova York/Boston: The Museum of Modern Art/Bulfinch Press, 2006.

Niemeyer, Carlos Augusto da Costa. *Parques infantis de São Paulo: lazer como expressão de cidadania*. São Paulo: Annablume/Fapesp, 2002.

Oliveira, Maria Luiza Ferreira de. Os registros dos limites da cidade: imagens da várzea do Carmo no século XIX. *In: Anais do Museu Paulista: História e Cultura Material*. v. 6/7 (1998-1999). São Paulo: Nova Série, 2003, pp. 37-60.

Orvell, Miles. *The Real Thing: Imitation and Authenticity in American Culture, 1880-1940*. Chapel Hill: University of North Carolina Press, 1989.

Pareto Jr., Lindener. *O cotidiano em construção: os "práticos licenciados" em São Paulo (1893-1933)*. Dissertação (Mestrado em Arquitetura e Urbanismo). São Paulo: FAU-USP, 2011.

Pereira, Adriana Martins. *Lentes da memória: a fotografia amadora e o Rio de Janeiro de Alberto de Sampaio (1888-1930)*. Dissertação (Mestrado em Memória Social). Rio de Janeiro: Uerj, 2004.

Pinto, Alfredo Moreira. *Cidade de São Paulo em 1900: impressões de viagem*. Rio de Janeiro: Imprensa Nacional, 1900.

Pontual, Roberto. *Dicionário das artes plásticas no Brasil*. Rio de Janeiro: Civilização Brasileira, 1969.

Ramalhoso, Wellington. *Destino Itaquera: o metrô rumo aos conjuntos habitacionais da COHAB-SP*. Dissertação (mestrado em Arquitetura e Urbanismo). São Carlos: Instituto de Arquitetura e Urbanismo da Universidade de São Paulo, 2013.

Rebollo, Tomás André. *Urbanismo e mobilidade na metrópole paulistana: estudo de caso: o parque Dom Pedro II*. Dissertação (Mestrado em Arquitetura e Urbanismo). São Paulo: FAU-USP, 2012.

Reis, Nestor Goulart. Algumas experiências urbanísticas do início da República: 1890-1920. *Cadernos do LAP*, São Paulo, n. 1, ago. 1994.

Ribeiro, Suzana Barreto. *Italianos do Brás: imagens e memórias (1920-1930)*. São Paulo: Brasiliense, 1994.

Ribeiro, Vanessa. *Várzea do Carmo a parque Dom Pedro II: de atributo natural a artefato (Décadas de 1890 a 1950)*. Dissertação (Mestrado em História Social). São Paulo: Faculdade de Filosofia, Letras e Ciências Humanas da Universidade de São Paulo, 2012.

Roger, Alain. La naissance du paysage en Occident. *In:* Salgueiro, Heliana. *Paisagem e arte – a invenção da natureza, a evolução do olhar*. São Paulo: CBHA/CNP/Fapesp, 2000, pp. 33-9.

Rolnik, Raquel. *A cidade e a lei: legislação, política urbana e territórios na cidade de São Paulo*. São Paulo: Studio Nobel/Fapesp, 1997.

Rossetti, Carolina. *Flávio de Carvalho: questões de arquitetura e urbanismo*. Dissertação (Mestrado em Arquitetura e Urbanismo). São Carlos: Faculdade de Engenharia São Carlos da Universidade de São Paulo, 2007.

Rykwert, Joseph. *A sedução do lugar: a história e o futuro da cidade*. São Paulo: Martins Fontes, 2004.

Saint-Hilaire, Auguste de. *Viagem à província de São Paulo*. Belo Horizonte/São Paulo: Itatiaia/ Edusp, 1976.

Salgado, Ivone. Condições sanitárias nas cidades brasileiras de fins do período colonial (1777--1822): teorias e práticas em debate. *In: Actas do Colóquio Internacional Universo Urbanístico Português, 1415-1822*. Lisboa: Comissão Nacional para as Comemorações dos Descobrimentos Portugueses, 2001, pp. 349-357.

— A modernização da cidade setecentista: o contributo das culturas urbanísticas francesa e inglesa. *In: A construção da cidade brasileira*. Lisboa: Livros Horizonte, 2004, pp. 333-351.

Sant'Ana, Denise Bernuzzi de. *Cidade das águas: usos de rios, córregos, bicas e chafarizes em São Paulo (1822-1901)*. São Paulo: Senac São Paulo, 2007.

Schimidt, Afonso. *São Paulo de meus amores*. São Paulo: Clube do Livro São Paulo, 1954.

Schwartz, Vanessa R. Introduction; Setting the Stage: The Boulevard, the Press and the Framing of Everyday Life. *In:* Schwartz, Vanessa R. *Spectacular Realities: Early Mass Culture in Fin-de--Siècle Paris*. Berkeley: University of California Press, 1998, pp. 1-44.

Segawa, Hugo. *Prelúdio da metrópole – arquitetura e urbanismo em São Paulo na passagem do século XIX ao XX*. São Paulo: Ateliê Editorial, 2000.

Serviço Social do Comércio, Administração Regional no Estado de São Paulo. *Realizações 2015*. São Paulo: Edições Sesc São Paulo, 2016.

Simson, Olga Rodrigues de Moraes von. *Carnaval em branco e negro: carnaval popular paulistano: 1914-1988*. Campinas/São Paulo: Editora da Unicamp/Edusp/Imprensa Oficial, 2007.

Sontag, Susan. *Sobre fotografia*. São Paulo: Companhia das Letras, 2004.

Toledo, Benedito. *Prestes Maia e as origens do urbanismo moderno em São Paulo*. São Paulo: ABCP, 1996.

— *São Paulo: três cidades em um século*. São Paulo: Cosac Naify/Livraria Duas Cidades, 2007.

Torres, Maria Celestina Teixeira Mendes. *Brás*. São Paulo: Prefeitura Municipal/ Departamento de Cultura, 1969.

Truzzi, Oswaldo Mário Serra. *Patrícios: sírios e libaneses em São Paulo*. São Paulo: Unesp, 2009.

Tuan, Yi-Fu. *Espaço e lugar: a perspectiva da experiência*. São Paulo: Difel, 1983.

Zukin, Sharon. Paisagens urbanas pós-modernas: mapeando cultura e poder. *In:* Arantes, Antônio (org.). *O espaço da diferença*. Campinas: Papirus, 2000, pp. 81-103.

Sobre a autora

Vanessa Costa Ribeiro é mestre em história social pela Universidade de São Paulo. Tem experiência na área de história com ênfase em cultura visual, pesquisando principalmente as temáticas: São Paulo, fotografia, imaginário urbano e educação em museus. Atualmente coordena as equipes de assistentes de pesquisa, conservação e educação envolvidas no projeto expográfico para reabertura do Museu do Ipiranga em 2022. É consultora em pesquisas de imaginário urbano, fotografia, organização de documentação museológica e estratégias digitais em museus, instituições culturais e teatro.

figura 1
Mapa topográfico do
município de São Paulo
1930 – Sara Brasil
Acervo da autora

● Área delimitada para pesquisa de campo
● Mercado Municipal
● Palácio das Indústrias
● Cinemas e teatros
● Parque Dom Pedro II
● Igrejas

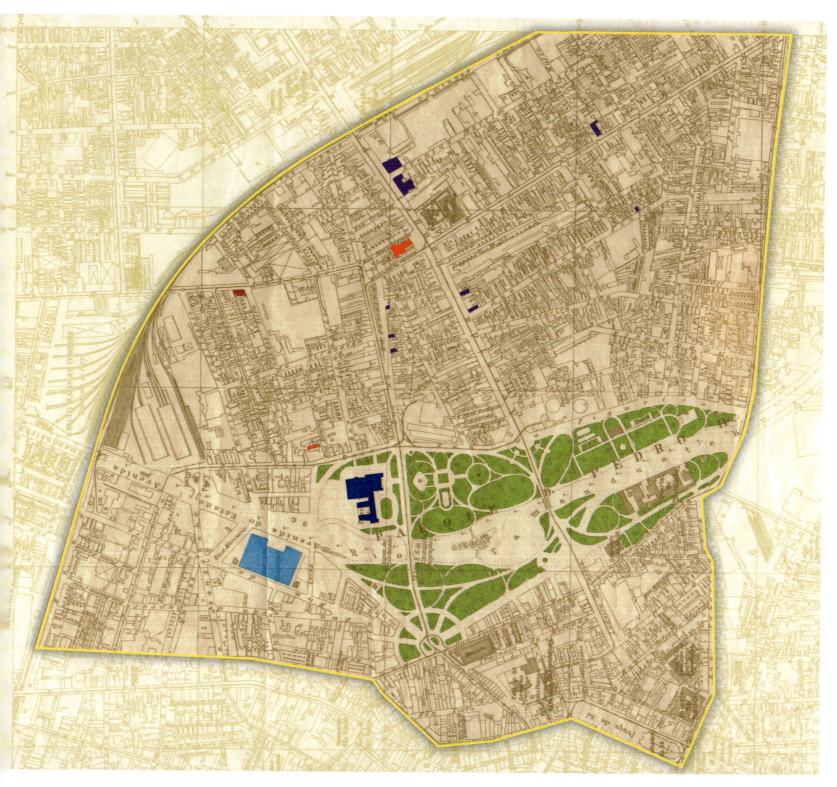

figura 2
Barcos no rio Tamanduateí
c. 1910 | Fotógrafo Vincenzo Pastore
Vincenzo Pastore/Acervo
Instituto Moreira Salles

figura 3
Duas mulheres conversando
nas proximidades do atual
parque Dom Pedro II
c. 1910 | Fotógrafo Vincenzo Pastore
Vincenzo Pastore/Acervo
Instituto Moreira Salles

figura 4
Vista da rua 25 de Março
1899 | Fotógrafo Guilherme Gaensly
Acervo Fundação Energia e Saneamento

figura 5
Edifício Guarany
1951 | Fotógrafo Carmine Chiappetta
Acervo de Família Chiappetta

figura 6
Parque Infantil Dom Pedro II
1937 | Fotógrafo Benedito Junqueira Duarte
Acervo Fotográfico do Museu da Cidade de São Paulo

figura 7
Palácio das Indústrias
(cartão-postal fotográfico)
déc. 1930 | Fotógrafo
Theodor Preising
Acervo de Apparecido Salatini

figura 8
Parque do Palácio das Indústrias
(cartão-postal impresso)
déc. 1920 | Fotógrafo desconhecido
Acervo de Apparecido Salatini

figura 9
Panorama do parque Dom Pedro II
(cartão-postal fotográfico)
déc. 1950 | Fotógrafo Sulpizio
Colombo/Foto Postal Colombo
Acervo de Apparecido Salatini

figura 10
Palácio das Indústrias, fachada do
rio Tamanduateí (vista noturna)
1919 | Fotógrafo desconhecido
Acervo Permanente do Arquivo
Histórico de São Paulo

figura 11
Parque Dom Pedro II
1959 | Fotógrafo Mário Alberto Rosa
Acervo Fotográfico do Museu
da Cidade de São Paulo

figura 12
São Paulo – Brasil – Panorama
(cartão-postal fotográfico)
déc. 1950 | Fotógrafo Sulpizio
Colombo/Foto Postal Colombo
Acervo de Apparecido Salatini

figura 13
Parque Dom Pedro II
1938 | Fotógrafo Benedito
Junqueira Duarte
Acervo Fotográfico do Museu
da Cidade de São Paulo

figura 14
Escola Normal do Braz
(cartão-postal impresso)
déc. 1910 | Fotógrafo desconhecido
Acervo de Apparecido Salatini

figura 15
Parque Infantil Dom Pedro II
1937 | Fotógrafo Benedito Junqueira Duarte
Acervo Fotográfico do Museu da Cidade de São Paulo

figura 16
São Paulo – Panorama
(cartão-postal fotográfico)
déc. 1930 | Fotógrafo Sulpizio
Colombo/Foto Postal Colombo
Acervo de Apparecido Salatini

figura 17
Figueira brava
(cartão-postal impresso)
c. 1901 | Fotógrafo Guilherme Gaensly
Acervo de Apparecido Salatini

figura 18
High Water on Tamanduatehy
from Paula Souza Bridge
1900 | Fotógrafo Guilherme Gaensly
Acervo Fundação Energia
e Saneamento

figura 19
Várzea do Carmo
*c.*1918 | Fotógrafo Aurélio Becherini
Acervo Fotográfico do Museu
da Cidade de São Paulo

figura 20
Casario e lavadeiras às margens
do rio Tamanduateí
c. 1910 | Fotógrafo Vincenzo Pastore
Vincenzo Pastore/Acervo
Instituto Moreira Salles

figura 21
Fundos da ladeira da Tabatinguera
(cartão-postal impresso)
c. 1900 | Fotógrafo Guilherme Gaensly
Reprodução Hélio Nobre/José Rosael
Acervo do Museu Paulista da
Universidade de São Paulo

figura 22
Ponte da Tabatinguera
(óleo sobre tela)
c. 1895 | Almeida Junior
Acervo Pinacoteca de São Paulo

figura 23
Palácio das Indústrias, vista da escadaria principal interna
1919 | Fotógrafo desconhecido/
F. P. Ramos de Azevedo & Cia.
Engenheiros Arquitetos
Acervo Permanente do Arquivo Histórico de São Paulo

figura 24
Exposição Industrial
set. 1917 | Fotógrafo desconhecido/
revista *A Cigarra*
Acervo da autora

figura 25
Castello Mackenzie (Genova, Itália)
2016 | Fotógrafos Twice25 e Rinina25
Licença Creative Commons

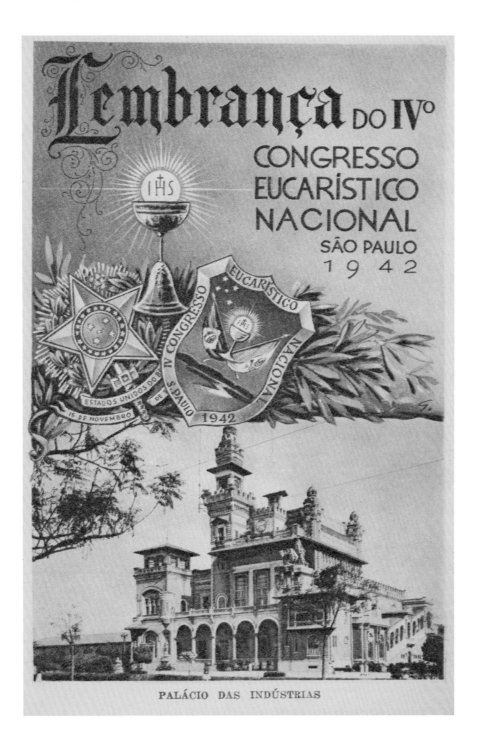

figura 26
Palácio das Indústrias
(cartão-postal impresso)
1942 | Fotógrafo desconhecido
Reprodução Hélio Nobre/José Rosael
Acervo do Museu Paulista da
Universidade de São Paulo

figura 27
Rua João Alfredo (cartão-postal impresso)
c. 1901 | Fotógrafo Guilherme Gaensly/
edição Malusardi
Acervo de Apparecido Salatini

figura 28
Showing track on Avenida Rangel Pestana
1903 | Fotógrafo Guilherme Gaensly
Acervo Fundação Energia e Saneamento

figura 29
Trabalhadores da construção do
Gasômetro n. 1 na rua da Figueira, Brás
1890 | Fotógrafo desconhecido
Acervo Fundação Energia e Saneamento

figura 30
Várzea do Carmo e antigo Mercado
c. 1939 | Fotógrafo Aurélio Becherini
Acervo Fotográfico do Museu
da Cidade de São Paulo

figura 31
Theatro Colombo (Braz)
(cartão-postal impresso)
c. 1909 | Fotógrafo desconhecido/
edição Malusardi
Acervo de Apparecido Salatini

figura 32
Charutaria Carioca
1917 | Fotógrafo desconhecido/
revista *A Cigarra*
Acervo da autora

figura 33
Washington Luís, prefeito da capital, profere o discurso inaugural da Exposição Industrial de 1918
1918 | Fotógrafo desconhecido/ revista *A Cigarra*
Acervo da autora

figura 34
Main substation e. side
Tamanduatehy Canal
1914 | Fotógrafo Guilherme Gaensly
Acervo Fundação Energia e Saneamento

figura 35
Ladeira da Tabatinguera
1924 | Fotógrafo desconhecido
Acervo Fundação Energia
e Saneamento

figura 36
Efeito de granada – rua Caetano Pinto
1924 | Fotógrafo desconhecido
Acervo Fundação Energia
e Saneamento

figura 37
Efeito de obus – rua Assumpção
1924 | Fotógrafo desconhecido
Acervo Fundação Energia
e Saneamento

figura 38
Parque Dom Pedro II – Tropas
legais em bivaque
1924 | Fotógrafo desconhecido
Acervo Fundação Energia
e Saneamento

figura 39
Vista de São Paulo tomada do convento das Carmelitas (aquarela)
1817 | Thomas Ender
Acervo da autora

figura 40
Família posa no quintal de
sua casa antes de partir para o
corso carnavalesco do Brás
1937 | Fotógrafo desconhecido
Acervo de Vilma Souza Costa

figura 41
Grupo de funcionários da oficina
de medidores posa no pq. D. Pedro
II (fotografia lambe-lambe)
déc. 1930 | Fotógrafo desconhecido
Acervo Fundação Energia
e Saneamento

figura 42
Banho de chuveiro no parque
infantil Dom Pedro II
c. déc. 1930 | Fotógrafo
Benedito Junqueira Duarte
Acervo Fotográfico do Museu
da Cidade de São Paulo

figura 43
Estação da Sorocabana
(cartão-postal fotográfico)
déc. 1930 | Fotógrafo
Gustavo Prugner
Acervo de Apparecido Salatini

figura 44
Mercado Municipal
(cartão-postal fotográfico)
déc. 1930 | Fotógrafo
Gustavo Prugner
Acervo de Apparecido Salatini

figura 45
Mercado Municipal
déc. 1930 | Escritório
Severo e Villares
Acervo da Biblioteca da FAU-USP

figura 46
Ladeira do Carmo – construção do muro de arrimo e escadaria
c. 1930 | Fotógrafo desconhecido/
Departamento de Obras e Viação
Acervo Permanente do Arquivo Histórico de São Paulo

figura 47
Photographia aérea do parque
D. Pedro II mostrando a Fábrica
de Gás e algumas dependências
1929 | Fotógrafo desconhecido
Acervo Fundação Energia
e Saneamento

figura 48
Rua Paula Souza underground cable
crossing over Tamanduathey Canal
1936 | Fotógrafo Guilherme Gaensly
Acervo Fundação Energia
e Saneamento

figura 49
Panorama do alto do
edifício Martinelli
(cartão-postal fotográfico)
déc. 1920 | Fotógrafo desconhecido/
editora Lux
Acervo de Apparecido Salatini

figura 50
Panorama do Braz
(cartão-postal fotográfico)
déc. 1920 | Fotógrafo
Gustavo Prugner
Acervo de Apparecido Salatini

figura 51
Parque D. Pedro II
(cartão-postal fotográfico)
déc. 1930 | Fotógrafo Gustavo Prugner
Acervo de Apparecido Salatini

figura 52
Parque infantil Pedro II
1937 | Fotógrafo Benedito Junqueira Duarte
Acervo Fotográfico do Museu da Cidade de São Paulo

figura 53
Canal do Tamanduatehy
(cartão-postal fotográfico)
déc. 1920 | Fotógrafo desconhecido
Acervo de Apparecido Salatini

figura 54
Enchente do rio Tamanduateí –
parque Dom Pedro II
c. 1930 | Fotógrafo desconhecido
Acervo Permanente do Arquivo
Histórico de São Paulo

figura 55
Parque Dom Pedro II
(cartão-postal fotográfico)
déc. 1930 | Fotógrafo Theodor Preising
Acervo de Apparecido Salatini

figura 56
Parque Dom Pedro II
(cartão-postal fotográfico)
déc. 1920 | Fotógrafo desconhecido
Acervo de Apparecido Salatini

figura 57
Parque Dom Pedro II
(cartão-postal fotográfico)
déc. 1920 | Fotógrafo
Gustavo Prugner
Acervo de Apparecido Salatini

figura 58
Uma casa da rua Caetano Pinto quase
veio abaixo com a violência do temporal
fev. 1940 | Fotógrafo desconhecido
Acervo da autora

figura 59
Pista dos carrinhos de
bate-bate –parque Shangai
déc. 1940 | Fotógrafo desconhecido
Frame do documentário *7 Voltas*,
Karmatique Imagens/Secretaria
Municipal de Cultura

figura 60
Vista aérea do bairro do Brás,
com destaque para o edifício do Senai
déc. 1940 | Fotógrafo desconhecido/
Empresa Nacional de Fotografias Aéreas
Acervo de Apparecido Salatini

figura 61
Colégio Cidade de São Paulo
10 jun. 1958 | Fotógrafo desconhecido
Acervo Permanente do Arquivo
Histórico de São Paulo

figura 62
Palácio das Indústrias
1951 | Fotógrafo Carmine Chiappetta
Acervo de Família Chiappetta

figura 63
Maquete do futuro edifício
da Secretaria da Fazenda
nov. 1940 | Fotógrafo desconhecido/
Diário de São Paulo
Acervo da autora

figura 64
Maquete do Colégio São Paulo
c. 1959 | Fotógrafo desconhecido
Acervo Permanente do Arquivo
Histórico de São Paulo

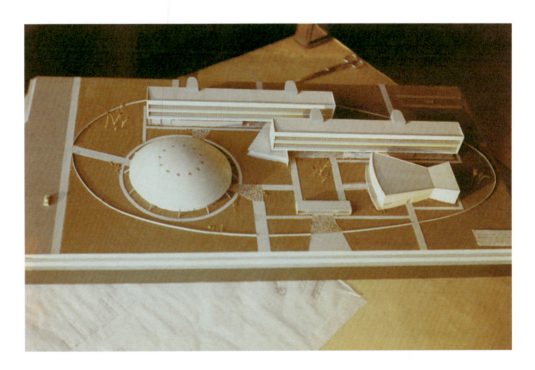

figura 65
Parque infantil Dom Pedro II
1946 | Fotógrafo Sebastião
de Assis Ferreira
Acervo Fotográfico do Museu
da Cidade de São Paulo

figura 66
Inauguração dos balcões frigoríficos
das bancas de carne e derivados
no Mercado Municipal
dez. 1948 | Fotógrafo desconhecido
Acervo de Yvonne Martinez

figura 67
R. Paula Souza | Canal
Tamanduatehy Pipeline across
the canal (88 KV und. Cable)
1948 | Fotógrafo desconhecido
Acervo Fundação Energia
e Saneamento

figura 68
Parque Dom Pedro II
1940 | Fotógrafo Sebastião
Assis Ferreira
Acervo Fotográfico do Museu
da Cidade de São Paulo

figura 69
São Paulo – panorama central
(cartão-postal fotográfico)
déc. 1950 | Fotógrafo Sulpizio Colombo/
Foto Postal Colombo
Acervo de Apparecido Salatini

figura 70
Construção do Colégio São Paulo
27 fev. 1957 | Fotógrafo desconhecido
Acervo Permanente do Arquivo
Histórico de São Paulo

figura 71
Aspecto das demolições na
área destinada à construção do
Paço Municipal de S. Paulo
jan. 1940 | Fotógrafo desconhecido/
O Estado de São Paulo
Acervo da autora

figura 72
Menina dançando "tico-tico no fubá" durante festa junina realizada no Pq. Infantil D. Pedro II
1946 | Fotógrafo Sebastião de Assis Ferreira
Acervo Fotográfico do Museu da Cidade de São Paulo

figura 73
Bar do Mané – Mercado Municipal
déc. 1940 | Fotógrafo desconhecido
Acervo de Bar do Mané

figura 74
Campanha para arrecadação de
banha para os pracinhas durante
a Segunda Guerra Mundial
1944 | Fotógrafo Cosceli/
Studio Cosceli
Acervo de Família Amaro

figura 75
Crianças brincando de bola, próximas ao quartel
c. 1958-1959 | Fotógrafo Ainosuke Uchikawa
Acervo de Haruo Uchikawa

figura 76
Assembleia Legislativa (cartão-postal fotográfico)
déc. 1950 | Fotógrafo Werner Haberkorn/Foto Labor
Acervo de Apparecido Salatini

figura 77
O semeador em contraste
com os arranha-céus
déc. 1940 | Fotógrafo
Carmine Chiappetta
Acervo de Família Chiappetta

Observação: esta imagem será
reapresentada no terceiro capítulo,
em uma análise presente na p. 176.

figura 78
Vários Aspectos do parque D. Pedro II
mar. 1940 | Fotógrafo
desconhecido/*Folha da Noite*
Acervo da autora

figura 79
Turma do 1º científico da manhã do Colégio São Paulo
1968 | Fotógrafo Haruo Uchikawa/Colégio São Paulo
Acervo de Haruo Uchikawa

figura 80
Turma do 1º científico C do Colégio Estadual São Paulo
1967 | Fotógrafo Haruo Uchikawa
Acervo de Haruo Uchikawa

figura 81
Homens posando em frente ao espelho
d'água do Palácio das Indústrias
1967 | Fotógrafo desconhecido
Acervo de Iarles Fernandes Silva

figura 82
Trabalhadores na reforma do
aparelho n. 4 do Gasômetro
1967 | Fotógrafo desconhecido
Acervo Fundação de Energia
e Saneamento

figura 83
Complexo viário parque Dom
Pedro II – vista aérea dos viadutos
Mercúrio e 25 de Março
1969 | Fotógrafo Ivo Justino
Acervo Fotográfico do Museu
da Cidade de São Paulo

figura 84
Funcionários desmontam o brinquedo
Trem-Fantasma em parque de diversões
que dará lugar a dois viadutos
10 nov. 1968 | Fotógrafo desconhecido
Arquivo/Estadão Conteúdo

figura 1
Vendeurs de lait et de capim
1835 | Original de Jean-Baptiste Debret | Litografia de Thierry Frères | Fotógrafo desconhecido
Acervo Biblioteca Brasiliana Guita e José Mindlin

figura 2
Anúncio do edifício Palacete
Nacim Schoueri
2 fev. 1930 | *O Estado de S. Paulo*
Arquivo/Estadão Conteúdo

ESTÃO SENDO ULTIMADAS AS OBRAS DA RUA GLYCERIO

Ha muito tempo a Prefeitura fez abrir uma grande galeria subterranea no trecho em que a rua Glycerio desemboca no Parque D. Pedro II. Como era natural, taes serviços paralysaram completamente o trafego de vehiculos naquelle trecho, motivando varias reclamações. Agora porém, depois desse trabalho moroso, as obras estão na sua phase final, já tendo sido iniciado o calçamento, como mostra o cliché acima. Quer dizer que dentro de alguns dias será restabelecido o transito pela rua Glycerio, importante via de ligação entre os bairros do Braz, Moóca, com Cambucy, Liberdade, Villa Marianna e tantos outros

A primeira pedra do Paço Municipal

será lançada ainda este anno, na esplanada do Carmo

O magnifico edificio, avaliado em cerca de trinta mil contos, terá 28 andares, e fechará a perspectiva da radial Rangel Pestana-Celso Garcia

O ante-projecto do Paço Municipal apresentado por SEVERO e VILLARES. Soffreu alterações e servirá de base para a elaboração do projecto definitivo, da qual será encarregada essa mesma firma paulista

A violencia do temporal causou muit[os]

figura 3
Grande galeria subterrânea no trecho em que a rua Glicério desemboca no parque D. Pedro II
mar. 1940 | Fotógrafo desconhecido/*Diário Popular*
Acervo da autora

figura 4
O anteprojeto do Paço Municipal apresentado por Severo e Villares
Janeiro de 1940 | Fotógrafo desconhecido/*Diário da Noite*
Acervo da autora

figura 5
No alto, em primeiro plano, o Mercado Municipal invadido pelas enxurradas
fev. 1940 | Fotógrafo desconhecido/*A Gazeta*
Acervo da autora

figura 6
Ao longo do rio Tamanduateí, sucedem-se importantes obras
jan. 1969, *O Estado de S. Paulo*
Fotógrafo Arnaldo Fiaschi
Arnaldo Fiaschi/Estadão Conteúdo

figura 7
*Inundação da várzea do Carmo
em 1892 (óleo sobre tela)
déc. 1890 | Benedito Calixto
Fotógrafos Hélio Nobre/José Rosael*
Acervo do Museu Paulista da
Universidade de São Paulo

*Destaque do
quadrante esquerdo*
Assinalados o
Mercado Municipal
e as chaminés
das fábricas do
bairro do Brás

Destaque do quadrante direito Assinalados o aterrado do Gasômetro e o balão de gás da San Paulo Gas Co.

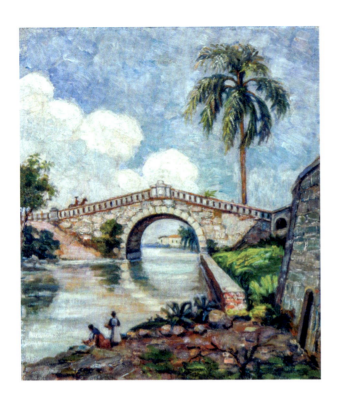

figura 8
Ponte do Carmo sobre o Tamanduateí em 1830 (óleo sobre tela)
déc. 1920 | Enrico Vio | Fotógrafos Hélio Nobre/José Rosael
Acervo do Museu Paulista da Universidade de São Paulo

figura 9
Entrada de São Paulo pelo caminho do Rio de Janeiro, 1827 (aquarela sobre papel)
c. 1827 | Jean-Baptiste Debret
Fotógrafo Fabio Santana Silva
Acervo de João da Cruz Vicente de Azevedo

figura 10
Ladeira do Carmo em 1860
(óleo sobre tela)
déc. 1920 | Augusto Luíz de Freitas
Fotógrafos Hélio Nobre/José Rosael
Acervo do Museu Paulista da
Universidade de São Paulo

figura 11
Ladeira do Carmo em 1862
1862 | Fotógrafo Militão
Augusto de Azevedo
Acervo do Museu Paulista da
Universidade de São Paulo

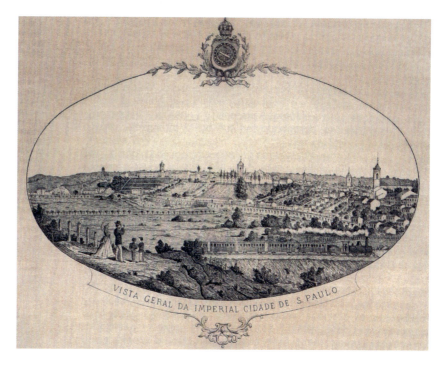

figura 12
*Panorama de São Paulo,
1870* (óleo sobre tela)
déc. 1940 | Henrique Manzo
Fotógrafos Hélio Nobre/José Rosael
Acervo do Museu Paulista da
Universidade de São Paulo

figura 13
*Vista Geral da Imperial Cidade
de São Paulo* (litogravura)
c. 1875 | Jules Martin
Acervo da autora

figura 14
Tríptico de São Paulo, visto da várzea do Carmo em 1941 (óleo sobre tela)
déc. 1940 | Henrique Manzo
Fotógrafos Hélio Nobre/José Rosael
Acervo do Museu Paulista da
Universidade de São Paulo

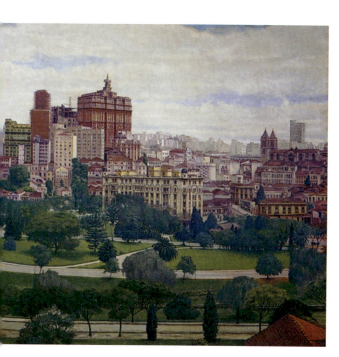

figura 15
*Panorama da cidade de
São Paulo* (aquarela)
1821 | Arnaud Julien Pallière
Fotógrafo Edouard Fraipont
Acervo Banco Itaú

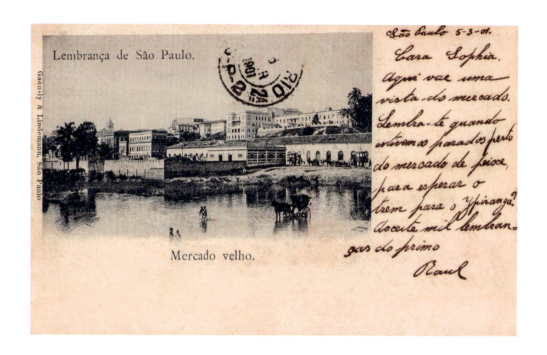

figura 16
Mercado Velho – lembrança de São Paulo (cartão-postal impresso)
c. 1901 | Fotógrafo Guilherme Gaensly
Acervo de Apparecido Salatini

figura 17
Lavandeiras (cartão-postal impresso)
c. 1904 | Fotógrafo Guilherme Gaensly
Acervo de Apparecido Salatini

figura 18
O Mercado Novo
(cartão-postal impresso colorizado)
déc. 1900 | Fotógrafo
desconhecido/Casa Duchein
Acervo de Apparecido Salatini

figura 19
Revolução de 1924
(cartão-postal fotográfico)
1924 | Fotógrafo desconhecido
Acervo de Apparecido Salatini

figura 20
Panorama do Carmo e parque
D. Pedro (cartão-postal fotográfico)
déc. 1920 | Fotógrafo
Gustavo Prugner
Acervo de Apparecido Salatini

figura 21
Parque D. Pedro II
(cartão-postal fotográfico)
déc. 1930 | Fotógrafo
Gustavo Prugner
Acervo de Apparecido Salatini

figura 22
S. Paulo Moderno
(cartão-postal fotográfico)
déc. 1920 | Fotógrafo
Gustavo Prugner
Acervo de Apparecido Salatini

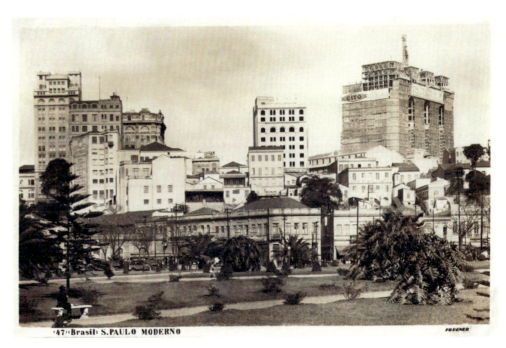

figura 23
São Paulo Panorama
(cartão-postal fotográfico)
déc. 1940 | Fotógrafo Sulpizio
Colombo/Foto Postal Colombo
Acervo de Apparecido Salatini

figura 24
Parque D. Pedro II
(cartão-postal fotográfico)
déc. 1940 | Fotógrafo desconhecido
Acervo de Apparecido Salatini

figura 25
Two Towers (fotogravura)
1911 | Fotógrafo Alfred Stieglitz
Acervo da autora

figura 26
Edifício Monumento
1954 | Fotógrafo desconhecido/
Cia Lithographica Ypiranga
Acervo da autora

figura 27
The "Flat-Iron" (fotogravura)
1903 | Fotógrafo Alfred Stieglitz
Acervo da autora

figura 28
Edifício Monumento
1954 | Fotógrafo desconhecido/
Cia Lithographica Ypiranga
Acervo da autora

figura 29
Parque Dom Pedro II
(cartão-postal impresso)
1942 | Fotógrafo Roto Siqueira
Reprodução Hélio Nobre/José Rosael
Acervo do Museu Paulista da
Universidade de São Paulo

figura 30
Central Park, Nova York
(cartão-postal fotográfico)
déc. 1940 | Fotógrafo desconhecido
Acervo da autora

figura 1
Rua João Alfredo
(reprodução de negativo de vidro)
jul. 1901 | Fotógrafo
Guilherme Gaensly
Acervo Fundação Energia
e Saneamento

figura 2
Rua João Alfredo
(cartão-postal fotográfico)
c. 1901 | Fotógrafo Guilherme
Gaensly | Acervo de
Apparecido Salatini

figuras 1 e 2 (detalhes)
Homem que aparece fotografado
em ambos os suportes

figuras 3, 4 e 5
Versos dos três exemplares do
bilhete postal rua João Alfredo, de
autoria de Guilherme Gaensly
Acervo de Apparecido Salatini

figura 6
Parque D. Pedro II by day
type IX 6000 lumen lamps
(reprodução de negativo de vidro)
18 out. 1937 | Fotógrafo desconhecido
Acervo Fundação Energia
e Saneamento

figura 7
Parque D. Pedro II by night
type IX 6000 lumen lamps
(reprodução de negativo de vidro)
18 out. 1937 | Fotógrafo desconhecido
Acervo Fundação Energia
e Saneamento

figura 8
Vista parcial da cidade de São Paulo
déc. 1940 | Fotógrafo do álbum
*The S. Paulo Tramway, Light &
Power Co.*, "Obras da Serra"
Acervo Fundação Energia e Saneamento

figura 9
Parque Infantil Dom Pedro II
1937 | Fotógrafo Benedito Junqueira Duarte
Acervo Fotográfico do Museu da Cidade de São Paulo

figura 10
Obras de saneamento na
rua Caetano Pinto
1959 | Fotógrafo desconhecido/
Departamento de Águas e Esgotos
Acervo Permanente do Arquivo
Histórico de São Paulo

figura 11
Parque Dom Pedro II
1966 | Fotógrafo Waldemir Gomes de Lima
Acervo Fotográfico do Museu da Cidade de São Paulo

figura 12
Parque Dom Pedro II
1969 | Fotógrafo Ivo Justino
Acervo Fotográfico do Museu
da Cidade de São Paulo

figura 13
Grupo do Mão Zôio
1930 | Doação Manuel
Antonio dos Santos
Acervo Fundação Energia
e Saneamento

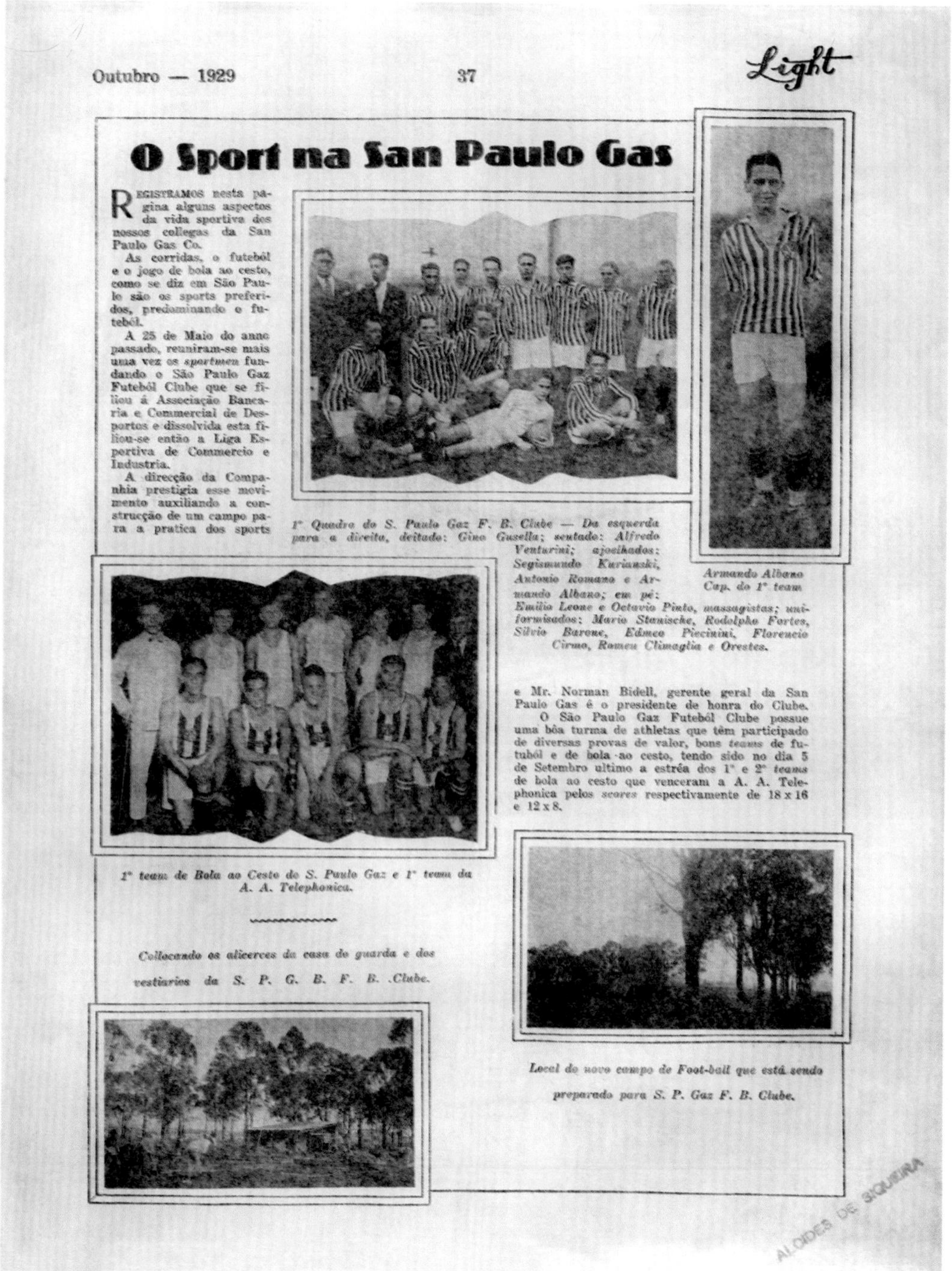

Outubro — 1929 37 Light

O Sport na San Paulo Gas

REGISTRAMOS nesta pagina alguns aspectos da vida sportiva dos nossos collegas da San Paulo Gas Co.

As corridas, o futeból e o jogo de bola ao cesto, como se diz em São Paulo são os sports preferidos, predominando o futeból.

A 25 de Maio do anno passado, reuniram-se mais uma vez os *sportmen* fundando o São Paulo Gaz Futeból Clube que se filiou á Associação Bancaria e Commercial de Desportos e dissolvida esta filiou-se então a Liga Esportiva de Commercio e Industria.

A direcção da Companhia prestigia esse movimento auxiliando a construcção de um campo para a pratica dos sports e Mr. Norman Bidell, gerente geral da San Paulo Gas é o presidente de honra do Clube.

O São Paulo Gaz Futeból Clube possue uma bôa turma de athletas que têm participado de diversas provas de valor, bons *teams* de futuból e de bola ao cesto, tendo sido no dia 5 de Setembro ultimo a estréa dos 1° e 2° *teams* de bola ao cesto que venceram a A. A. Telephonica pelos *scores* respectivamente de 18 x 16 e 12 x 8.

1° Quadro do S. Paulo Gaz F. B. Clube — Da esquerda para a direita, deitado: Gino Guzella; sentado: Alfredo Venturini; ajoelhados: Segismundo Kurianski, Antonio Romano e Armando Albano; em pé: Emilio Leone e Octavio Pinto, massagistas; uniformisados: Mario Stanische, Rodolpho Fortes, Silvio Barone, Edmeo Piccinini, Florencio Cirmo, Romeu Climaglia e Orestes.

Armando Albano Cap. do 1° team

1° team de Bola ao Cesto do S. Paulo Gaz e 1° team da A. A. Telephonica.

Collocando os alicerces da casa de guarda e dos vestiarios da S. P. G. B. F. B. .Clube.

Local do novo campo de Foot-ball que está sendo preparado para S. P. Gaz F. B. Clube.

figura 14
Reprodução de reportagem da *Revista Light*
Revista Light, n. 21, 1929, p. 37
Fotógrafo desconhecido
Acervo Fundação Energia e Saneamento

figura 15
Procissão de Nossa Senhora Casaluce
déc. 1930 | Fotógrafo desconhecido
Acervo da autora

figura 16
Tirolesa, atração do parque Shangai
déc. 1950 | Fotógrafo desconhecido
Frame do documentário *7 Voltas*,
Karmatique Imagens/Secretaria
Municipal de Cultura

figura 17
Palácio das Indústrias
1951 | Fotógrafo Carmine Chiappeta
Acervo de Família Chiappetta

figura 18
Palácio das Indústrias
(cartão-postal impresso)
déc. 1920 | Fotógrafo Theodor
Preising | Reprodução Hélio
Nobre/José Rosael
Acervo do Museu Paulista da
Universidade de São Paulo

figura 19
O semeador em contraste
com os arranha-céus
déc. 1940 | Fotógrafo
Carmine Chiappeta
Acervo de Família Chiappetta

Observação: esta imagem também
foi apresentada no primeiro capítulo,
em uma análise presente na p. 58.

figura 20
Parque D. Pedro II
(cartão-postal fotográfico)
déc. 1950 | Fotógrafo desconhecido/
Foto Postal Colombo
Acervo de Apparecido Salatini

figura 21
Família posa junto à
escultura *O Semeador*
c. 1950 | Fotógrafo
Carmine Chiappeta
Acervo de Família Chiappetta

figura 22
Família Uchikawa na varanda do
apartamento do edifício Guarany
c. 1958-1959 | Fotógrafo desconhecido
Acervo de Haruo Uchikawa

figura 23
Grupo de amigas posa para
fotografia no parque Dom Pedro II
1951 | Fotógrafo desconhecido
Acervo de Gina Labate Erriquez

figura 24
Menino japonês posa junto
com casal negro e seus filhos
no parque Dom Pedro II
c. 1958-1959
Fotógrafo Ainosuke Uchikawa
Acervo de Haruo Uchikawa

figura 25
Banca de frutas no Mercado Municipal
déc. 1940 | Fotógrafo desconhecido
Acervo de Família Amaro

figura 26
Crianças e família divertem-se no
João-Minhoca, atração do parque
Shangai déc. 1950
Fotógrafo desconhecido
Frame do documentário *7 Voltas*,
Karmatique Imagens/Secretaria
Municipal de Cultura

figura 27
Baile infantil realizado
em cinema do Brás
1940 | Fotógrafo desconhecido
Acervo da autora

figura 28
Fachada do Colégio Estadual São Paulo (álbum da 4ª série ginasial C do Colégio São Paulo)
1965 | Fotógrafo Celzar Gianvecchio & Malheiros
Acervo de Haruo Uchikawa

figura 29
Contracapa e capa do álbum do Colégio Estadual São Paulo (4ª série ginasial C do Colégio São Paulo)
1965 | Fotógrafo Haruo Uchikawa
Acervo de Haruo Uchikawa

figura 30
Homens posando junto à escultura do leão no Parque Dom Pedro II
1967 | Fotógrafo desconhecido
Acervo de Iarles Fernandes Silva

fonte Suisse BP Int'l Bold 11,4 pt / 5 mm
Suisse Works Book 9 pt / 5 mm
papel Alta Alvura 90 g/m² (miolo)
Supremo alta alvura 250 g/m² (capa)
impressão Coan Indústria Gráfica Eireli
data Dezembro de 2021